Studienreihe Mode- und Textilwissenschaft

Prof. Dr. Doris Schmidt (Hrsg.),
Pädagogische Hochschule Heidelberg

Band 1: Doris Schmidt (Hrsg.): Jugendkulturelle Moden – Von Hippie bis HipHop.

Band 2: Doris Schmidt (Hrsg.): Jeans – Karriere eines Kleidungsstückes.

Band 3: Doris Schmidt (Hrsg.): Kleidung, Körper, Lebensraum – Die Indianer Nordamerikas.

Band 4: Karin Mann (Hrsg.): Mode und Kunst – Grenzgänge aus mode- und textilwissenschaftlicher Sicht.

Band 5: Doris Schmidt (Hrsg.): Modedesigner – Kleidermacher, Körpermacher, Modemacher.

Weitere Bände:

Band 6: Schmidt, Doris (Hrsg.): Mode und der Schwarze Kontinent.

Band 7: Schmidt, Doris (Hrsg.): Mode im 20. Jahrhundert. Jahrzehntschlaglichter.

Jeans

Karriere eines Kleidungsstückes

Herausgegeben
von

Doris Schmidt

2. unveränderte Auflage

Schneider Verlag Hohengehren GmbH

Umschlaggestaltung: Satz & Litho, Möhnesee

Gedruckt auf umweltfreundlichem Papier (chlor- und säurefrei hergestellt).

Bibliografische Information Der Deutschen Bibliothek

Die Deutsche Bibliothek verzeichnet diese Publikation in der Deutschen Nationalbibliografie; detaillierte bibliografische Daten sind im Internet über ›http://dnb.ddb.de‹ abrufbar.

ISBN 3-89676-881-6

Schneider Verlag Hohengehren, Wilhelmstr. 13, 73666 Baltmannsweiler

Printed in Germany – Druck: Appel & Klinger, Kronach

Inhaltsverzeichnis

Vorwort zur Studienreihe Mode- und Textilwissenschaft

Die *Studienreihe Mode- und Textilwissenschaft* ist konzipiert für die Handlungsfelder Studium, Lehre, Forschung und Ausstellung und richtet sich dementsprechend an Studierende und Lehrende an Universitäten, Pädagogischen Hochschulen und Modehochschulen, an Lehrerinnen und Lehrer aller Schularten sowie an Museumspädagoginnen und -pädagogen.

Auf einer ersten Stufe mode- und textilwissenschaftlicher Grundlagenforschung wird in dieser Studienreihe eine Vielfalt fachwissenschaftlich relevanter Themen systematisch bearbeitet, die auch von didaktischem und museumspädagogischem Interesse sind.

Die Auswahl der Themen bezieht sich auf Lehr- und Forschungsprojekte, die innerhalb der Abteilung Mode- und Textilwissenschaft der Pädagogischen Hochschule Heidelberg durchgeführt und im Rahmen zahlreicher bundesweiter Tagungen mit großer Resonanz einer breiten Öffentlichkeit vorgestellt wurden.

Bearbeitet werden die Themen von ehemaligen und aktuellen Doktorandinnen und Doktoranden bzw. Wissenschaftlerinnen und Wissenschaftlern der Abteilung Mode- und Textilwissenschaft an der Pädagogischen Hochschule Heidelberg.

Die *Studienreihe Mode- und Textilwissenschaft* bietet einerseits einen komprimierten Überblick über spezifische mode- und textilwissenschaftliche Themen und liefert andererseits die Basis für eine mode- und textilwissenschaftliche Grundlagenforschung.

Heidelberg im Oktober 2003 Doris Schmidt

Vorwort zu Band 2: Jeans – Karriere eines Kleidungsstückes

Die Inklusion in das moderne Modesystem vollzieht sich – unübersehbar – in einem außergewöhnlich hohen Maße über die Jeansmode, deren Genese von der Mitte des 19. Jahrhunderts datiert und ihren Anfang in den Vereinigten Staaten von Amerika nimmt.

Das rasante Wachstum und die enorme Komplexititätssteigerung der Jeansmode ist sichtbarer Ausdruck der Amerikanisierung und lässt sich in allen Sinndimensionen beobachten: Jeans werden von allen Geschlechtern, Altersgruppen, Rassen, Nationen und Klassen (Sozialdimension), in allen Ländern der Erde (Raumdimesion), zu allen Jahres- und Tageszeiten (Zeitdimension) und zu allen Anlässen (Sachdimension) getragen.

In der vorliegenden Schrift wird in neun Kapiteln die Karriere der Jeanshose, der prominentesten Vertreterin der Jeansmode, in ihren gesellschaftlichen Bezügen thematisiert.

Im ersten Kapitel beschreibt Sabrina Kästner die von Legenden und Realitäten begleitete *Entstehungsgeschichte der Jeans.*

Die *Verbreitungsgeschichte der Jeans nach 1902*, bei der die Firma Levi Strauss & Co eine bedeutsame Rolle spielt, wird in Kapitel zwei von Sabrina Kästner reflektiert.

In Kapitel drei setzen sich Karin Holdermann und Patrizia Preissler mit dem Thema *Jeans, eine ökologisch bedenkliche Hose* auseinander und analysieren, ob das aus Baumwolle entstehende „blaue Wunder“ eine ökologische Problemhose darstellt.

Ökologische Alternativen in der Jeansproduktion in Form alternativer Anbaumethoden und alternativer Rohstoffe werden im vierten Kapitel von Susan Gebauer vorgestellt.

In Kapitel fünf, das die *Blue Jeans – das Wunder in Indigoblau* zum Gegenstand hat, behandelt Kira Ochs den Farbstoff Indigo, der aus dem Färberwaid oder aus dem tropischen Indigostrauch gewonnen wird und die Jeans kennzeichnet.

Unter der Überschrift *Jeansmarken – Markenjeans* diskutiert Daniela Mauch im sechsten Kapitel beispielsweise den Unterschied zwischen markierten Jeans und Markenjeans sowie die Herkunft und Klassifikation von Jeansmarken.

Im Mittelpunkt der Überlegungen von Sabrina Kästner und Patrizia Preissler in Kapitel sieben stehen u. a. die Entwicklungsgeschichte sowie wichtige Elemente und zentrale Arten der *Jeanswerbung.*

Anhand ausgewählter historischer und aktueller Beispiele werden von Karin Mann im achten Kapitel *Jeansschnitte, Jeansformen, Jeanskörper* in einem Verflechtungszusammenhang beleuchtet.

Mit *Jeans und Jugendkulturen* bzw. mit der Bedeutung der Jeans in verschiedenen Jugendkulturen im Kontext der jeweiligen jugendkulturellen Mode setzt sich schließlich Karin Mann in Kapitel neun auseinander.

Jedes Kapitel beginnt mit einem Bild, das den für die Analyse der Karriere des Kleidungsstückes Jeans gewählten Bezugsrahmen charakterisiert und endet mit einem Literaturverzeichnis.

Die Abfolge der Kapitel ist zwar logisch angelegt, doch kann jedes Kapitel für sich rezipiert werden, da es in sich geschlossen ist.

Die Publikation wird durch ein zusammenfassendes Literaturverzeichnis sowie durch ein Sach- und Personenregister abgerundet.

Heidelberg, im Juli 2004 Doris Schmidt

1.

Entstehungsgeschichte der Jeans

Sabrina Kästner

Portrait von Levi Strauss etwa im Alter von 30 Jahren
Foto: Archiv Levi Strauss Museum Buttenheim

1. Begriffsklärung

Jeanshose, *Jeansstoff*, *Jeansmode*, *Jeansblau* sind Begriffe, die einem beim Schlagwort *Jeans* einfallen, und die feste Bestandteile des heutigen deutschen Wortschatzes sind. Doch woher stammt der Begriff Jeans ursprünglich?

Beim Wort „Jeans“ handelt es sich zunächst um die Kurzform des Begriffs „*Bluejeans*“. Die Begriffe „Bluejeans“ oder auch „Blue Jeans“ stammen aus dem englisch-amerikanischen Sprachraum, dürfen nur im Plural verwendet werden und beschreiben eine „blaue [Arbeits]hose aus Baumwollgewebe in Köperbindung.“[1]

Hinter dem Begriff *Jeans* verbirgt sich demnach ein Anglizismus, der in den deutschen Wortschatz aufgenommen worden ist, und der sowohl einen Stoff in einer bestimmten Webart als auch ein Kleidungsstück bezeichnet, was im Folgenden näher erläutert wird.

Bereits im Mittelenglischen existiert die Vokabel *jean*, die sich vom mittelalterlichen lateinischen Wort „ianua“ (lat., Haus, Tor, Eingang, Zugang) herleitet und für „twilled cotton cloth“ (engl., Baumwollstoff in Köperbindung) steht[2]. Ianua bezeichnet im Mittelalter die italienische Hafenstadt Genua,[3] die damals ein wichtiger Hafenumschlagplatz für Waren aus aller Welt, auch für Textilien, ist. Von diesem als *jean* bezeichneten Stoff ist bekannt, dass er seit dem 18. Jahrhundert für einfache Arbeitskleidung verwendet wird[4].

Mit der italienischen Hafenstadt Genua ist auch die Namensgebung für die von *Levi Strauss* 1853 in den Vereinigten Staaten von Amerika entwickelte *Jeanshose* verbunden. Die ersten Jeans lässt Levi Strauss nach dem Schnittmuster einer Matrosenhose aus Genua anfertigen. Diese einfachen, aus robustem genuesischen Baumwollköper geschneiderten Hosen der Seeleute aus Genua sind damals in den USA als „*genoese*“, das heißt genuesische Hosen, bekannt, und es wird davon ausgegangen, dass der Begriff Jeans aus der Vereinfachung des englischen Wortes *genoese* in *Jeans* entstanden ist.[5]

2. Levi Strauss – der Erfinder der Jeans

Löw oder *Löb Strauss* wird am 26. Februar 1829 im fränkischen Buttenheim, einem Dorf zwischen Bamberg und Nürnberg, als Sohn jüdischer Eltern geboren. Er ist das jüngste Kind von *Hirsch* und *Rebecca Strauss*. Neben zwei älteren

[1] Der Duden 2001, S. 140.
[2] Vgl. Illustrated Oxford Dictionary 1998, S. 432.
[3] Vgl. Illustrated Oxford Dictionary 1998, S. 432.
[4] Vgl. Loschek 1999, S. 271.
[5] Vgl. Dupuy 1990, S. 3–10.

Brüdern, *Louis* und *Jonathan*, gehören auch noch zwei ältere Schwestern, *Meila* und *Vögela*, zur Familie.[6]

Löws Vater (geboren 1780) arbeitet als Hausierer für Schnittwaren, darunter sind im heutigen Sprachgebrauch Stoffe zu verstehen. Der Handel mit Kurzwaren, Stoffen oder Altkleidern ist laut Brückner Mitte des neunzehnten Jahrhunderts ein typischer Beruf für Juden in Franken, die in der Alltagssprache auch als „*fränkische Stoffjuden*" bezeichnet werden[7].

Als der Vater 1845 in Buttenheim an der Lungensucht stirbt, entschließt sich Löws Mutter mit Meila, Vögela und Löw nach Nordamerika auszuwandern. Ihre beiden ältesten Söhne sind bereits vor ein paar Jahren nach New York emigriert und führen dort ein Stoffgeschäft. Nachdem Rebecca im Juni 1847 vom Landgericht Bamberg Reisepass und Auswanderungsurkunde für sich und ihre Kinder erhalten hat, verlässt die Familie Strauss Deutschland und schifft sich in Bremen mit dem Ziel New York ein.[8]

In New York angekommen amerikanisiert der achtzehnjährige Löw seinen Namen und lernt als „*Levi Strauss*" bei „*Strauss Brothers Clothiers*"[9] (engl., Brüder Strauss Herrenausstatter), dem Stoffgeschäft seiner Brüder in der „*Lower East Side*"[10].

Während seines Aufenthalts in New York arbeitet Levi auch als Hausierer, um seinen Lebensunterhalt zu verdienen und um gleichzeitig Englisch zu lernen. Als 1849 der *Goldrausch*[11] in Kalifornien ausbricht, zieht es Levis Schwager *David Stern* nach San Francisco. Einige Zeit später entschließt sich auch Levi, sein Glück an der Westküste zu suchen. Levi reist per Schiff, eine lange und gefährliche Reise, die ihn unter anderem auf dem Rücken eines Maultieres über die Landenge von Panama führt.[12]

Am 14. Mai 1853 hat Levi Strauss sein Ziel erreicht und geht in San Francisco an Land. Da er mit David Stern zusammen als Hausierer arbeiten möchte, hat er auf Anraten des Schwagers vor allem Wagen- und Zeltplanen im Gepäck. Diese ermöglichen ihm von Anfang an einen guten Start, da die Pioniere Abdeckungen für ihre Planwagen und Zelte zum Übernachten bei ihren Claims (Claim, engl. – Anteil an einem Stück Land, auf dem Goldvorkommen vermutet werden) benötigen und es vor Ort kein reichhaltiges Warenangebot gibt. Insgeheim träumt Levi bereits von einem eigenen Laden, sein Geld reicht für die Finanzierung aber noch nicht aus, bis er zufällig auf einen Goldgräber in ramponierten „Woll-

6 Vgl. Brückner 1985, S. 45 und Dupuy 1990, S. 7.

7 Vgl. Brückner 1985, S. 45f.

8 Vgl. Brückner 1985, S. 45f. und Mannheimer Morgen vom 21.9.2002, S. 2.

9 Wehdemeier-Pusch/Pusch 1981, S. 16.

10 Jeier 1987, S. 19.

11 Informationen zur Situation der Goldgräber und Goldschürfer in Kalifornien vgl. Finlayson 1991, S. 7–11.

12 Vgl. Dupuy 1990, S. 6.

stoffhosen“ [13] trifft, der strapazierfähige Arbeitshosen sucht, die es in San Francisco nicht zu kaufen gibt.[14]

3. Die Urjeans wird erfunden

Um die eigentliche Entstehung der ersten Jeans rankt sich eine Legende, die besagt, dass Levi einen Geistesblitz hat, als der Goldgräber ihm erklärt, dass seine Hosen den enormen täglichen Beanspruchungen im Stollen und im Wasser nicht standhalten, dass ihm die Hosennähte platzen und der Stoff an den Knien und am Hosenboden zerreißt[15]. Levi soll daraufhin einen Schneider beauftragt haben, die Maße des Goldgräbers zu nehmen und ihm aus einer von Levis braunen Zeltplanen eine einfach geschnittene Hose ohne Gürtelschlaufen und Gesäßtaschen zu nähen. Der Prototyp der Jeans ist erfunden![16] Der Jeansprototyp besteht den Härtetest in den Goldminen mit Bravour, und so macht die Neuigkeit über die unverwüstliche Arbeitshose, die von allen *„Levi's pants“* [17] genannt werden, unter den Goldgräbern in San Francisco die Runde und wird zum Verkaufsschlager.

Levi Strauss, der seine Hosen *„waist-high overalls“* [18] (engl., hüfthoher, bis zur Taille reichender Arbeitsanzug) oder *„pantaloons“* [19] (engl., nur Plural, Pantalons, Beinkleider) nennt, ist nun finanziell in der Lage, zusammen mit seinem Schwager David, in der Sacramento Street 117 in San Francisco einen ersten eigenen Laden zu eröffnen. Die Zeiten, in denen sie sich mit ihrem kleinen Kramladen am Hafen über Wasser gehalten haben, sind endgültig vorbei.[20]

Doch wie sehen die ersten „Levi's“ nun tatsächlich aus ? In der Literatur finden sich sehr vage Beschreibungen der Urjeans. Zusätzliche Verwirrung stiftet Levi Strauss selbst, der sowohl von einem „hüfthohen Arbeitsanzug“ als auch von „Pantalons“ spricht.

Der Fachbegriff *Pantalons* (Pantalon, franz. – lange Hose) bezeichnet knöchellange Röhrenhosen für Männer mit anliegenden, offenen, das heißt nicht abgebundenen Hosenbeinen. In Mode kommen die Pantalons Ende der 1780er Jahre, als Arbeiter in den Hafenstädten Aufsehen erregen, weil sie lange Hosen tragen und keine *„Culottes“* [21] (Culotte, franz. – kurze Hose, Kniehose). Während der Französischen Revolution (1789–94) übernehmen die Revolutionäre, allen

[13] Wehdemeier-Pusch/Pusch 1981, S. 18.
[14] Vgl. Dupuy 1990, S. 6.
[15] Vgl. Finlayson 1991, S. 9.
[16] Vgl. Dupuy 1990, S. 7f.
[17] Dettmer 1985, S. 49.
[18] Raszkowski 1994, S. 8.
[19] Wehdemeier-Pusch/Pusch 1981, S. 18.
[20] Vgl. Dupuy 1990, S. 7.
[21] Loschek 1999, S. 158 u. 369.

voran die radikalen Jacobiner, die Pantalons, um sich optisch gegen den Adel abzusetzen. Als „Sansculotten“ (franz., ohne Kniehosen) gehen die Jacobiner in die Geschichte ein.[22]

Nach 1830 werden die Pantalons als Hosenform für den Mann von allen Bevölkerungsschichten akzeptiert und schlicht als „*Hose*“ bezeichnet, deren Form bis heute in der Herrenmode zu finden ist. Die Pantalons stammen wahrscheinlich von der Arbeitskleidung venezianischer Fischer und Schiffer ab. Vorgänger der Pantalons sind die „*Matelot(e)s*“[23], die auf das französische Wort Matelot (= Matrose) zurückgehen. Matelot(e)s ähneln im Schnitt den Pantalons, sind jedoch insgesamt weiter geschnitten und werden bereits im 15. Jahrhundert von Matrosen getragen.[24]

Da Levi Strauss einen Hosenschnitt für eine strapazierfähige Arbeitshose suchte, kann davon ausgegangen werden, dass er sich an einer Hosenform orientierte, in der man tatsächlich harte körperliche Arbeit verrichten konnte. Thiel weist darauf hin, dass sowohl die Pantalons als auch die Matelot(e)s von der Kleidung der Matrosen entlehnt sind. Diese Aussage lässt den Schluss zu, dass es sich bei der Matrosenhose aus Genua, die Levi Strauss als Vorlage diente, um eine dieser beiden Hosenformen gehandelt haben muss.

Bei der Auswertung von Bildmaterial ist festzustellen, dass der Schnitt der Urjeans dem heutigen Schnitt von Levi's Jeans ähnelt, allerdings werden die ersten Jeans mit Hosenträgern getragen[25] und nicht wie heutzutage mit einem Gürtel.

Masson/von Wiese beschreiben die Urjeans als Latzhose mit Trägern, die hinten am Bund befestigt werden[26]. Auch Dupuy und Raszkowski erwähnen Arbeitshosen mit Latz[27], allerdings erst für das Jahr 1860, als Levi Strauss bereits eine breitere Palette an Arbeitskleidung anbietet. Welche Form auch zuerst dagewesen ist, langfristig hat sich eine hüfthohe, knöchellange Röhrenhose als beliebteste Jeanshosenform durchgesetzt.

Ob Levi Strauss tatsächlich die Jeans erfunden hat, wird in der Literatur angezweifelt[28]. Levi Strauss' Verdienst liegt aber auf jeden Fall in der *Konfektionierung*[29], das heißt, er ist der erste, der seine Hosen in Serie herstellen lässt und dafür eine eigene Maßtabelle entwickelt hat. In dieser Maßtabelle ist genau festgelegt, in welchen Größen die Levi's Jeans hergestellt werden können. Die Schnittform ist immer die gleiche, aber die Beinlänge und der Taillenumfang variieren. Die kürzeste Beinlänge für Erwachsene, die an der Innennaht vom Schritt bis

[22] Vgl. Loschek 1999, S. 369.
[23] Loschek 1999, S. 353 schreibt Matelotes, Thiel 2000[7], S. 279 schreibt Matelots.
[24] Vgl. Loschek 1999, S. 369.
[25] Vgl. etwa Dupuy 1990, S. 10 und Raszkowski 1994, S. 8.
[26] Vgl. Masson/Wiese 1991, S. 139.
[27] Vgl. Dupuy 1990, S. 8 und Raszkowski 1994, S. 8.
[28] Vgl. Könenkamp 1985, S. 117.
[29] Vgl. Könenkamp 1985, S. 117.

zum Hosensaum gemessen wird, sind 20 Inch (englisches Längenmaß, Abkürzung: in.; 1 Inch entspricht 2,54 Zentimeter[30]), das sind 50,8 Zentimeter, die längste 38 Inch (96,52 cm)[31]. Auch der Taillenumfang wird in Inch angegeben. Die kleinste handelsübliche Erwachsenengröße sind 26 Inch (66 cm), die größte 36 Inch (91,44 cm)[32]. In der Anfangszeit können Kunden in San Francisco bei einem von Levi Strauss' Schneidern, etwa *Jacob W. Davis*, eine Jeans in Auftrag geben, die dann in der entsprechenden Größe hergestellt wird[33].

4. Der Prototyp wird verbessert

Da die Geschäfte mit der Arbeitshose sehr gut gehen, gründet Levi 1856 gemeinsam mit seinen beiden Brüdern und seinen Schwägern David und William die Firma „*Levi Strauss & Co.*" Jonathan und Louis organisieren von New York aus den Stoffeinkauf, während sich Levi in San Francisco um den Großhandel kümmert[34].

Die Hosenproduktion ist aber nur eines der Standbeine von Levi Strauss & Co., denn immer noch am langfristigen Erfolg seiner „Overalls" zweifelnd, besteht Levi darauf, auch weiterhin Kram- und Klempnerwaren zu verkaufen. Darüber hinaus erweitert er sein Angebot an Arbeitskleidung um „*Jacken und Westen*"[35] und setzt zusätzlich auf Luxusmode für die bessere Gesellschaft San Franciscos.[36]

Trotz der vielfältigen Verpflichtungen in seiner Firma bereist Levi Strauss weiterhin als Hausierer die Lager der Goldgräber und Goldwäscher in der Sierra Nevada, um sich vor Ort nach Verbesserungswünschen für seine Arbeitshosen zu erkundigen. So werden in der Folgezeit etliche Veränderungen am Prototyp vorgenommen. Der Hosenbund erhält *Gürtelschlaufen*, um nicht nur auf Hosenträger angewiesen zu sein, und es werden *Gesäßtaschen* für mehr Stauraum aufgenäht.[37]

1860 kommt eine weitere Neuerung hinzu. Dupuy schreibt, dass Levi Strauss dazu übergeht, nur noch Latzhosen aus braun eingefärbtem Zelttuch und die übrigen Arbeitshosen aus Baumwolldrillich schneidern zu lassen. Dieser Baumwolldrillich wird auf den Plantagen in den Südstaaten schon längere Zeit als Bekleidungsstoff für die Sklaven verwendet und gilt als extrem strapazierfähig und langlebig.[38]

---

30 Der große Duden 1971, S. 299.
31 Vgl. Schindler 1992, o. S., siehe Buchstabe „L".
32 Vgl. Schindler 1992, o. S., siehe Buchstabe „S".
33 Vgl. Masson/Wiese 1991, S. 143f.
34 Vgl. Dettmer 1985, S. 60.
35 Dettmer 1985, S. 62.
36 Vgl. Dupuy 1985, S. 8.
37 Vgl. Dupuy 1990, S. 7f.
38 Vgl. Dupuy 1990, S. 8.

Die Bezeichnung *Drillich* oder auch *Drell* ist eine Sammelbezeichnung für sehr dichte, köperbindige Gewebe aus Baumwolle, Leinen oder Halbleinen. Drillich wird in erster Linie für Arbeitskleidung verwendet, er kommt heute aber auch als Markisenstoff oder als Bezug für Campingmöbel zum Einsatz.[39]

Baumwolldrillich wird 1860 unter der Bezeichnung „*Serge de Nîmes*"[40] (franz., Baumwollstoff in Köperbindung aus Nîmes) in großen Mengen aus Frankreich nach Amerika importiert. Der Begriff „Serge" steht ebenso wie der Begriff Drillich für ein glattes Köpergewebe. Der Zusatz „de Nîmes" verweist auf den Herstellungsort.[41] Der Baumwolldrillich, den Levi von seinen Brüdern aus New York bezieht, ist offenbar fast ausschließlich indigoblau[42] eingefärbt, und so wird Levi die Entscheidung über die endgültige Farbe seiner Jeans abgenommen. Aus der Herkunftsbezeichnung „de Nîmes" wird in den USA in kurzer Zeit „*Denim*"[43], da die Stoffhändler die französische Bezeichnung einfach Englisch aussprechen.[44]

5. 1873 – Die Jeans erhält ihr endgültiges Aussehen

In den folgenden Jahren passen sich Levis Hosen den Wünschen der Kunden immer weiter an. Echte Levi's sind blau, stabil, haben Ofenrohrbeine und vier Taschen sowie Doppelnähte[45] im Schritt, an der Innennaht der Hosenbeine, am Bund und an den Taschen.

Charakteristisch für die Hosen ist neben den oben genannten Merkmalen der „-*Button Fly*" (button, engl. – Knopf; fly, engl. – [Hosen]schlitz), das heißt der Hosenschlitz wird mit Hilfe von vier silberfarbenen Knöpfen geschlossen. Wann genau die *Hosenknöpfe* eingeführt werden, ist nicht mehr zu recherchieren. Die Firma Levi Strauss geht davon aus, dass die Knöpfe in den 1860er Jahren das erste Mal verwendet werden[46].

Traditionelle Jeansknöpfe bestehen aus zwei Teilen, einem kurzen Nagel, der an der passenden Stelle von der linken Seite durch das Jeansgewebe eingeschlagen wird, und einem sichtbaren Kopf, der auf den Nagel gedrückt wird[47]. Die Knöpfe von Levi Strauss sind aus Aluminium und auf jeden Knopf ist der Schriftzug

---

[39] Vgl. Meyers Großes Universallexikon 1981, S. 84.

[40] Weitere Informationen zum Begriff „Serge" vgl. Könenkamp 1985, S. 116 und Loschek 1999, S. 428.

[41] Vgl. Loschek 1999, S. 272.

[42] Vgl. Ochs, Blue Jeans, in diesem Band.

[43] Erklärungen zur Entstehung des Begriffs „Denim" vgl. Finlayson 1991, S. 11, Hartung 1993, S. 11 und Raszkowski 1994, S. 9.

[44] Vgl. Dupuy 1990, S. 8.

[45] Vgl. Dupuy 1990, S. 12.

[46] Vgl. Dupuy 1990, S. 57.

[47] Vgl. Schindler 1992, o. S., Buchstabe „B".

„*Levi Strauss & Co., SF, Cal*“ (SF steht für San Francisco; Cal steht für California) in Großbuchstaben eingeprägt.

1873 kommen die *Kupfernieten* zur Verstärkung der Hosentaschen hinzu. Wie um die Erfindung der Jeans rankt sich auch um die Nieten eine Legende. Im Mittelpunkt steht *Jacob W. Davis*, ein jüdischer Immigrant aus Riga, der sein Geld als Schneider in der Goldgräberstadt *Virginia City* verdient[48].

Davis ärgerte sich angeblich über einen Goldgräber namens *Old Alkali Ike*[49], der in regelmäßigen Abständen seine ausgerissenen Hosentaschen von Davis reparieren ließ. Die Gründe für das Ausreißen der Taschen variieren in der Literatur. Entweder waren es die zu schweren Gesteinsproben, die die Taschen besonders an den Ecken immer wieder ausreißen ließen oder die vielen Goldnuggets. Eine dritte Version der Legende geht davon aus, dass die Taschen allgemein einfach zu voll gestopft waren.[50]

Old Alkali Ike betrank sich jedes Mal, wenn er nach Virginia City kam, zunächst in den Saloons. Anschließend teilte er der ganzen Stadt lautstark mit, dass seine Taschen schon wieder ausgerissen waren. Nachdem Old Alkali Ike Davis auf diese Weise einige Male in der Öffentlichkeit bloß gestellt hatte, beschloss dieser, es Old Alkali Ike heimzuzahlen, indem er die reparierten Hosentaschen von einem Sattler mit kupfernen Pferdegeschirrnieten verstärken ließ. Beim nächsten Besuch von Old Alkali Ike in Virginia City waren die Hosentaschen immer noch intakt und Ike lobte Davis Arbeit.[51]

Eine andere Version der Geschichte geht davon aus, dass Davis nicht in Virginia City, sondern in *Reno* im Bundesstaat *Nevada* neben seiner Tätigkeit als Hosenschneider seinen Lebensunterhalt vornehmlich mit der Herstellung von Wagenplanen und Pferdedecken verdiente. Als Old Alkali Ike bei Davis auftauchte und ihm sein Problem mit den ausreißenden Hosentaschen schilderte, hatte Davis einen Einfall: er verstärkte die Hosentaschen mit einer Kupferniete auf jeder Seite. Es waren die gleichen Kupfernieten, wie er sie für die Befestigung der Riemen an seine Pferdedecken verwendete.[52]

Wie die Nieten tatsächlich an die Hosentaschen kamen, kann heute nicht mehr geklärt werden, Fakt ist jedoch, dass Davis am 2. Juli 1872 einen Brief an seinen Stofflieferanten Levi Strauss schickt und ihm von seiner profitträchtigen Idee berichtet[53]. Da Davis selbst kein Geld hat, um sich die Idee mit den Kupfernieten patentieren zu lassen, bietet er Levi die Zusammenarbeit an. Levi ist begeistert und lässt die Kupferniete, die auf Englisch *Copper Rivet* genannt wird, am 20.

[48] Vgl. Dettmer 1985, S. 60f.
[49] Zu „Old Alkali Ike“ vgl. Jeier 1987, S. 14–27 u. 36–38.
[50] Vgl. Dettmer 1985, S. 60 und Dupuy 1990, S. 12.
[51] Vgl. Dettmer 1985, S. 60f.
[52] Vgl. Dupuy 1990, S. 12f.
[53] Vgl. Dettmer 1985, S. 61.

Mai 1873 unter der Nummer 139 120 auf Davis Namen patentieren[54]. Bis zum Auslaufen des Patents (1890) sind die Levi's Jeans die einzigen Hosen, die mit Kupfernieten verstärkte Hosentaschen aufweisen[55].

Wie die Knöpfe weisen auch die Nieten einen Schriftzug auf, nämlich die Abkürzung „*LS & CO – SF*", der in die Nieten eingeschlagen ist. Deshalb zählen die Levisnieten zu den sogenannten „*ID Rivets*"[56] (ID, engl. – Abkürzung von identity – Identität, Ausweis), das sind Jeansnieten, die den Namen der Firma bzw. der Marke tragen und so Auskunft über ihre Herkunft geben.

Davis wird von Levi außerdem als Vorsteher für die Produktion der „Overalls" in San Francisco engagiert, wohin er 1873 übersiedelt[57]. Zunächst lässt Davis die Hosen in Heimarbeit und später in einer kleinen Fabrik anfertigen, wobei jede Näherin ein Kleidungsstück vollständig in Einzelarbeit herstellt und nicht nur einen Arbeitsschritt ausführt[58]. Levi Strauss' Kunden können ab diesem Zeitpunkt ihre Hosen in Geschäften, die Levis Jeans anbieten, „von der Stange" kaufen[59].

1873 lässt Levi Strauss auch zum ersten Mal eine *Ziernaht* in Form eines extrem abgeflachten Doppelbogens in orangefarbenem Garn auf die Gesäßtaschen seiner Hosen aufsticken. Dieses sogenannte „*Arcuate-Design*"[60] (arcuate, engl. – bogenförmig), auch als „*Double-Arcuate*"[61] (engl., Doppelbogen) bezeichnet, soll von der Form her an Schwingen des „American Eagle"[62] oder einen fliegenden Vogel in weiter Ferne erinnern. Mit American Eagle meint Finlayson wahrscheinlich den amerikanischen „*bald eagle*" (engl., weißköpfiger Seeadler), der nur in Nordamerika vorkommt und seit 1782 den „U.S. national bird"[63], das heißt den nationalen Wappenvogel der Vereinigten Staaten, darstellt, ähnlich dem deutschen Bundesadler.

Levis Entscheidung für orangefarbenes Garn hängt mit der rötlichen Farbe der Kupfernieten zusammen, die mit dem Garn farblich harmonieren sollen. Deshalb sind seit der Einführung des Arcuate-Designs alle sichtbaren Nähte in orangefarbenem Garn gehalten[64]. Mit der Gestaltung der Gesäßtasche durch das Arcuate-Design erschafft Levi Strauss bereits 1873 das erste *Markenzeichen* für ein Kleidungsstück, das bis heute als ein Erkennungsmerkmal einer „echten" Levi's gilt[65].

---

54 Vgl. Wehdemeier-Pusch/Pusch 1981, S. 21.
55 Vgl. Wehdemeier-Pusch/Pusch 1981, S. 21.
56 Schindler 1992, o. S., Buchstabe „I".
57 Vgl. Dettmer 1985, S. 61.
58 Vgl. Dettmer 1985, S. 62.
59 Vgl. Finlayson 1991, S. 12.
60 Raszkowski 1994, S. 9.
61 Schindler 1992, o. S., Buchstabe „D".
62 Finlayson 1991, S. 11.
63 The New Encyclopædia Britannica 1989, S. 825.
64 Vgl. Dupuy 1990, S. 14.
65 Vgl. Raszkowski 1994, S. 9.

6. Die 501

Levi gefällt von Anfang an der Blauton nicht, den der ab 1860 aus Frankreich importierte Denim aufweist, weil dieser ständig in seiner Farbintensität variiert. So beschließt er, den Stoff für seine Hosenproduktion in den USA unter seiner Kontrolle und nach seinen eigenen Wünschen herstellen zu lassen. Ab 1877 produziert die Textilfirma „*Amoskeag*", auch „*Amoskeag Mills*"[66] genannt, in Neuengland den Denim (Drillich) für Levi Strauss.

Das Besondere an Denim ist seine Bindungsart, die *Köperbindung*. Der Begriff *Köper* stammt aus dem Niederdeutschen und bedeutet Querbalken, nach dem diagonal verlaufenden Grat der einzelnen Bindungspunkte des Gewebes[67]. Charakteristisch für Denim ist, dass vor dem Webvorgang die Kettfäden (engl., warp) in Mantelfärbung indigoblau eingefärbt werden, die Schussfäden (engl., weft) jedoch weiß bleiben. Denimgewebe ist ein Kettköper mit einem 3/1 Grat, das heißt, dass auf der rechten Warenseite die Kettfäden stärker in Erscheinung treten als die Schussfäden, da die Schussfäden unter drei Kettfäden und dann über einen Kettfaden geführt werden. Beim nächsten Durchgang wird die Reihenfolge versetzt wiederholt, so dass die für Denim typische diagonale Struktur im Stoff entsteht.[68]

Diese spezielle Webart sorgt dafür, dass die Außenseite einer Jeans fast ganz blau und die Innenseite fast vollständig weiß erscheint. Denim ist aufgrund der Köperbindung, die einen dicken und festen Stoff entstehen lässt, sehr strapazierfähig und bis zu einem gewissen Grad in diagonaler Richtung dehnbar.[69]

Der Stoff aus der Textilfirma „Amoskeag" zeichnet sich vor allem durch seine gleichmäßige blaue Färbung und sein Gewicht „*Double X*"[70] *Denim* (engl., doppeltes X, auch nur „XX"), das entspricht 10 Unzen (engl. ounce, Abkürzung: oz.; 1 Unze entspricht 28,35 Gramm[71]), aus.

Durch diese Fabrikationsumstellung erschafft Levi Strauss, wenn auch ungewollt, einen weiteren Mythos. Da der Stoff zur Weiterverarbeitung in die entsprechenden Firmen geschickt werden muss, unterliegt er der Stofftypenbezeichnung, mit der nach amtlicher Vorschrift alle Stoffballen gekennzeichnet werden müssen. Die Stofftypenbezeichnung oder auch Warenpostennummer[72] für Levis Denim lautet „*'501'*" oder „*'Five o' one'*"[73]. Die legendäre 501, die

---

[66] Dettmer 1985, S. 62.

[67] Vgl. Meyers großes Universallexikon 1983, S. 116.

[68] Vgl. Wehdemeier-Pusch/Pusch 1981, S. 244, Schindler 1992, o. S. siehe Buchstabe „D" und Hofer 1994, S. 172.

[69] Vgl. Wehdemeier-Pusch/Pusch 1981, S. 244 und Gillow/Sentance 1999, S. 73.

[70] Vgl. Dupuy 1990, S. 8.

[71] Vgl. Der große Duden 1971, S. 502.

[72] Vgl. Dettmer 1985, S. 62.

[73] Dupuy 1990, S. 8.

königin unter den Jeans, hat demnach aufgrund einer profanen amtlichen Vorschrift ihren Namen erhalten.

1874 verkauft die Firma Levi Strauss & Co. in Kalifornien, Utah und Colorado bereits mehr als 5875 Dutzend genietete Hosen, Jacken und Westen[74], das sind mehr als 70 500 Kleidungsstücke, die Levi Strauss zum Dollarmillionär machen.

7. Der Siegeszug der Jeans unter den Pionieren beginnt

Ursprünglich sind Jeans für die *Goldgräber* und *Goldwäscher* und deren Ansprüche an Arbeitskleidung entwickelt worden.

Nach dem Abebben des Goldrauschs kommen *Farmer* (engl., Landwirt) und *Rancher* (engl., Viehzüchter) in die verlassenen Gegenden und entdecken die Jeans als Arbeitskleidung, die sich für die Feldarbeit und die Arbeit mit Vieh und Pferden ebenso eignen wie für das Goldgraben und Goldwaschen. Auf den riesigen Viehfarmen (engl., ranches) arbeiten auch *Cowboys*, die die blauen Hosen mit einem Ledergürtel tragen. In Kombination mit den unverzichtbaren Cowboystiefeln und den karierten Hemden werden die Jeans zu den charakteristischen Erkennungsmerkmalen eines echten Cowboys.[75]

Auch die *Arbeiter*, die die Eisenbahnlinie zwischen der Ost- und der Westküste bauen, schätzen die Jeans aufgrund ihrer enormen Strapazierfähigkeit[76] und gleichzeitig wegen des hohen Tragekomforts. Da der Denim für die Jeans aus 100 Prozent Baumwolle besteht, ist die Hose auch bei extremer Hitze angenehm zu tragen im Gegensatz zu den traditionellen Wollstoffhosen, in denen die Goldgräber vor Levis Geistesblitz arbeiten mussten. Aufgrund der Köperbindung passen sich die Jeans darüber hinaus der Körperform an und werden so mit der Zeit zu einer zweiten Haut. Auf der 1869 fertiggestellten Baustelle der ersten transkontinentalen Eisenbahnstrecke tragen fast alle Arbeiter Jeans[77].

Nicht zuletzt schätzen auch die *Holzfäller* Jeans aufgrund ihrer Haltbarkeit. Sie bestellen die Hosen jedoch immer zwei Nummern zu groß, um sie individuell ihrer Bein- und Gesäßform anpassen zu können. Für diese Prozedur setzen sie sich samt den neuen Hosen in einen Bach oder in eine gefüllte Badewanne, da das Wasser die Hosen ein stückweit eingehen lässt. Anschließend lassen die Männer ihre neuen Beinkleider dann an der Luft am eigenen Unterkörper trocknen.[78] Dieses Verfahren wird als „*Shrink-to-Fit*“[79] (engl., einlaufen lassen, bis die Hosen passen) bezeichnet.

---

[74] Vgl. Dettmer 1985, S. 62.
[75] Vgl. Dupuy 1990, S. 10.
[76] Vgl. Dupuy 1990, S. 10.
[77] Vgl. Dupuy 1990, S. 10.
[78] Vgl. Dupuy 1990, S. 10f.
[79] Bildnachweis siehe Dupuy 1990, S. 23.

Alle diese *Pioniere* verhelfen der Jeans zu ihrem künftigen Mythos. Die Pioniere, die Nordamerika nach und nach erschlossen und besiedelt haben, gelten als die Urväter der heutigen Amerikanerinnen und Amerikaner und haben deren Bild vom harten, entschlossenen Mann, der für seine Freiheit und Unabhängigkeit kämpft, geprägt. Die persönliche Freiheit gilt in den USA als Grundrecht, das bereits in der Unabhängigkeitserklärung von 1776 festgehalten ist, in der es heißt, dass alle Menschen gleich sind, und dass sie von ihrem Erschaffer mit bestimmten unveräußerlichen Rechten ausgestattet worden sind, unter denen sich das Recht auf Leben, Freiheit und das Streben nach Glück befinden[80]. Wer könnte Freiheit besser symbolisieren als der einsame Cowboy, der über die weiten Prärien und Plains der Midwest-Staaten der USA, wie etwa Texas oder Arkansas, reitet, immer in Jeans gekleidet?

8. Der Weg ins 20. Jahrhundert

1886 wechselt Levi Strauss noch einmal den Firmensitz und lässt in der Battery Street 14–16 in San Francisco ein für damalige Verhältnisse hochmodernes Firmengebäude aus Stein und Gußeisen mit Gasbeleuchtung errichten. Das Gebäude vereint zum einen die Fabrikation, Lagerung und den Verkauf unter einem Dach und dient zum anderen Levi Strauss als Wohnsitz. In einem entsprechenden New Yorker Firmengebäude kümmern sich Levis Brüder Jonathan und Louis weiterhin um die Belieferung der Ostküstenstaaten.[81]

Von San Francisco und New York aus wachen die Straussbrüder auch über ein beständig wachsendes Verteilernetz zu zahlreichen Läden, die Levi's-Produkte anbieten. Zu den Vertreibern von Produkten der Levi Strauss & Co. Kompanie zählen sogar Hausierer[82] in Erinnerung an Levis Anfangszeit in der Neuen Welt.

Neben dem Firmenumzug in neue Geschäftsräume erfährt auch die Levi's Jeans 1886 weitere Neuerungen. Levi's können von nun an mit einem „*Riegel*“[83], der im Rückenbereich unter dem Bund angenäht ist, in der Taillenweite verstellt werden. Neu ist auch die Einführung der „*Watch-Pocket*“[84] (engl., Uhrentasche), auch als „*Coin-Pocket*“[85] (engl., Tasche für Münzen) bezeichnet, die im Gegensatz zum Riegel bis heute erhalten geblieben ist. Vom Aussehen her erinnert die Watch-Pocket an eine Levi's Gesäßtasche im Miniaturformat mit Doppelnähten und mit Kupfernieten verstärkten Ecken. Lediglich das Arcuate-

---

[80] Auszug aus der Declaration of Independence: „that all men are created equal, that they are endowed by their creator with certain unalienable rights, that among these are life, liberty and the pursuit of happiness“ siehe Abiturwissen Landeskunde GB/USA 1994, S. 132.

[81] Vgl. Dupuy 1990, S. 18.

[82] Vgl. Dupuy 1990, S. 20.

[83] Raszkowski 1994, S. 9.

[84] Raszkowski 1994, S. 9.

[85] Schindler 1992, o. S., siehe Buchstabe „C“.

Design fehlt. Die Watch-Pocket ist in den vorderen rechten Taschenbeutel eingenäht, im Zeitalter der Taschenuhr sicherlich eine praktische Erfindung. Mit der Watch-Pocket verfügt die Jeans nun insgesamt über fünf Hosentaschen. Auf Englisch heißt sie deshalb auch „*Five-Pocket-Jeans*".

Levi Strauss ist damals nicht der einzige Jeansproduzent. Seine Hosen sind qualitativ jedoch die besten. Um diesen Marktvorteil gegenüber der Konkurrenz halten zu können, der es aufgrund Levis Patent auf die Nietenverstärkung verboten ist, ebenso Nieten zu verwenden, entwickelt Levi ein Markenzeichen – the *Two-Horse-Brand* (engl., die Zwei Pferde Marke).[86]

Diese „Zwei-Pferde-Marke" zeigt zwei Bauern mit Peitschen, die ihre Pferde in entgegengesetzte Richtung auseinander treiben, und in der Mitte zwischen den Pferden ist eine Levi's gespannt, die die Pferde nicht zerreißen können. Das eben beschriebene Bild ist anfangs auf ein rechteckiges Stück Ölzeug (etwa 8 auf 6,5 Zentimeter) aufgedruckt, das über der rechten Gesäßtasche aufgenäht ist und mit dem oberen Rand der Hose abschließt.

Auf der ersten Version dieses Aufnähers sind neben dem Bild folgende Hinweise aufgedruckt:

Der Käufer hat ein Produkt der Firma „*Levi Strauss & Co.*" mit Stammsitz in „*San Francisco, Cal.*" erworben. Die Hose ist „*Original Riveted*" (original, engl. – ursprünglich; riveted, engl. – genietet ⇨ Verweis, dass Levi Strauss die ersten Jeans auf den Markt gebracht hat, die mit Nieten verstärkt sind). Es handelt sich um „*Quality Clothing*" (engl., erstklassige Kleidung) und es wird darauf verwiesen, dass das Produkt ein eingetragenes *Warenzeichen* (engl., trademark) aus „*XX*" (engl., Double X, 10-Unzengewebe) darstellt, das am *20. Mai 1873 patentiert* worden ist (engl., Patented May 20, 1873)[87].

Im Lauf der Jahre ändert sich der Aufdruck und auch das Material des Aufnähers. So versieht Levi's den Aufnäher mit einer Herstellergarantie „*Every Garment Guaranteed*"[88] (engl., auf jedes Kleidungsstück wird Garantie gewährt), die später mit dem Zusatz „*A New Pair If They Rip*" (engl., ein neues Paar, wenn die Jeans zerreißt) ergänzt wird[89].

Die Herstellergarantie wird später wieder von den Aufnähern entfernt. Statt dessen wird nun die traditionelle *Warenpostennummer*, zum Beispiel „*501*" sowie der *Taillenumfang* (engl., waist) abgekürzt mit „*W*" und die *Beinlänge* (engl., length oder auch inseam = Innennaht des Hosenbeins vom Schritt bis zum Saum) abgekürzt mit „*L*" in Inch angegeben[90].

---

[86] Vgl. Dupuy 1990, S. 20.

[87] Die Originalabbildung, der die hier aufgeführten Informationen entnommen sind, findet sich bei Finlayson 1991, S. 8.

[88] Bildnachweis siehe Dupuy 1991, S. 21.

[89] Vgl. Dettmer 1985, S. 62.

[90] Informationen stammen von einer 501 aus dem Jahr 1999.

Die aktuellen Aufnäher verfügen über alle Informationen, die bereits auf der ersten Version von 1886 enthalten sind und geben zusätzlich die Warenpostennummer sowie Taillenumfang und Beinlänge an. Neu ist der Hinweis „*Care instructions inside*" (engl., Pflegehinweise siehe Innenseite) und „*Garment 100% Cotton*" (engl., Kleidungsstück aus 100 Prozent Baumwolle)[91].

Was das Material der Aufnäher betrifft, so wird das Ölzeug in späteren Jahren durch Kunstleder ersetzt, das später wiederum durch echtes Leder ausgetauscht wird[92]. Seit den 1990er Jahren bis heute wird der Aufnäher aus einer „Mischung aus Papier und Kunststoff"[93] hergestellt.

Doch zurück ins Jahr 1886, in dem die Levi's bereits über zwei Markenzeichen, Arcuate-Design und Two-Horse-Brand, verfügt. Als 1890 das Patent für die Nietenverstärkung ausläuft, entschließt sich Levi Strauss, seine Hosen deutlich im Preis zu senken, um konkurrenzfähig zu bleiben. Statt des herkömmlichen 10-Unzen-Denims wird von nun an ein 9-Unzen-Gewebe für die Jeanshosen verwendet. Die Warenpostennummer 501 bleibt aber erhalten.[94]

Im Jahr 1890 stellt Levi auch die Weichen für die Zukunft seiner Firma. Da er unverheiratet und kinderlos ist, lässt Levi die Firma Levi Strauss & Co. 1890 als Gesellschaft eintragen und macht seine vier Neffen zu Teilhabern[95]. Er bleibt weiter an der Spitze des Unternehmens, überträgt aber nach und nach seinen jüngeren Teilhabern mehr Verantwortung. Als Levi Strauss am 26. September 1902[96] stirbt, hinterlässt er sechs Millionen Dollar Privatvermögen[97], eine florierende Firma und eine bis heute unsterbliche Hose.

9. Literatur

Brückner, Wolfgang: Levi's in Franken. In: Bausinger, Hermann/Jeggle, Utz/Korff, Gottfried/Scharfe, Martin/Warneken, Bernd Jürgen (Hrsg.): Jeans – Beiträge zu Mode und Jugendkultur. Tübingen 1985. S. 44–46.

Der Duden. Fremdwörterbuch. Mannheim/Leipzig/Wien/Zürich 2001.

Der große Duden. Fremdwörterbuch. Mannheim/Wien/Zürich 1971.

Dettmer, Elke: Levi Strauss, San Francisco: Blue Jeans als amerikanisches Symbol. In: Bausinger, Hermann/Jeggle, Utz/Korff, Gottfried/Scharfe, Martin/Warneken, Bernd Jürgen (Hrsg.): Jeans – Beiträge zu Mode und Jugendkultur. Tübingen 1985, S. 47–97.

Dupuy, Pierre: Jeans – Levi Strauss, eine kalifornische Saga. Stuttgart 1990.

Ernst Klett Verlag für Wissen und Bildung: Abiturwissen Landeskunde GB/USA. Stuttgart 1994.

91 Informationen stammen von einer 501 aus dem Jahr 1999.
92 Vgl. Dupuy 1990, S. 20.
93 Schopp 1995, S. 10.
94 Vgl. Dupuy 1990, S. 15.
95 Vgl. Masson/Wiese 1991, S. 246.
96 Vgl. Masson/Wiese 1991, S. 245.
97 Vgl. Dupuy 1990, S. 24.

Finlayson, Ian: Denim – Der Jeans-Kult und seine Geschichte. Wien 1991.

Gillow, John/Sentance, Bryan: Atlas der Textilien – Ein illustrierter Führer durch die Welt der traditionellen Textilien. Bern/Stuttgart/Wien 1999.

Hagen, Christiane von: Kultkluft mit Sex-Appeal. Ein Jahrhundert nach Levi Strauss' Tod bleiben Jeans Dauerbrenner. In: Mannheimer Morgen vom 21.9.2002, Nr. 220, S. 2.

Hartung, Susann: Die Geschichte der Jeans – Die Chronik eines Chamäleons. In: Dartmann, Lisa/Hartung, Susann/Krah, Eva-Susanne (Hrsg.): Jeans: Forever Young. Frankfurt/Main 1993[2], S. 10–20.

Hofer, Alfons: Stoffe 2 – Bindung, Gewebemusterung, Veredlung. Frankfurt am Main 1994[7].

Illustrated Oxford Dictionary. Oxford/London/New York/Sydney/Moscow 1998.

Jeier, Thomas: Jeans, Jeans, Jeans – Vom Kult der starken Hosen. Bergisch Gladbach 1987.

Könenkamp, Wolf-Dieter: Jeans – Mode und Mythen. In: Bausinger, Hermann/Jeggle, Utz/Korff, Gottfried/Scharfe, Martin/Warneken, Bernd Jürgen (Hrsg.): Jeans – Beiträge zu Mode und Jugendkultur. Tübingen 1985, S. 99–179.

Loschek, Ingrid: Reclams Mode- & Kostümlexikon. Stuttgart 1999.

Masson, Irmalotte/Wiese, Ursula von: Die Levi-Strauss-Saga – Die märchenhafte Geschichte des Mannes, der die Jeans erfand. München 1991.

Meyers Großes Universallexikon in 15 Bänden. Hrsg. und bearb. von den Lexikonredaktionen des Bibliographischen Instituts [Red. Bearb.: Alheim, Karl-Heinz ...]. Mannheim/Wien/Zürich 1981, Band 4.

Raszkowski, Petra: Jeans – Ein heißer Stoff. Wien 1994.

Schindler, Peter U.: The Jeans Encyclopedia of Legend, Past and Present. Milano/Overath 1992.

Schopp, Marion: Das Phänomen Jeans – Stationenlernen in der Hauptschule. Mschr. Wiss. Hausarbeit. Heidelberg 1995.

The New Encyclopædia Britannica. Hrsg. und bearb. von den Fakultäten der University of Chicago [Red. Bearb.: Philip W. Goetz ...]. Chicago/Auckland/Geneva/London/Madrid/Manila/Paris/Rome/Seoul/Sydney/Tokyo/Toronto 1989, Band 1.

Thiel, Erika: Geschichte des Kostüms – Die europäische Mode von den Anfängen bis zur Gegenwart. Berlin 2000[7].

Wehdemeier-Pusch, Bettina/Pusch, Andreas: Das Phänomen Jeans – Eine Betrachtung unter historischen, ökonomischen, modischen, gestalterischen und gesellschaftlichen Aspekten. Lüneburg 1981.

2.
Verbreitungsgeschichte der Jeans ab 1902

Sabrina Kästner

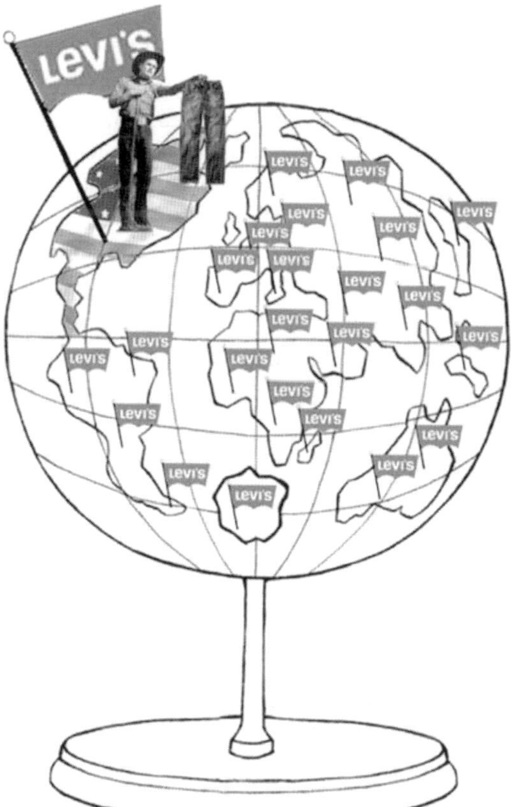

Grafik: Gabrielle Karmann 2004

Im Kapitel „Die Entstehungsgeschichte der Jeans“ wurde bereits auf den vermeintlichen „Erfinder“ der Jeans, Levi Strauss, ausführlich eingegangen. In diesem Beitrag wird die Firmengeschichte von Levi Strauss & Co. nach Levi Strauss‘ Tod im Jahr 1902 beleuchtet. Levi Strauss & Co. spielen für die Verbreitung der Jeans in den USA und nach dem Zweiten Weltkrieg auch weltweit eine tragende Rolle. Neben der regionalen Verbreitung der Jeans geht es auch um gesellschaftliche Veränderungen, die den Jeans immer weitere „Kundenkreise“ (zum Beispiel Jeans für Kinder, Jeans für Frauen) und „Betätigungsfelder“ (Jeans in den Universitäten, im Landtag, im Theater) erschlossen haben.

1. Jacob Stern tritt ein schweres Erbe an

Nach dem Tod von Levi Strauss wird Levis ältester Neffe *Jacob Stern* Firmenchef des Levi Strauss Bekleidungsimperiums. Er versteht es, die Gewinne durch Neuheiten noch weiter anzukurbeln. So werden unter seiner Leitung die „*Koveralls*“ für Kinder auf den Markt gebracht, die sich als Glückstreffer erweisen.[1]

Beworben werden die Koveralls (coveralls, amerik. – Overall) unter dem Motto „Koveralls Keep Kids Kleen“ (engl., Overalls halten Kinder sauber). Eine verfügbare Abbildung zu den Koveralls zeigt einen kleinen Jungen in einer Jeanslatzhose[2].

Schindler weist hier auf ein Übersetzungsproblem hin, da im amerikanischen Sprachgebrauch unter dem Begriff *Overalls* (Plural) ein legerer Einteiler, bestehend aus einer Hose im Jeansstil mit angesetztem Latz und Trägern, verstanden wird. In Europa bezeichnet der Begriff Overall jedoch einen einteiligen langärmeligen Arbeitsanzug[3], der umgangssprachlich auch Blaumann genannt wird. Latzhosen werden im englischen Sprachraum als „*Dungarees*“ bezeichnet, wobei der Begriff Dungarees durchaus auch in den USA verwendet wird, dann allerdings als altmodische Bezeichnung für weit geschnittene Jeans aus Denim[4].

Durch die Einführung der Koveralls erweitert die Firma Levi Strauss & Co. ihr traditionelles Angebot an Arbeitskleidung für Männer um *Kinderkleidung*[5] für Mädchen und Jungen. Auch das schwere Erdbeben, das am 18. April 1906[6] San Francisco erschüttert und einen Großbrand auslöst, der weite Teile der Stadt und mit diesen den Firmensitz in der Battery Street in Schutt und Asche legt, kann dem kontinuierlichen Wachstum der Firma nichts anhaben[7]. Bereits im

[1] Vgl. Dupuy 1990, S. 29.
[2] Siehe Dupuy 1990, S. 21.
[3] Vgl. Schindler 1992, o. S., siehe Buchstabe „O“. Abbildungen siehe Krähe-Versandkatalog Herbst/Winter 2003/04, S. 84 f.
[4] Vgl. Schindler 1992, o. S., siehe Buchstabe „D“.
[5] Abbildung siehe Jeier 1987, S. 48.
[6] Meyers großes Universallexikon 1984 b, S. 241.
[7] Vgl. Dettmer 1985, S. 63 und Dupuy 1990, S. 29.

September 1907 eröffnet Jacob Stern in der Valencia Street den neuen Firmensitz[8].

In der Zwischenzeit sind Jeans für Farmer und Cowboys längst zur bevorzugten Arbeitskleidung geworden und so taucht in der Firmenwerbung jetzt zum ersten Mal der „*Saddleman*" auf, ein Cowboy in Jeans, *Cowboystiefeln*, weißem *Hemd*, *Halstuch* und natürlich einem *Cowboyhut*[9]. Auffälligerweise werden die Jeans des Saddlemans mit einem *Gürtel* in der Taille zusammen gehalten[10]. Bis zur Einführung der „*Belt Loops*"[11] (engl., Gürtelschlaufen) im Jahr 1922 waren alle Levi's Jeans mit einem altmodischen *Riegel* und *Knöpfen* für die Befestigung von *Hosenträgern* ausgestattet, sodass die Hosen nicht rutschten. Die Knöpfe für die Hosenträger verbleiben parallel zu den Gürtelschlaufen bis 1937 an den Jeans, der Kunde soll wählen können, wie er seine Hosen am Rutschen hindern will[12].

Während des *Ersten Weltkriegs* (1914–18) arbeiten bei Levi Strauss & Co. bereits 600 Mitarbeiter. Die Rahmenbedingungen gestalten sich für das Unternehmen jedoch zunehmend schwieriger. 1926 findet ein Wechsel an der Spitze des Unternehmens statt: Jacob Sterns Schwiegersohn *Walter Haas* und dessen Schwager *Daniel Koshland* bilden die neue Geschäftsleitung[13]. Gemeinsam stellen sie die Produktion auf Fließbandarbeit um[14] und überarbeiten das veraltete Buchhaltungssystem[15]. Wichtigstes Standbein bleibt die Jeansproduktion, die für einen Umsatz von jährlich etwa vier Millionen US-Dollar sorgt[16].

2. Die Weltwirtschaftskrise als historische Chance

Am 25. Oktober 1929, der auch als „*Black Friday*"[17] (engl., schwarzer Freitag) bekannt ist, wird mit dem Börsenkrach in New York die Weltwirtschaftskrise ausgelöst, von der die traditionellen Levi's-Kunden, Farmer, Holzfäller, Cowboys und Arbeiter, besonders hart getroffen werden und als Kunden zunächst wegfallen. Levi Strauss & Co. macht große Verluste, und nur das Privatvermögen der Familie Haas verhindert die Auflösung der Firma. Durch die Einführung von Kurzarbeit gelingt es schließlich, alle Arbeitsplätze zu erhalten bis ab 1933 allmählich eine Trendwende einsetzt und die Geschäftsaussichten besser werden.[18]
Was war geschehen?

---

8 Vgl. Dettmer 1985, S. 63.
9 Vgl. Dupuy 1990, S. 32.
10 Abbildung siehe Dupuy 1990, S. 28.
11 Raszkowski 1994, S. 73.
12 Vgl. Raszkowski 1994, S. 15.
13 Vgl. Dettmer 1985, S. 63.
14 Vgl. Dettmer 1985, S. 63.
15 Vgl. Raszkowski 1994, S. 15.
16 Vgl. Dupuy 1990, S. 32.
17 Meyers Universallexikon 1984 b, S. 508.
18 Vgl. Dettmer 1985, S. 63.

Die wohlhabenden Familien der Neuengland Staaten entlang der Ostküste können sich aufgrund der Weltwirtschaftskrise ihren jährlichen Europaurlaub finanziell nicht mehr leisten und entdecken in den 1930er Jahren den „Wilden Westen“ als neues Urlaubsziel. Dort wohnen sie ganz regionaltypisch auf einer Farm oder Ranch, den sogenannten „*Dude Ranches*“[19] (dude, amerik. – geschniegelter Städter oder Ostküstenbewohner; dude ranch, amerik. – Touristenranch, Ferienranch). Eine Dude Ranch ist eine Ranch im Westen der USA, auf der man als Tourist den Wilden Westen hautnah erleben kann. Es gibt zwei Arten von Dude Ranches: sie können entweder tatsächlich bewirtschaftet werden, wie das in Deutschland unter „Ferien auf dem Bauernhof“ bekannt ist oder es handelt sich um einen organisierten Erlebnisurlaub, das heißt, wer möchte, kann an einem Ausritt durch die Prärie teilnehmen, bei der Rancharbeit helfen, soweit er körperlich dazu in der Lage ist und abends am Lagerfeuer deftige Mahlzeiten einnehmen.[20] Wer einen solchen Urlaub bucht, möchte raus aus dem Alltag in den Großstädten und Abenteuer in unverbrauchter Natur an der frischen Luft erleben.

Vor den 1930er Jahren sind Jeans östlich des Mississippis praktisch unbekannt. Auf den Dude Ranches entdecken die Ostküstenbewohner die Strapazierfähigkeit und den Tragekomfort von Jeans[21] und bringen sie als Souvenir nach Hause mit[22].

Aus den einstmals robusten Arbeitshosen werden jetzt plötzlich *Freizeithosen*, die man in den wohlhabenden Kreisen stolz vorführt. Mit dem Tragen von Jeans will man zeigen, dass man einen völlig neuen Lebensstil kennen gelernt, Freiheit und Abenteuerlust gespürt hat. Jeans werden zum ersten Mal als *Mode* getragen und nicht zweckgebunden zum Arbeiten.

Als Levis Großneffen von dem Erfolg der Dude Ranches erfahren, reagieren sie sofort auf die Wünsche der neuen Kunden nach dem authentischem Wildwest-Erlebnis. Sie veranstalten *Wildwestspiele* und *Rodeos*[23], das sind Wettbewerbe in denen Cowboys unter anderem in einem umzäunten Gehege wilde Pferde und Stiere zähmen. Professionelle Unterstützung holen sich Haas und Koshland in den späten 1930er Jahren vom Werbemanager *Dick Cronin*, der die Verbindung von Levi's Jeans mit dem Wilden Westen gekonnt zu einem romantischen Mythos verschmilzt. Cronin bereist auch die von Levi Strauss & Co. gesponsorten Rodeos und verteilt von Levi's gestiftete Preise[24]. Bei den Preisverleihungen trägt Cronin grundsätzlich ein *Western-Outfit*: Jeans, Cowboystiefel, Hemd, Weste

[19] Dupuy 1990, S. 32 und Dettmer 1985, S. 64.
[20] Vgl. PONS 1999, S. 1274.
[21] Vgl. Schindler 1992, o.S., siehe Buchstabe „D“.
[22] Vgl. Dupuy 1990, S. 32 und Dettmer 1985, S. 64.
[23] Über die Geschichte des Rodeos vgl. Dettmer 1985, S. 66–68.
[24] Vgl. Dettmer 1985, S. 64.

und *Stetson-Hut*[25], das ist ein Filzhut mit breiter Krempe. Der Stetson ist nach seinem Hersteller *John B. Stetson* benannt, der in den 1870ern diese Hutform für die Cowboys erfand, weshalb der Stetson auch eher unter der Bezeichnung Cowboyhut bekannt ist[26].

3. Cowboys

Seit den 1930ern werden Jeans als fester Bestandteil des Cowboy-Outfits von der amerikanischen Bevölkerung wahrgenommen[27]. Der Mythos vom Cowboy als Kuhhirte und Pionier im Westen der USA entsteht nach dem *Civil War* (engl., Bürgerkrieg), der von 1861 bis 1865 zwischen den Nord- und Südstaaten tobt. Die ursprüngliche Aufgabe eines Cowboys besteht darin, die in großen Herden verstreut weidenden Rinder zu überwachen und sie im Frühjahr und im Herbst beim sogenannten *Round-up* zusammenzutreiben. Anschließend werden die Rinder gezählt, markiert und zum nächsten Viehmarkt getrieben. Nach 1865 beginnt die große Zeit der Cowboys, als sie riesige Viehherden aus Texas zu den neu entstehenden Eisenbahnendstationen begleiten, um die Fleischmärkte im Osten zu beliefern. Diese Zeit endet etwa 30 Jahre später mit der weitgehenden Besiedelung und Einzäunung des Landes.[28]

Aus den abenteuerlustigen Naturburschen, die bei Wind und Wetter bei ihren Herden sind, in der Wildnis übernachten und täglich Gefahr laufen, dass ihnen etwas zustößt, werden zu Beginn des 20. Jahrhunderts sesshafte „*all-around hands*" (engl., vielseitige Arbeitskräfte), die ihren Lebensunterhalt auf Ranches verdienen. Obwohl das Leben der Cowboys nun in geregelten Bahnen verläuft, existiert in den Köpfen der amerikanischen Bevölkerung ein anderes Bild. Dieses Bild ist durch unzählige Groschenromane, Comic Strips und Bücher geprägt und romantisch verklärt worden. In späteren Jahren entdeckt sogar Hollywood das Wildwest-Genre und produziert zahlreiche Western-Filme.[29]

Der Cowboy wird auf diese Weise zu einer nationalen Identifikationsfigur, die für Freiheit, Entschlossenheit und Unabhängigkeit steht. Auch im 21. Jahrhundert funktioniert der Mythos vom Cowboyleben noch, sonst wäre wohl die Marlboro-Werbung nicht so erfolgreich.

---

[25] Vgl. Dettmer 1985, S. 69.
[26] Vgl. Loschek 1999, S. 424.
[27] Vgl. Dettmer 1985, S. 66.
[28] Vgl. Meyers Großes Universallexikon 1981, S. 369.
[29] Vgl. Dettmer 1985, S. 66.

4. Jeans als Symbol für Männlichkeit

Zurück in die 1930er Jahre, als die Städter der Ostküste in ihrem Urlaub nach authentischem Wildwestleben verlangen. Den Cowboys bietet sich die Chance, im Rahmen von Rodeoveranstaltungen ihre Reitkünste und andere Fertigkeiten, etwa Lassowerfen (engl., roping) vorzuführen[30]. Selbstverständlich profilieren sich diese „Kuhhirten" nur in ihrem Arbeitsoutfit und so müssen Jeans allgegenwärtig gewesen sein. Die Jeans der Cowboys werden als enganliegende, ausgebleichte blaue Levi's beschrieben. Über den engen Sitz der Jeanshosen findet sich in der Literatur die Bemerkung, dass er aufgrund der verschieden geformten Beine der Cowboys nicht unbedingt als ästhetisch empfunden wurde[31]. Da es sich bei den Jeans aber um Arbeitshosen handelt, stecken in erster Linie funktionale Überlegungen hinter dem Jeansschnitt, da weite Hosenbeine die Gefahr des Hängenbleibens erhöhen und außerdem beim Reiten hinderlich sind. In einer weiteren Anmerkung zur engen Jeansform heißt es, dass Jeans als ein „Symbol der Männlichkeit"[32] galten, eine Anmerkung, die durchaus doppeldeutig ausgelegt werden kann. So werden zum einen männliche Eigenschaften wie Stärke, Risikobereitschaft und Mut in Verbindung mit Jeans gebracht. Auf der anderen Seite scheinen die Cowboys ihre Jeans auch absichtlich so enganliegend und damit körperbetonend getragen zu haben, um durch das Zurschaustellen ihrer durchtrainierten Beine Frauen zu beeindrucken. Dettmer weist zusätzlich daraufhin, dass diese Hosenform auch Auskunft über die Größe der männlichen Genitalien gab[33]. Trotz der Dude Ranches und des Wandels der Jeans zur Freizeithose bleibt die Jeans Anfang des 20. Jahrhunderts weiterhin Arbeitshose, die für die am Bau des *Panama Kanals*[34] (1906–14), des *Hoover Damms*[35] (1931–36) und der *Golden Gate Bridge*[36] (1933–37) beteiligten Arbeiter unverzichtbar ist.[37] Die Firma Levis Strauss & Co. hat letztendlich trotz harter Jahre insofern von der Weltwirtschaftskrise profitiert, als sich der Absatzmarkt für Jeans auf die gesamte USA ausdehnte und neue Kundinnen und Kunden gewonnen werden konnten[38].

---

30 Vgl. Dettmer 1985, S. 66f.
31 Vgl. Dettmer 1985, S. 67.
32 Vgl. Dettmer 1985, S. 66f.
33 Vgl. Dettmer 1985, S. 67.
34 Meyers Großes Universallexikon 1984 a, S. 426.
35 Meyers Großes Universallexikon 1981, S. 326.
36 Meyers Großes Universallexikon 1984 b, S. 241.
37 Vgl. Dettmer 1985, S. 66.
38 Vgl. Dupuy 1990, S. 34.

5. Die Levi's ändert sich erneut

1873 hatte Jacob Davis[39] die Idee, Kupfernieten zur Verstärkung der Ecken der Jeanstaschen einzusetzen. Während anfangs nur die Hosentaschen verstärkt sind, wird in späteren Jahren auch am unteren Ende des Hosenschlitzes eine Niete, die sogenannte „*Crotch Rivet*"[40] (engl., Niete im Schritt), angebracht. Die Crotch Rivet befindet sich exakt an der Stelle, an der der Hosenschlitz aufhört und die Hosenbeine anfangen.

Zunächst stört die Niete im Schritt niemanden, bis die Cowboys die Jeans als ideale Arbeitshose entdecken. Beim abendlichen Zusammensitzen am Lagerfeuer stellen die Cowboys jedoch schnell fest, dass sich die Niete in kurzer Zeit erhitzt, wenn man zu nah am Feuer sitzt. Erstaunlicherweise wird die Firma Levi Strauss & Co. von keinem ihrer Kunden auf diesen Missstand hingewiesen, bis 1933 Walter Haas beim Wandern und Zelten in der Sierra Nevada unfreiwillig auf das Problem aufmerksam wird, weil er selbst dem Lagerfeuer zu nah kommt[41]. Erst 1941 wird die „Niete des Anstoßes" von der 501 entfernt[42] und durch einen ungefähr einen Zentimeter langen und drei Millimeter hohen „*Bar Tack*"[43] (engl., ganz enger Zickzackstich in 'Riegelform') in orangefarbenem Garn, passend zu den Kupfernieten, ersetzt.

1993 erfreut dieses Lagerfeuer-Erlebnis aus dem Jahr 1933 weltweit unzählige Kinobesucher, da Levi Strauss & Co. im Rahmen einer Werbekampagne, die historische Meilensteine der Levi's Jeans zum Inhalt hat, dieses Thema aufgreifen[44].

Neben der Crotch Rivet bereiten auch die *Rivets* an den Gesäßtaschen Levi Strauss & Co. in den 1930er Jahren Probleme. Es gehen zahlreiche Beschwerden über zerkratzte Möbelstücke, Pferdesättel und Autokarosserien in der Firma ein und so werden die Nieten an den Gesäßtaschen ab 1937 verdeckt angebracht[45]. Mitte der 1960er Jahre werden die Nieten dann endgültig entfernt und durch etwa 1,5 Zentimeter lange und drei Millimeter hohe Bar Tacks, bestehend aus 42 Stichen[46], ersetzt. Die Nieten an den zwei vorderen Hosentaschen und an der Watch-Pocket bleiben jedoch erhalten.

1936 führen Haas und Koshland ein weiteres Markenzeichen, das „*Red Tab*"[47] (engl., rotes Schildchen, Etikett) ein. Hierbei handelt es sich um ein 1,5 Zenti-

---

39 Vgl. auch Kästner, Entstehungsgeschichte, in diesem Band.
40 Schindler 1992, o. S., siehe Buchstabe „C".
41 Vgl. Dupuy 1990, S. 14f.
42 Vgl. Schindler 1992, o. S., siehe Buchstabe „C".
43 Schindler 1992, o. S., siehe Buchstabe „B".
44 Vgl. Raszkowski 1994, S. 64f.
45 Vgl. Dupuy 1990, S. 14, Schindler 1992, o. S., siehe Buchstabe „R" und Raszkowski 1994, S. 16.
46 Vgl. Finlayson 1991, S. 62 und Jeier 1987, S. 57.
47 Vgl. Mauch, Jeansmarken, in diesem Band.

meter hohes und fünf Millimeter breites rechteckiges Stück roten Stoffs, in den der Schriftzug „Levi's ®" in weiß eingewebt ist. Dieses kleine Markenschildchen ist grundsätzlich bei einer Levi's Jeans in die linke Naht der rechten Gesäßtasche eingenäht[48] und wird 1936 patentiert[49].

Im Jahr 1936 verfügt die Levi's Jeans nun über ihre fünf charakteristischen Merkmale, *Levi's Knöpfe* (ab den 1860er Jahren), *Levi's Nieten* (ab 1873), *Arcuate-Design* (ab 1873), *Two-Horse-Brand* (ab 1886) und *Red Tab* (ab 1936), die eine echte Levi's bis in die heutige Zeit auszeichnen.

6. Die ersten Jeans für Frauen

Frauen entdecken die Jeanshosen Anfang der 1930er Jahre, als sie mit ihren Familien auf den Dude Ranches Urlaub machen. Wenn überhaupt, kleiden sich Frauen jedoch nur in ihrer Freizeit und nicht zu offiziellen Anlässen in Jeans. Das Jahrzehnt von 1930 bis 1939 ist noch nicht reif für Frauen in Hosen. Statt dessen tragen Frauen schmal geschnittene, taillierte Kostüme und Kleider[50]. In der Öffentlichkeit sieht man in den 1930er Jahren nur Hollywoodstars wie *Marlene Dietrich* im Herrenanzug[51] oder *Katherine Hepburn*[52] in Jeans. Während den Filmschönheiten das Hosentragen von der Gesellschaft gestattet wird, gilt es für den Rest der weiblichen Bevölkerung als nicht standesgemäß, und so werden Hosenträgerinnen häufig als exzentrisch oder lesbisch abgestempelt[53]. Dennoch erscheint *Alice Marble* 1933 in kurzen Hosen zum Tennis in Wimbledon und auch *Coco Chanel* trägt in ihrer Freizeit am Strand locker geschnittene lange Hosen[54].

Die Modezeitschrift *Vogue* orientiert sich an der gesellschaftlichen Einstellung und veröffentlicht erst 1939 Kombinationen aus Hosen mit Pullis als Damenbekleidung[55]. Geradezu revolutionär mutet deshalb der Vorstoß der US-amerikanischen Vogue an, die 1935 unter dem Titel „'What! Overalls in Vogue?'" (engl., Wortspiel: Was! Jeans sind in Mode? bzw. Was! Jeans sind in der Vogue?) Levi's Jeans als „'*true Western chic*'" bezeichnet. Des weiteren werden Levi's Jeans als *Freizeitmode* für den Outdoor-Bereich angepriesen, die sich nicht nur für den Urlaub auf der Dude Ranch anbietet, sondern auch in den vornehmen Badeorten und am Strand getragen werden kann.[56]

[48] Vgl. Raszkowski 1994, S. 16.
[49] Vgl. Jeier 1987, S. 42.
[50] Vgl. Seeling 1999, S. 135.
[51] Vgl. Seeling 1999, S. 173.
[52] Abbildung siehe Seeling 1999, S. 190.
[53] Vgl. Dettmer 1985, S. 87.
[54] Vgl. Seeling 1999, S. 138.
[55] Vgl. Seeling 1999, S. 139.
[56] Vgl. Dettmer 1985, S. 87. Dettmer verweist darauf, dass es sich um die Vogue vom 15. Mai 1935 handelt, die sich als Kopie ohne Seitenangabe im Levi Strauss Archiv in San Francisco befindet.

Das Interessante an dieser Jeans-Modestrecke in der Vogue ist, dass es höchst ungewöhnlich für die Vogue als eine der renommiertesten Modezeitschriften der Welt, die nur exklusive Waren berühmter Modehäuser abbildet, ist, auf einmal Werbung für preisgünstige, robuste Arbeitshosen zu machen, zumal Hosen für Frauen, wie bereits erwähnt, sowieso nicht als gesellschaftsfähig angesehen werden. Bedenkt man außerdem den Kreis der Frauen, die die Vogue lesen, wird schnell klar, dass Mitte der 1930er Jahre nur wohlhabende Frauen über diesen neuen Modetrend informiert wurden bzw. dass es zunächst auch nur wohlhabende Frauen gewesen sein können, die tatsächlich vermehrt Jeans getragen haben. Da die Vogue in den gesamten USA bezogen werden kann, werden Levi's Jeans jetzt flächendeckend bekannt. Neben den Frauen der Oberschicht haben wahrscheinlich die Frauen im „Wilden Westen" bei ihrer Arbeit auf den Ranches Jeans getragen, schließlich gibt es neben den Cowboys auch die *Cowgirls*[57] in „Levi's, plaid shirt and spurs"[58] (engl., in Levi's Jeans, einem karierten Hemd und mit Sporen an den Stiefeln).

Levi Strauss & Co. präsentieren schließlich 1938 die ersten *„Lady Levi's"*[59] als Zugeständnis an den neuen Kundinnenkreis. Diese Frauen-Levi's zeichnen sich durch *„roomy hips"* (engl., an den Hüften weit geschnitten), *„tapering trousers"* (engl., nach unten enger werdende Hosenbeine) und *„all the rivets"* (engl., mit Nieten genau wie bei den 501 für Männer) aus[60].

In den 1940er Jahren entwirft die US-amerikanische Modedesignerin *Claire McCardell* sogenannte *City-Denim-Styles*[61], das sind modische Kreationen für die aktive, berufstätige Stadtfrau, die auf ihre Kleidung wenig Rücksicht nehmen kann und die auch nach einem anstrengenden Arbeitstag noch schick aussehen will. Charakteristisch für McCardells Entwürfe sind zum einen das Material, Denim und Baumwolle, zum anderen die Einfachheit und Geradlinigkeit der Schnitte. McCardells Mode ist lässig und bequem und sieht dennoch modern und elegant aus. Als Verkaufsschlager entpuppt sich ihr *„Pop-over-Dress"*. Hierbei handelt es sich um ein Hauskleid aus abgestepptem Denim, das zusammen mit einem passenden Ofenhandschuh ab 1942 zehntausendfach in den USA verkauft wird[62]. Inspiriert von der Arbeitskleidung der kalifornischen Land- und Grubenarbeiter sowie der Farmer und Cowboys hat McCardell es geschafft, Denim zu feminisieren und in eine urbane Umgebung zu verpflanzen. Auch wenn die US-Amerikanerinnen zunächst nur in eingeschränktem Maß Jeans tragen, können

[57] Vgl. Dettmer S. 67 u. 87.
[58] Dettmer 1985, S. 87.
[59] Schindler 1992, o. S., siehe Buchstabe „D".
[60] Vgl. Schindler 1992, o. S., siehe Buchstabe „D".
[61] Schindler 1992, o. S., siehe Buchstabe „M".
[62] Seeling 1999, S. 578.

sie sich doch über McCardells Mode in Denim kleiden, der ihren weiblichen Bedürfnissen entgegen kommt.[63]

7. Jeans als kriegswichtiges Produkt

Während in Europa seit September 1939 der *Zweite Weltkrieg* wütet, ist das Jahr 1939 für die Firma Levi Strauss & Co. in den USA von Erfolg gekrönt, da der Profit aus dem Jeansverkauf größer als der Gesamtprofit der Firma ist. Außerdem wird die Jeans von den Studenten im kalifornischen Berkley entdeckt, die ehemalige Arbeitshose wird nun auch von Heranwachsenden getragen. Die Bezeichnung „Levi's" für die Jeans der Firma Levi Strauss & Co. beginnt ebenso als fester Name der Jeans landesweit bekannt zu werden.[64]

Mit Kriegseintritt der USA (Pearl Harbour, 7. Dezember 1941) werden Jeans zu einem für die Kriegsbemühungen notwendigem Produkt, das heißt, sie werden zum größten Teil für die Werftarbeiter sowie Flugzeugindustriearbeiter als Arbeitshosen produziert[65]. Daneben tragen auch die Frauen, die in der Rüstungsindustrie tätig sind Jeans[66]. Levi Strauss & Co. liefert außerdem Baumwolldrillich für die GIs (amerik., US-Soldat)[67].

Nachdem bereits der Wandel der Jeans von der Arbeits- zur Freizeithose dargestellt worden ist, lässt sich hier ein weiterer Wandel aufzeigen: Jeans werden im Zweiten Weltkrieg zu einem Privileg und gleichzeitig zu einem *Erkennungszeichen* für das Militär und dessen Zulieferer.

Aus der Literatur ist nicht ersichtlich inwieweit US-amerikanische Soldaten in Jeans kämpften. Könenkamp schreibt, dass „Denim-Hosen Teil der Ausrüstung der US-Navy wie auch der Army (GI's of 1942–46 discovered the convenience and comfort of khaki fieldpants ...) [waren]."[68] Das englische Zitat weist darauf hin, dass die zwischen 1942 und 1946 eingezogenen GIs der Navy (engl., Marine) und der Army (engl., Armee) die Zweckmäßigkeit und den Tragekomfort der khakifarbenen 'fieldpants' (field, engl. – hier Schlachtfeld; pants, engl. – Hosen) entdeckten. Ein kleiner Teil der Jeansproduktion wird nach wie vor regulär in Geschäften verkauft. Jedes Mal, wenn eine neue Lieferung angekündigt wird, bilden sich vor diesen lange Schlangen[69].

Aufgrund der Knappheit von Rohmaterialien und eingeschränkter Produktionskapazitäten legt das *War Production Board* (engl., Kriegswirtschaftsbehörde)

[63] Vgl. Finlayson 1991, S. 14f.
[64] Vgl. Dettmer 1985, S. 64.
[65] Vgl. Dettmer 1985, S. 69.
[66] Vgl. Dettmer 1985, S. 87f.
[67] Vgl. Dupuy 1990, S. 34.
[68] Könenkamp 1985, S. 118.
[69] Vgl. Dettmer 1985, S. 69.

genau fest, zu welchem Preis ein Paar Jeans verkauft werden darf und es setzt zusätzlich durch, dass alles unnötige Zubehör weggelassen werden muss. Für die Firma Levi Strauss & Co. bedeutet das, dass sämtliche Jeans ohne Hosenträgerknöpfe und Riegel hergestellt werden, so dass davon ausgegangen werden kann, dass die Jeans durch Materialknappheit während des Zweiten Weltkriegs ihre endgültige Form erhielt, die sie bis in die heutige Zeit beibehalten hat.[70]

Die Vorschriften des *War Production Boards* gehen schließlich so weit, dass es Levi's untersagt wird, das *Arcuate-Design* auf die Gesäßtaschen aufzusticken, da dies Garnverschwendung sei. Es wird deshalb mit oranger Farbe aufgedruckt. Dupuy schreibt, dass Indianer eines Reservats in Arizona derartige Jeans mit aufgedrucktem Arcuate-Design kauften, das sich beim Waschen auflöste. In der Annahme keine echten Levi's bekommen zu haben, verklagten die Indianer die Händler auf Betrug. Um das Missverständnis aufzuklären, mussten extra Vertreter der Geschäftsleitung von Levi Strauss & Co. nach Arizona reisen.[71]

8. Die Verbreitungsgeschichte der Jeans ab 1945 in den USA

Nach Kriegsende (8. Mai 1945) stellt sich bei den US-Amerikanerinnen und -Amerikanern bald wieder der Wunsch nach echten Jeans ein. Neben Levi Strauss & Co. macht vor allem die Firma „*Lee*" Profit. Die 1889 von *Henry David Lee* gegründete Firma *Lee Apparel Company* ist zunächst ein Lebensmittelgroßhandel, bis dem Unternehmen 1911 in Salina, im US-Bundesstaat Kansas, eine eigene Textilfabrik für Berufskleidung angegliedert wird. Lee verkauft einteilige Denim-Arbeitsanzüge, die sogenannten *Union-Alls*, Latzhosen, Jacken und ab 1924 die „*Lee-Riders*" (rider, engl. – Reiter) eine Jeans, die extra für Cowboys entworfen worden ist.[72]

Levi's und Lee bekommen nach 1945 von der „*Blue Bell Corporation*", die die Marke „*Wrangler*" (amerik., Cowboy) ins Leben ruft, Konkurrenz – die Eroberung des US-Freizeitmarktes kann beginnen[73].

Zu Beginn der 1950er Jahre zielt die Jeanswerbung vor allem auf Kinder und Heranwachsende ab, wobei das Interesse der Firmen an den Heranwachsenden einfach zu erklären ist: wer bereits in jungen Jahren an ein Produkt, in diesem Fall die Jeans, herangeführt wird und es als bequeme und strapazierfähige Hose schätzen lernt, der hält diesem Produkt auch im Erwachsenenalter die Treue.

Das Marketingkonzept der drei großen Jeanshersteller scheint aufzugehen, denn bereits ab etwa 1954/55 haben sich Jeans als Freizeitkleidung für Kinder und Jugendliche durchgesetzt[74].

[70] Vgl. Dettmer 1985, S. 69f.
[71] Vgl. Dupuy 1990, S. 59.
[72] Vgl. Schindler 1992, o. S., siehe Buchstabe „L".
[73] Vgl. Könenkamp 1985, S. 118f.
[74] Vgl. Könenkamp 1985, S. 119f.

Doch die Entwicklung innerhalb des Jugendmarktes geht noch einen Schritt weiter und so gehören Jeans seit den 1950er Jahren zur Alltagskleidung heranwachsender Jugendlicher und junger Erwachsener beiderlei Geschlechts[75]. Ganz wichtig hierbei ist, dass es sich nicht um einen kurzlebigen modischen Trend handelt, sondern dass sich in den 1950ern ein Kleidungsstück fest in der *Jugendmode* etabliert, das bis heute weltweit von Jugendlichen im Alltag getragen wird. Neben Kindern und Jugendlichen tragen Arbeiter, Farmer und Cowboys nach wie vor Jeans[76].

Um auf Dauer konkurrenzfähig zu bleiben, bringt die Firma Levi Strauss & Co. 1954 eine Jeans auf den Markt, die bereits vor dem ersten Tragen an einigen Stellen ausgebleicht worden ist[77]. 1954 gibt es somit das erste *Waschverfahren*[78] für Jeans, dem bis ins 21. Jahrhundert eine ganze Reihe folgen werden.

Durch die Einführung der ersten „*Pre-Shrunk*"[79] Levi's (preshrunk, engl. – vorgewaschen) 1959 fällt schließlich auch das lästige Einschrumpfen der Hosen in der Badewanne weg, da die Jeans sofort nach dem Herstellungsprozess vor Ort in der Firma gewaschen werden und etwa fünf Zentimeter eingehen[80]. Levi Strauss & Co. ist aber nicht die erste Firma, die derartige Hosen auf den Markt bringt, sondern die Blue Bell Corporation hat bereits 1947 eine sanforisierte[81] Jeans im Angebot[82].

Nachdem sich die Jeans in den 1950er Jahren als Alltagskleidung heranwachsender Jugendlicher durchgesetzt hat, dauert es nicht mehr lange bis auch die erwachsenen US-Amerikaner in den 1960ern die Alltagstauglichkeit der Hose kennen und schätzen lernen. Als Levi Strauss & Co. 1964 die „*Sta-Prest*"-Jeans (sta = möglicherweise Abkürzung von stable, engl. – dauerhaft; to press, engl. – bügeln), eine Jeans mit dauerhafter Bügelfalte auf den Markt bringt, wird die Jeans endgültig bürotauglich und der amerikanische Markt ist Ende der 1960er Jahre erobert.[83]

1998 wurden die „Sta-Prest Pants" von der Firma Levi Strauss & Co. *revivalt*, das heißt, neu aufgelegt und modisch an das Jahr 1998 angepasst. Die Sta-Prest Jeans von 1998 gab es nur in weiß, weshalb sie passender Weise auch als „*Levi's White Tab*" bezeichnet wurden[84]. Trotz einer groß angelegten Werbekampagne erwiesen sie sich in Deutschland unter den Jugendlichen nicht als Erfolg.

---

75 Vgl. Könenkamp 1985, S. 120.
76 Vgl. Dettmer 1985, S. 74.
77 Vgl. Könenkamp 1985, S. 120.
78 Vgl. Holdermann/Preissler, Ökologische Bedenklichkeit, in diesem Band.
79 Vgl. Schindler 1992, o. S., siehe Buchstabe „P".
80 Vgl. Dupuy 1990, S. 55. Vgl. auch Kästner, Entstehungsgeschichte, in diesem Band (shrink to fit)
81 Unter Sanforisieren versteht man eine Gewebebehandlung mit trockener Hitze, die verhindert, dass dieses Gewebe später beim Waschen nicht mehr oder nur gering einläuft.
82 Vgl. Schindler 1992, o. S., siehe Buchstabe „P".
83 Vgl. Könenkamp 1985, S. 121.
84 Vgl. Werbeanzeigen von Levi Strauss & Co., die zum Beispiel in Der Spiegel 1998, Nr. 34, S. 101 f. abgebildet waren.

Könenkamp schreibt, dass die drei großen Jeansfirmen Mitte der 1960er Jahre während der sogenannten „*Peacock-Revolution*“[85] (peacock, engl. – Pfau) einen ersten Absatzeinbruch erleben, weil keine Jeans aus blauem Denim von den Kundinnen und Kunden gekauft werden, sondern Jeans in allen Farben, Mustern und Formen, die in engem Zusammenhang mit den farbenfrohen Hippie-Symbolen stehen[86]. Könenkamps Aussage irritiert ein wenig, zumal auf dem *Woodstock Festival* (15. bis 17. August 1969) sehr viele Teilnehmerinnen und Teilnehmer klassische blaue Jeans tragen[87]. Anhängerinnen und Anhänger der Jugendkultur Hippies sind außerdem dafür bekannt, dass sie ihre „blauen“ Jeans kunstvoll besticken und bemalen[88].

In der Folgezeit setzt Levi Strauss & Co. auf eine neue Firmenstrategie, um derartige Umsatzeinbrüche in Zukunft zu vermeiden. Seit Ende der 1960er Jahre gibt es neben dem traditionellen Jeansangebot weitere Standbeine, vergleichbar mit den Anfängen des Levi Strauss in San Francisco. Levi Strauss & Co. verkaufen Männer , Frauen und Kinderkleidung. Des weiteren gibt es *Sportkleidung* und *Accessoires* wie Gürtel, Taschen und Schuhe. Modebewußte Levi's-Kundinnen und -kunden können sich demnach seit mehr als 30 Jahren von Kopf bis Fuß in ihre Lieblingsmarke kleiden.

Jeans werden somit Ende der 1960er Jahre als Alltagskleidung von allen Altersgruppen und sozialen Schichten akzeptiert und getragen. Das bedeutet auch für US-Amerikanerinnen aller sozialen Schichten, sich endlich in der Öffentlichkeit in Hosen zu zeigen. Das Hosentragen, das lange als Symbol männlicher Überlegenheit ausgelegt wurde, ist für die Frauen ein erster Schritt in Richtung Emanzipation und stellt gleichzeitig einen Zugewinn an Komfort und Bewegungsfreiheit dar.[89]

Zusammenfassend ist festzustellen, dass sich die Jeans in den USA von einer strapazierfähigen Arbeitshose, die ursprünglich für die kalifornischen Goldgräber gedacht war, zunächst zu einer Freizeithose für die reichen Ostküstenbewohner weiter entwickelte, bevor sie nach dem Zweiten Weltkrieg zu einer praktischen Alltagshose wurde, die, mit Einschränkungen, sogar im Berufsleben getragen werden darf.

---

[85] Vgl. Könenkamp 1985, S. 121.

[86] Vgl. Könenkamp 1985, S. 121.

[87] Abbildung siehe Dupuy 1990, S. 40.

[88] Vgl. Kästner 2003, S. 9f. Abbildung siehe Tolkien 2001, S. 77. Zur Verbreitung von Jeans in Jugendkulturen vgl. Mann in diesem Band. Zum Verhältnis der Hippies zu Jeans in San Francisco siehe Dettmer 1985, S. 74–79.

[89] Vgl. Dettmer 1985, S. 88f.

9. Die Verbreitungsgeschichte der Jeans ab 1945 in Westdeutschland

Bedingt durch den Ausgang des Zweiten Weltkriegs läuft die Jeansverbreitung in Deutschland anders als in den USA ab. Die USA besetzen 1945 als eine der vier Siegermächte neben Frankreich, Großbritannien und der UdSSR (Union der Sozialistischen Sowjetrepubliken), Deutschland und stationieren GIs, die für Ruhe und Ordnung sorgen sollen. In Deutschland werden die US-amerikanischen Soldaten mit Menschen konfrontiert, die sich in einer zwiespältigen Situation befinden, da die Diktatur des Dritten Reichs zerstört worden, aber noch kein greifbarer Neuanfang in Sicht ist, der ihnen wieder ein Ziel und stabile Verhältnisse beschert. So sind es zunächst vor allem die Jugendlichen, die den „*American Way of Life*“ (engl., amerikanische Lebensweise) von den GIs übernehmen, der eine heile neue Welt verspricht, nämlich die der USA[90]. Zu dieser „Neuen Welt“ gehören bis dahin in Deutschland unbekannte Musikrichtungen, zum Beispiel *Swing*, neue Kinohelden wie *James Dean*, eine mit Anglizismen angereicherte Sprache, alles ist *super* bzw. *cool* und natürlich typisch amerikanische Konsumgüter wie *Kaugummi*, *Coca Cola* und *Jeans*[91].

Genaugenommen haben die USA deshalb einen Doppelsieg über Deutschland errungen, denn neben dem eigentlichen Kriegssieg haben sie es geschafft, die deutsche Jugend erfolgreich zu amerikanisieren. Das Problem für deutsche Jugendliche in der Nachkriegszeit besteht darin, dass es Jeans offiziell nur in den sogenannten „*PX-Läden*“ (engl., Post Exchange) zu kaufen gibt, das sind Läden auf einer Militärbasis für den Verkauf von steuer- und zollfreien Produkten, die ausschließlich für in Deutschland stationierte GIs eingerichtet worden sind[92]. Man bekommt die „*Ami-Hosen*“ also nur, wenn man sich mit GIs anfreundet oder mit viel Glück auf dem Schwarzmarkt. Da Jeans unter die Warenbezeichnung „‘*Einfuhren aus Baumwolle*’“ fallen, unterliegen sie einer strengen Importbeschränkung durch das Bundesamt für gewerbliche Wirtschaft[93].

Jeans sind absolute Mangelware und Not macht ja bekanntlich erfinderisch: 1932 hatte *Luise Hermann* in Künzelsau die „*L. Hermann Kleiderfabrik*“ gegründet, die Arbeitskleidung herstellt. 1945 treten ihr Sohn *Rolf Hermann* und ihr Schwiegersohn *Albert Sefranek* in die Firma ein und überlegen, wie sie das Unternehmen wieder in die schwarzen Zahlen führen können. In dieser Zeit wird die Frage an Sefranek heran getragen, ob er nicht in seiner Fabrik Jeans herstellen könnte, da Jeans doch Arbeitshosen sind.[94]

---

[90] Vgl. Hartung 1993, S. 13.
[91] Vgl. Hartung 1993, S. 13.
[92] Vgl. Schindler 1992, o. S., siehe Buchstabe „P“.
[93] Vgl. Hartung 1993, S. 14.
[94] Vgl. Hartung 1993, S. 14 und Mustang Jeans – workshop manual 2001, S. 5.

Sefranek erkundigt sich deshalb, wie er an Originalhosen kommen kann, und reist nach Frankfurt am Main, im Gepäck sechs Flaschen Hohenloher Schnaps. In Frankfurt angekommen, geht er ins Bahnhofsviertel und freundet sich in einer Bar mit einem GI an. Sefranek bietet dem GI ein Tauschgeschäft an: sechs Jeans in verschiedenen Größen für sechs Flaschen Schnaps. Das Geschäft klappt und so fertigt die L. Hermann Kleiderfabrik 1949 die ersten Jeans in Deutschland nach amerikanischen Originalvorlagen. Diese ersten Jeans, von denen etwa 300 Stück hergestellt werden, werden als Cowboy-Hosen oder „*Röhrleshosen*" bezeichnet und sind ein Verkaufsschlager. Die schwäbische Bezeichnung Röhrleshose leitet sich vom körperbetonenden Schnitt, vor allem der Hosenbeine, deren Form an Ofenrohre erinnert, her.[95]

Bereits 1953 produziert die Firma Hermann die erste Frauenjeans Europas, die noch als „*Girlshose*" bezeichnet wird[96]. 1954 verkauft Hermann fast 100 000 Jeans im Jahr und so entschließt man sich im Jahr 1958 eine eigene eingetragene Jeansmarke mit Namen „*Mustang*" (engl., Wildpferd) ins Leben zu rufen[97]. Im Gegensatz zu den US-amerikanischen Jeansherstellern wird für die deutschen Jeans kein Denim, sondern leichterer Baumwollköper verarbeitet[98].

Im Frühjahrskatalog von 1954 wirbt das Versandhaus *Neckermann* zum ersten Mal für Männerjeans, die der Katalog als „'*Cowboy-Hose für Männer*'" bezeichnet, mit folgender Aussage „'Eine praktische unentbehrliche *Mehrzweckhose*, die von Tag zu Tag mehr Freunde gewinnt.'" Im Sommerkatalog von 1954 werden dann auch Frauenjeans angeboten mit der Empfehlung, dass Frauen in dieser praktischen Girl-Hose keine Arbeit in Haus und Garten zu scheuen brauchen. Im gleichen Katalog gibt es auch Jeans für Kinder, nämlich „'Cowboy-Hosen'" für Jungen und „'Girl-Hosen'" für Mädchen.[99]

1956 bietet Neckermann schwarze Kinderjeans mit karierten Aufschlägen an. In den USA sind derartige Kinderjeans zur gleichen Zeit in Mode, das heißt, die deutschen Hersteller waren mit aktuellen US-Trends vertraut.[100] Es ist festzustellen, dass Jeans in Deutschland in den 1950er Jahren durchgängig in der Freizeit getragen werden. Zu Beginn der 1960er Jahre setzt sich hierzulande schließlich auch die Bezeichnung „Jeans" durch.[101]

1965 werden Jeans zu einer „'Hose für den modebewußten Twen.'" Erwachsenen wird die neue Hose ebenso empfohlen, vor allem aber immer noch als ideale Arbeitshose beim Heimwerken in Haus und Garten. Auch wenn der Anschein erweckt wird, dass die Jeans in Deutschland längere Zeit benötigt, um sich als

95 Vgl. Hartung 1993, S. 14 und Mustang Jeans – workshop manual 2001, S. 5.
96 Vgl. Mustang Jeans – workshop manual 2001, S. 5.
97 Vgl. Könenkamp 1985, S. 122f.
98 Vgl. Könenkamp 1985, S. 123.
99 Vgl. Könenkamp 1985, S. 124.
100 Vgl. Könenkamp 1985, S. 124.
101 Vgl. Könenkamp 1985, S. 125.

Kleidungsstück für die Alltagskleidung durchzusetzen, muss festgehalten werden, dass bereits 1966 Jeans als Teil der internationalen Frauenmode gelten. Die ersten Denim-Jeans aus deutscher Produktion sind ab Sommer 1969 erhältlich.[102]

Ende der 1960er Jahre wird die Einfuhrbeschränkung für Bekleidung aus Baumwolle aufgehoben, worauf der deutsche Markt mit Jeans regelrecht überschwemmt wird[103]. Anfang der 1970er Jahre steigt die deutsche Firma *Ahlers* in Herford in das Jeansgeschäft ein, die vorher wie Hermann, Arbeitskleidung produziert hat. Die Jeans der Firma Ahlers werden unter dem Namen „*Pionier*" vertrieben[104]. Die großen US-Jeanshersteller Levi's, Lee und Blue Bell haben nur auf die Öffnung des Marktes gewartet und beginnen durch massive Werbung in eigener Sache den deutschen Markt zu erobern. Wie in den 1950er Jahren in den USA beschränken sie ihre Werbung zunächst auf Kinder und Heranwachsende[105]. Seit dem 1. Januar 1970 existiert sogar eine deutsche Levi's Tochter, die *Levi Strauss Germany GmbH* in Heusenstamm bei Offenbach[106].

Jeans setzen sich jetzt relativ schnell als Alltagskleidung für Kinder und Jugendliche durch, was daran liegt, dass eben seit Ende des Zweiten Weltkriegs deutsche Firmen Jeans produzieren und die Jeans als Freizeithosen bereits sehr beliebt sind. Als neue Zielgruppe kommen ab Mitte der 1970er jetzt die Erwachsenen in das Blickfeld der US-Firmen[107]. Die Erwachsenen unterteilen sich in zwei Gruppen: die, die schon lange Jeans tragen und die, denen mit Hilfe von Werbung klar gemacht werden soll, dass sie mit dem Kauf einer Jeans auch ein Stück Jugendlichkeit, Lässigkeit und Unkonventionalität erwerben.[108]

In den 1970er Jahren werden Jeans international ein Begriff und so schreibt die britische Zeitschrift 'Nova' bereits 1970 sehr passend über Jeans, in diesem Fall über eine Levi's: „Levi's – Not so much a pair of pants, more a nation's heirloom" (engl., Levi's sind nicht so sehr ein Paar Hosen als vielmehr ein nationales Erbstück)[109].

Etwa Mitte der 1970er Jahre sind Jeans schließlich auch in Deutschland Teil der Alltagskleidung für Erwachsene. In einigen Berufsfeldern (Finanz- und Bankwesen, Politik, öffentlicher Dienst, zum Beispiel Post und Polizei) und zu bestimmten Anlässen (Theaterbesuch, Vorstellungsgespräch, Beerdigung) werden Jeans jedoch eher selten getragen.

In Deutschland sorgt 1985 *Joschka Fischer* (Die Grünen) im hessischen Landtag für Aufregung als der Politiker in Jeans und Nike-Turnschuhen am 12. Dezember

[102] Vgl. Könenkamp 1985, S. 125.
[103] Vgl. Hartung 1993, S. 16.
[104] Vgl. Könenkamp 1985, S. 122.
[105] Vgl. Könenkamp 1985, S. 149.
[106] Vgl. Hartung 1993, S. 16.
[107] Vgl. Könenkamp 1985, S. 160.
[108] Vgl. Könenkamp 1985, S. 161.
[109] Vgl. Dettmer 1985, S. 89.

von Ministerpräsident Holger Börner zum neuen Minister für Umwelt und Energie vereidigt wird[110]. Fischer ist bis heute der einzige deutsche Politiker, der so gekleidet im Landtag erschienen ist und er legt seine legere Kleidung erst ab, als er zum Parteivorsitzenden der Grünen gewählt wird. Von diesem Zeitpunkt an sieht man ihn im Bundestag nur noch im Anzug.

10. Jeans in der DDR

Trotz aller Erfolge, die die Jeans bezüglich ihrer Verbreitung aufweisen kann, gibt es ab 1945 ein Gebiet auf dieser Welt, das sich nicht durch große Werbekampagnen oder dergleichen erobern lässt – der Ostblock.

Wie die Jeans es dennoch geschafft hat, einen Weg hinter den Eisernen Vorhang zu finden, soll hier am Beispiel der DDR (Deutsche Demokratische Republik) aufgezeigt werden. Bereits bei der Aufteilung Deutschlands 1945 in vier Besatzungszonen wird der Grundstein für den *Kalten Krieg* gelegt, da die drei westlichen, kapitalistischen Siegermächte, USA, Großbritannien und Frankreich, der sozialistischen Sowjetunion gegenüberstehen. Es treffen hier zwei unvereinbare politische und wirtschaftliche Positionen aufeinander, die mit der Gründung der DDR am 7. Oktober 1949[111] und der damit verbundenen räumlichen Trennung von West- und Ostdeutschland auch keine gemeinsame Basis mehr finden werden.

Die Grenzen zwischen den einzelnen Sektoren Berlins sind 1949 aber noch offen und so bemerken die Ostfunktionäre sehr schnell, dass die Jugendlichen in Ostberlin genauso begeistert vom American Way of Life sind wie die Jugendlichen im Westteil der Stadt. Durch regelmaßige Ausflüge nach Westberlin, sowie durch Radiosendungen und über Kinofilme werden die Ostjugendlichen auf die Jeans aufmerksam und besorgen sie sich in Westberlin, auch wenn sie für ein Paar lange sparen müssen.[112]

Die politische Führung der DDR beobachtet das Treiben der Jugendlichen eine Weile mit Argwohn und startet schließlich in den 1950er Jahren eine erste Kampagne gegen den „'US-Imperialismus und die Unkultur'"[113]. Jeans zu importieren ist aufgrund der Devisenknappheit unmöglich und außerdem nicht erwünscht, die jungen Erbauer des Sozialismus sollen auf gar keinen Fall die Hosen des Klassenfeindes tragen[114]. Der Mauerbau am 13. August 1961, der eigentlich dafür gedacht ist, die DDR-Bürgerinnen und -Bürger an ihrer Flucht in den Westen zu hindern, sorgt zunächst auch dafür, dass man sich keine Jeans aus dem

[110] Vgl. Hartung 1993, S. 43.
[111] Zur Geschichte der DDR vgl. Meyers Großes Universallexikon 1981, S. 519–522.
[112] Vgl. Ulbrich 1995, S. 92.
[113] Ulbrich 1995, S. 93.
[114] Ulbrich 1995, S. 94.

Westen mehr beschaffen kann. Diejenigen, die Verwandte im Westen haben, lassen sich nun aber Pakete mit Jeans schicken[115]. Auf der 11. Plenartagung des Zentralkomitees der SED (Sozialistische Einheitspartei Deutschlands) vom Dezember 1965 kündigt *Walter Ulbricht* ein ideologisches Großreinemachen an, da die DDR „nicht jeden Dreck, der vom Westen kommt, kopieren [soll]“[116], das bedeutet, dass natürlich alles, was aus dem Westen kommt, schlecht ist, Jeans eingeschlossen. Die Jugendlichen wehren sich gegen diese Anordnung, indem sie weiterhin Jeans tragen, wann immer sie welche bekommen können. Selbst die Argumentation, dass ja auch die amerikanische Arbeiterklasse Jeans trage, stößt bei den Funktionären auf taube Ohren[117]. Da die Rufe der Jugendlichen nach Jeans partout nicht verstummen wollen, setzt Ende der 1970er Jahre schließlich ein Umdenken in der Parteispitze ein und es wird ein Kompromiss gefunden, wie man den Jugendlichen zu ihren Jeans verhelfen kann: Man stellt sie ab 1977 in der DDR nach der Levi's-Maßtabelle selbst her. Allerdings benötigt man dafür Maschinen und blauen Farbstoff aus dem Westen. Im Endeffekt kostet die DDR ihre erste eigene Jeansproduktion etwa 12,2 Millionen DM.[118] Wenn man bedenkt, dass Devisen in der DDR immer knapp waren, dann stellen 12,2 Mio. DM eine extrem hohe Investitionssumme für eine Hose aus dem Westen dar!

Die ersten Jeans aus DDR-Produktion werden in zwei Versionen verkauft, als blaue Denimhosen und als braune Cordhosen. Während die blauen Jeans sofort ausverkauft sind, erweist sich die Cordvariante als Ladenhüter. Trotz der anfänglichen Schwierigkeiten verlangen die *Textil-Ingenieure* und *Modemacher* der DDR weitere Devisen für Textilmaschinen, Farbe, Nieten und Material, um Blue Jeans herstellen zu können. Gemäß den Tücken der Planwirtschaft mangelt es mal an Farbe, mal an Nieten, etc., bis die perfekte Kopie der *West-Jeans* gelingt, die als „*Doppelkappnahthose*“[119] der Marke „*Wisent*“[120] verkauft wird. Aufgrund der einsetzenden riesigen Nachfrage nach den *DDR-Jeans*, die auch von Russen, Polen und Tschechen gekauft werden und „von Santiago de Kuba bis Wladiwostock“[121] bekannt sind, kommen Produktion und Handel nicht nach.[122]

Die DDR-Jeans erweist sich als enormer Verkaufsschlager bis am 13. Februar 1980 ein folgenschwerer Brief von der europäischen Levi Strauss Vertretung aus Genf kommt[123]. In diesem Brief wird darauf hingewiesen, dass der inter-

[115] Vgl. Ulbrich 1995, S. 94.
[116] Ulbrich 1995, S. 95.
[117] Vgl. Ulbrich 1995, S. 95.
[118] Vgl. Ulbrich 1995, S. 96.
[119] Ulbrich 1995, S. 96.
[120] Ulbrich 1995, S. 100.
[121] Ulbrich 1995, S. 98.
[122] Vgl. Ulbrich 1995, S. 96–98.
[123] Vgl. Ulbrich 1995, S. 98f.

nationale Markenzeichenschutz, der auch in der DDR gültig ist, durch die Verwendung von patentierten Levi's Jeans Merkmalen, wie dem *Arcuate-Design* und dem *Red-Tab*, verletzt wurde. Levi Strauss ist Anfang der 1980er Jahre bereits ein mächtiger, international vertretener Konzern und so fürchtet die DDR eine Klage auf internationaler Ebene, die die Einstellung der so teuer erkauften Jeans-Produktion zur Folge haben kann. Nach zweijähriger Verhandlungsphase einigt man sich schließlich auf die Veränderung der Taschennaht und kann weiter produzieren.[124]

Im Westen verkauft man zu diesem Zeitpunkt bereits Jeans im *Stone-Wash-Verfahren*[125] und so sind die DDR-Produzenten schon wieder im Zugzwang. Den Staat kostet die Einführung dieser neuen Technologie weitere Millionen Westmark an Devisen. Da die eigenen Kapazitäten dennoch begrenzt sind, werden DDR-Jeans sogar in den Westen geschickt, dort dem Stone-Wash-Verfahren unterzogen und anschließend wieder in die DDR transportiert. Um diesen umständlichen Weg zu umgehen, wird der Bau einer eigenen Anlage für das Stone-Wash-Verfahren gefordert. Der Antrag wird zunächst am 17. Mai 1989 rigoros vom damaligen Staatssekretär für Kommerzielle Koordinierung *Dr. Schalck-Golodkowski* abgelehnt, da keine Devisen außerhalb des Plans gewährt werden können. Im Juli 1989 kommt dann doch die Zusage, die eigentlich nicht mehr benötigt wird: Ab Sommer 1989 fliehen die DDR-Bürgerinnen und Bürger in Massen über die Grenzen Richtung Westen – unter ihnen viele in Jeans.[126] Mit dem Zusammenbruch der DDR beginnt der gesamte Ostblock zu zerfallen und so vollendet die Jeans Mitte der 1990er Jahre ihren Siegeszug rund um den Erdball.

11. Jeans im neuen Jahrtausend

Im neuen Jahrtausend hat die Jeans vor allem in der Diskussion über ihre Eignung für den Berufsalltag eine Rolle gespielt. Diese Debatte hatte in den USA bereits Mitte der 1990er Jahre für Aufsehen gesorgt. Damals führten mehr als die Hälfte aller US-Firmen einen sogenannten „*Casual Day*“ (engl., Tag der legeren, lässigen Kleidung), häufig den Freitag, ein, an dem alle Büroangestellten, sofern sie es wollen, in Jeans, T-Shirt und Turnschuhen an ihrem Arbeitsplatz erscheinen können[127].

Im Zuge der *New Economy*, die unter anderem die Wirtschaftszweige Telekommunikation und Biotechnologie umfasst, geht es ab 1999/2000 in Deutschland um die alles entscheidende Frage, ob Jeans auch in den Führungsetagen großer Unternehmen und Konzerne zu finden sein dürfen. Dieser Trend zum *Dressing*

[124] Vgl. Ulbrich 1995, S. 98.
[125] Vgl. Holdermann/Preissler, Ökologische Bedenklichkeit, in diesem Band.
[126] Vgl. Ulbrich 1995, S. 100.
[127] Vgl. Loschek 1995, S. 89.

Down (engl., sich nicht entsprechend der Position, die man in einem Unternehmen einnimmt, kleiden) geht in Deutschland teilweise soweit, dass plötzlich sogar die Vorstände in Jeans arbeiten, etwa bei *Infineon*, einem Chip-Hersteller. Der neue Hang zur Lässigkeit sorgt allerdings für so manchen modischen Ausrutscher á la *Polohemd zu Krawatte* oder *Jeans zum Jackett* wie in der Fernsehserie Miami Vice.[128]

Ob Jeans im Berufsleben getragen werden dürfen, hängt von vielen Faktoren ab. So gibt normalerweise die Geschäftsleitung den verbindlichen „*Dress Code*" (engl., Kleiderordnung) für die Mitarbeiter und Mitarbeiterinnen vor. Ist die Geschäftsleitung eher konservativ, ist nicht damit zu rechnen, dass Jeans akzeptiert werden. Auch die Position, die man in einem Unternehmen bekleidet, legt einen bezüglich des Kleidungsstils fest. Während beispielsweise im unteren Management lässige Kleidung problemlos getragen werden kann, ist in Vorstandssitzungen das Tragen eines Anzugs bzw. eines Kostüms meistens Pflicht. Auch bei häufigem Kundenkontakt sollte man die Kleidung auf die jeweiligen Kundinnen abstimmen. Ist man sich unsicher, gilt hier ebenso Anzugs- und Kostümpflicht.[129] Wenn Jeans in Unternehmen akzeptiert werden, dann nur exklusive Marken- oder Designerjeans und möglichst klassisch geschnitten.

Seit die Jeans 1853 von Levi Strauss in San Francisco „erfunden" wurden, sind 150 Jahre vergangen und in diesen 150 Jahren hat es die Jeans geschafft, sich von einer Arbeitshose zur vielgeliebten Hose für alle Alters- und Einkommensklassen und fast alle Anlässe zu entwickeln. Das Jubiläumsjahr 2003 ist für Levi Strauss & Co. aber auch mit einschneidenden Veränderungen verbunden, da Levi's bis Jahresende alle ihre noch verbliebenen Bekleidungsfabriken in Nordamerika schließt, um konkurrenzfähig zu bleiben. Es wird gemutmaßt, dass die Produktion nach Asien oder Lateinamerika verlagert wird.[130]

Auch wenn es ab 2004 keine auf US-amerikanischen Boden gefertigten Levi's Jeans mehr geben wird, wird der Mythos, der um die blauen Hosen aus Denim über die Jahre entstanden ist, auch im neuen Jahrtausend weiterleben.

12. Literatur

Dettmer, Elke: Levi Strauss, San Francisco: Blue Jeans als amerikanisches Symbol. In: Bausinger, Hermann/Jeggle, Utz/Korff, Gottfried/Scharfe, Martin/Warneken, Bernd Jürgen (Hrsg.): Jeans – Beiträge zu Mode und Jugendkultur. Tübingen 1985. S. 47–97.

Dupuy, Pierre: Jeans – Levi Strauss, eine kalifornische Saga. Stuttgart 1990.

Finlayson, Ian: Denim – Der Jeans-Kult und seine Geschichte. Wien 1991.

[128] Vgl. Der Spiegel 2000, H. 38, S. 114f.
[129] Vgl. Raszkowski 1994, S. 71.
[130] Vgl. Mannheimer Morgen vom 29.9.2003, S. 3.

Hartung, Susann: Abarten & Kuriositäten – Vom Jeanskäfer bis Joschka Fischer. In: Dartmann, Lisa/Hartung, Susann/Krah, Eva-Susanne (Hrsg.): Jeans: Forever Young. Frankfurt am Main 1993², S. 40–45.

Hartung, Susann: Die Geschichte der Jeans – Die Chronik eines Chamäleons. In: Dartmann, Lisa/Hartung, Susann/Krah, Eva-Susanne (Hrsg.): Jeans: Forever Young. Frankfurt am Main 1993², S. 10–20.

Hornig, Frank/Reuter, Wolfgang: Oben ohne. In: Der Spiegel 2000, Heft 38, S. 114–115.

Jeier, Thomas: Jeans, Jeans, Jeans – Vom Kult der starken Hosen. Bergisch Gladbach 1987.

Kästner, Sabrina: Hippiemode. In: Schmidt, Doris (Hrsg.): Jugendkulturelle Moden. Von Hippie bis HipHop. In: Studienreihe Mode und Textilwissenschaft (Hrsg. von Doris Schmidt). Band 1. Baltmannsweiler 2003, S. 2–15.

Könenkamp, Wolf-Dieter: Jeans – Mode und Mythen. In: Bausinger, Hermann/Jeggle, Utz/Korff, Gottfried/Scharfe, Martin/Warneken, Bernd Jürgen (Hrsg.): Jeans – Beiträge zu Mode und Jugendkultur. Tübingen 1985. S. 99–179.

Krähe-Versand (Hrsg.): Krähe-Versandkatalog für Berufskleidung Herbst/Winter 2003/04. Schlierbach 2003.

Levi's Jeans Werbeanzeige. In: Der Spiegel 1998, Nr. 34, S. 101–102.

Loschek, Ingrid: Casual Looks – Outfit als Lifestyle. In: Polster, Bernd (Hrsg.): Westwind: Die Amerikanisierung Europas. Köln 1995, S. 80–90.

Loschek, Ingrid: Reclams Mode- & Kostümlexikon. Stuttgart 1999.

Meyers Großes Universallexikon in 15 Bänden. Hrsg. und bearb. von den Lexikonredaktionen des Bibliographischen Instituts [Red. Bearb.: Alheim, Karl-Heinz ...]. Mannheim/Wien/Zürich 1981, Band 3.

Meyers Großes Universallexikon in 15 Bänden. Hrsg. und bearb. von den Lexikonredaktionen des Bibliographischen Instituts [Red. Bearb.: Alheim, Karl-Heinz ...]. Mannheim/Wien/Zürich 1984 a, Band 10.

Meyers Großes Universallexikon in 15 Bänden. Hrsg. und bearb. von den Lexikonredaktionen des Bibliographischen Instituts [Red. Bearb.: Alheim, Karl-Heinz ...]. Mannheim/Wien/Zürich 1984 b, Band 12.

Mustang-Bekleidungswerke GmbH + Co.(Hrsg.): Mustang Jeans – Workshop manual. Künzelsau 2001.

Pfaeffle, Walter: Levi's ist bald keine richtige US-Jeans mehr. In: Mannheimer Morgen vom 29.9.2003, Nr. 225, S. 3.

Terell, Peter/Schnorr, Veronika/ Morris, Wendy V.A./ Breitsprecher, Roland: PONS-Großwörterbuch für Experten und Universität: Deutsch/Englisch – Englisch/Deutsch. Stuttgart/Düsseldorf/Leipzig 1999⁴.

Raszkowski, Petra: Jeans – Ein heißer Stoff. Wien 1994.

Schindler, Peter U.: The Jeans Encyclopedia of Legend, Past and Present. Milano/Overath 1992.

Seeling, Charlotte: Mode – Das Jahrhundert der Designer 1900–1999. Köln 1999.

Tolkien, Tracy: Schick & Schrill – Klassiker der Designermode. München 2001.

Ulbrich, Peter: Jeans nach Plan – Die Erfindung der Doppelkappnahthose. In: Polster, Bernd (Hrsg.): Westwind: Die Amerikanisierung Europas. Köln 1995, S. 91–100.

3.

Jeans, eine ökologisch bedenkliche Hose

Karin Holdermann/Patrizia Preissler

Foto: Patrizia Preissler, privat

Der Rohstoff, aus dem die Jeans produziert wird, ist die Baumwolle. Trotz deren Zugehörigkeit zur Gruppe der Naturfasern kann dem „weißen Gold“[1] nicht automatisch ökologische[2] Unbedenklichkeit attestiert werden. Im Folgenden soll entlang der textilen Kette, also des gesamten Prozesses von der Fasergewinnung des Jeans-Rohstoffes Baumwolle bis zur Entsorgung der Jeans[3] analysiert werden, ob das aus der Baumwolle entstehende „blaue Wunder“ ein ökologisch verträgliches Beinkleid oder eine Problemhose darstellt. Hierbei finden produktions-, human- und entsorgungsökologische Aspekte Berücksichtigung[4].

1. Baumwollfasergewinnung

Die Hauptproduzenten des Jeans-Rohstoffes Baumwolle sind heute China, die ehemalige Sowjetunion, Indien, Pakistan und Usbekistan, gefolgt von den USA, Brasilien, der Türkei, Ägypten, Mexiko und dem Sudan[5]. Diese Länder werden den anspruchsvollen Anbaubedingungen der Baumwolle – viel Feuchtigkeit und Wärme – gerecht, so dass diese in 175 bis 225 Tagen heranreifen kann.[6] Von dem weltweiten Baumwollkontingent wird Ende des 20. Jahrhunderts mehr als ein Fünftel für die Jeansproduktion verwendet[7].

Noch vor der Aussaat wird das Baumwoll-Saatgut mit Fungiziden behandelt, um Pilzerkrankungen vorzubeugen. Während der Reifezeit schützen Herbizide die anspruchsvolle Kulturpflanze vor Sonnenlicht raubenden und den Boden auslaugenden Unkräutern, und Insektizide verhindern den Ertragsverlust durch Kapselraupen und -käfer sowie Blattläuse. Zwischen 19 und 25 Spritzbehandlungen erfährt die Baumwollpflanze bis zur Ernte.[8]

---

1 Grundmeier 2002, S. 26.

2 „Ökologie“ wird definiert als „Lehre des Verständnisses der umweltverträglichen Lebensweise des Menschen im Einklang mit der ihn umgebenden Natur“ (Schenek 2000, S. 151).

3 Vgl. Binger 1995, S. 16.

4 Die *Produktionsökologie* bezieht sich auf die gesamte umweltgerechte Produktion eines Kleidungsstückes, die *Humanökologie* richtet sich auf die gesundheitliche Verträglichkeit für den Träger sowie auf faire Lebens- und Arbeitsbedingungen der in der Textilherstellung beschäftigten Menschen und die *Entsorgungsökologie* setzt sich mit der Abfallbeseitigung eines Kleidungsstükkes auseinander (vgl. Holdermann 1998, S. 33ff. und Holzhausen 1999, S. 129).

5 Vgl. Stiftung Verbraucherinstitut 1999, S. 23 und Schenek 2000, S. 27.

6 Vgl. Ziegler 1995, S. 16. Zum Wachstum der Baumwollpflanze vgl. Schenek 2000, S. 30–33.

7 Vgl. Reukauf/Stamm 1994, S. 182, Reumann 1994, S. 146 und Meyer zur Capellen 2001[2], S. 35 u. 173f.

8 Vgl. Ziegler 1995, S. 56f.

Die wohl bekanntesten Pestizide[9] sind DDT (Dichlordiphenyl-trichlormethylmethan) und Lindan, beides insektenvernichtende Substanzen[10]. In Deutschland aufgrund ihrer lebensbedrohlichen Wirkung längst verboten, finden diese Stoffe in vielen Erzeugerländern noch Verwendung, ebenso wie Captan und Folpet[11].[12] Der Einsatz dieser zahlreichen Chemikalien hat im Anbaugebiet eine hohe Grundwasser- und Bodenbelastung zur Folge – Vogel- und Fischsterben sind keine Seltenheit – und aufgrund der hohen Verweildauer im Boden besteht auch die Gefahr, dass Pestizide über erneuten Pflanzenanbau schließlich in die Nahrungskette gelangen.

Wie stark die Belastung des Wasserhaushalts ist, zeigt der Aralsee, dessen Fläche in den letzten Jahren um 55 Prozent „geschrumpft" ist, weil für den Monokulturanbau von Baumwolle dort enorme Wassermengen zur künstlichen Bewässerung benötigt werden, die bereits den Zuflüssen, etwa Syrdarja und Amudarja, entnommen werden. Durch Chemikalien vergiftetes Trinkwasser, belastete Nahrungsmittel und Mangelerscheinungen, Blutarmut und Missbildungen sowie schwere Organerkrankungen bei den dort lebenden Menschen sind Symptome der sich rächenden Natur.[13] Darüber hinaus resultiert aus dem enormen künstlichen Bewässerungsaufwand eine zunehmende Versalzung der Böden, die daher immer weniger landwirtschaftlich genutzt werden können, und das dringend gebrauchte Trinkwasser wird knapp, so dass kriegerische Auseinandersetzungen prognostiziert werden[14].[15]

Aus dem Monokulturanbau des Jeansrohstoffes Baumwolle entsteht ein Teufelskreis, da immer mehr Chemikalien zum Einsatz kommen müssen, weil Schädlinge gegen diese zunehmend resistent werden und somit den Ertrag schmälern, aber auch Nützlinge unnötig beseitigt werden[16]. Bedauerlicherweise sind die in den Baumwollanbau involvierten Bauern meist nicht genügend sensibilisiert für diese Problematik, denn Symptome bei Mensch und Tier werden dort längst nicht mehr als etwas Besonderes oder gar Bedenkliches angesehen[17].

Bevor die aufgesprungenen Kapseln, aus denen die Samenhaare – die Baumwollfasern – herausquellen, geerntet werden können, erleichtern Entlaubungsmittel den Baumwollerntemaschinen, den so genannten Strippern (to strip –

---

[9] Unter dem Begriff Pestizide werden alle chemischen Pflanzenschutzmittel zusammengefasst, die gegen Pflanzenkrankheiten zum Einsatz kommen (vgl. Schenek 2000, S. 153).

[10] Vgl. Rosenkranz/Castelló 1989, S. 24. DDT wird vom Menschen über die Haut aufgenommen, reichert sich im Fettgewebe an und wirkt als Nervengift, zwischen zehn und 30 Gramm sind tödlich. Lindan wird eine noch giftigere Wirkung zugeschrieben als DDT. (Vgl. Ziegler 1995, S. 60)

[11] Captan und Folpet sind krebserregende Fungizide (vgl. Geisler Kroll 1993, S. 39).

[12] Vgl. Reumann 1994, S. 146 u. 148 und Ziegler 1995, S. 157.

[13] Vgl. Binger 1995, S. 21 und Stiftung Verbraucherinstitut 1995, S. 41.

[14] Vgl. Hofer 1994⁷, S. 643 und Stiftung Verbraucherinstitut 1999, S. 24.

[15] Vgl. Reumann 1994, S. 147 und Ziegler 1995, S. 57.

[16] Vgl. Pater 1998, S. 20.

[17] Vgl. Rosenkranz/Castelló 1989, S. 29.

engl., abziehen/schälen), das Pflücken und minimieren die Verunreinigung der Baumwollfasern durch Blätter[18]. Ein bewusst genutzter Nebeneffekt besteht in der Beschleunigung des Reifungsprozesses der Baumwollfasern[19]. Entlaubungsmittel gefährden nicht nur die Gesundheit von Plantagenarbeitern, die ihrer Tätigkeit meist ohne Schutzkleidung nachgehen und die giftigen Substanzen einatmen – Hautausschläge, Nervenschädigungen und Lähmungserscheinungen sind bekannte Konsequenzen –, sondern auch die Gesundheit der späteren Jeansträger, bei denen Kontaktallergien keine Seltenheit darstellen[20]. In dieser Phase der Jeansproduktion kommen übrigens mehr als zehn Prozent der weltweit eingesetzten Pestizide zum Einsatz[21].

Nach der Ernte erfolgt eine Vorklassifizierung der Baumwolle nach Reinheit, Farbe, Faserlänge und Charakter, danach werden die Fasern in der Egreniermaschine entkörnt – das beinhaltet zunächst das Entfernen von Verunreinigungen in mehreren Durchgängen und das Trennen von Samen und Haaren – und zu Ballen gepresst.[22] Der mehrfache Einsatz dieser Maschinen bedeutet einen hohen Energieaufwand und aufgrund der großen räumlichen Distanz zwischen Erzeuger und Maschinenstandort bleiben Erstgenanntem die beim Entkörnen anfallenden, proteinreichen Saatkerne, aus denen Öl und Tierfutter gemacht werden[23], vorenthalten. Darüber hinaus atmen die Arbeiter an den Maschinen feinste Baumwollfasern ein, wodurch Byssinose, eine Baumwollstauballergie entstehen kann, und sind permanent extremem Lärm – wie in allen anderen Phasen der Jeansproduktion, in denen Maschinen zum Einsatz kommen – ausgesetzt[24].

2. Herstellung von Baumwollgarn und Indigofärbung

Auch der anschließende Spinnvorgang, bei dem aus Baumwollfasern -garn wird, kann die Gesundheit der Arbeiter vor Ort gefährden, da neben besagtem Lärm aufgrund feinster Baumwollfasern auch hier Byssinosegefahr besteht.[25]

Ein Teil der fertigen Garnfäden, die späteren Kettfäden der Jeans, werden nun mit synthetischem Indigo, das der Jeans später ihre blaue Farbe verleiht, gefärbt[26]. Dieser Färbevorgang erfordert einen hohen Chemikalieneinsatz. Damit Indigo überhaupt wasserlöslich wird und auf die Faser aufgebracht werden kann,

[18] Vgl. Rosenkranz/Castelló 1989, S. 29, Maute-Daul 1995, S. 17, Ziegler 1995, S. 56 und Schenek 2000, S. 71f.
[19] Vgl. Rosenkranz/Castelló 1989, S. 24.
[20] Vgl. Reumann 1994, S. 147.
[21] Vgl. Maute-Daul 1995, S. 17.
[22] Vgl. Pater 1998, S. 10f.
[23] Vgl. Stiftung Verbraucherinstitut 1999, S. 25.
[24] Vgl. Ried 1989, S. 116 und Schenek 2000, S. 46f. u. 59.
[25] Vgl. Schenek 2000, S. 46f. u. 59.
[26] Vgl. Reukauf/Stamm 1994, S. 183. Zum Farbstoff Indigo vgl. Ochs, Blue Jeans, in diesem Band.

werden Chemikalien benötigt, die biologisch nur schwer abbaubar sind, Auge und Atem reizen, ja sogar lebensgefährlich werden können. Darüber hinaus sind für die Feinstverteilung des Indigos Dispergiermittel von Nöten, und das für die Nachbehandlung gebrauchte Wasserstoffperoxid ist stark ätzend und kann damit die Gesundheit der hier Beschäftigten gefährden. Im abschließenden Spülvorgang gehen zehn Prozent des Farbstoffes wieder verloren, so dass das Abwasser gereinigt werden muss.[27]

Besonders kritisch ist die Färbung schwarzer und andersfarbiger Jeans, da hier mit schwermetallhaltigen Farbstoffen gearbeitet wird[28], was wiederum eine Belastung für Umwelt und Endverbraucher, aber auch für Arbeitnehmer in der Textilindustrie darstellt. Auch der enorme Wasserverbrauch – 60 bis 100 Liter Wasser für ein Kilo Jeansstoff[29] – ist sicher ökologisch bedenklich.[30]

3. Ausrüsten der Baumwollfäden, Weben und Entschlichten des Denims

Bevor die Baumwollfäden zum für Jeans verwendeten Baumwollstoff Denim[31] verwebt werden können, werden sie dafür entsprechend ausgerüstet: vor den Strapazen des Webens bewahrt ein Schutzfilm, die so genannte Schlichte, sie intensiviert die Reiß- und Scheuerfestigkeit der Kettfäden durch Verkleben der Faserenden mit dem Fadenkern[32].

Anschließend werden ungefärbte, weiße Schussfäden und blaue Kettfäden in Kettköperbindung miteinander verwebt. Wie bei allen Baumwollstoffen muss danach die zuvor aufgetragene Schlichte wieder entfernt werden, da der fertige Stoff später sonst nur chemisch gereinigt werden kann und auch ein erneutes Färben erschwert werden würde. Dieses Entschlichten belastet das Abwasser. Darüber hinaus finden Schlichten und Entschlichten meist nicht am selben Ort statt, so dass wiederaufbereitete Schlichten nicht wiederverwendet werden können.[33] Dieser Vorgang entfällt bei manchen Jeans inzwischen[34], wobei hier gefragt werden kann, ob die Umweltbelastung durch Auswaschen der Schlichte in der Waschmaschine der Jeansträger nicht höher ist, da hier keine Wiederaufbereitung des Abwassers möglich ist.

---

[27] Vgl. Reukauf/Stamm 1994, S. 183f.
[28] Vgl. Ökotest 1993, o. S. und Reukauf/Stamm 1994, S. 184.
[29] Vgl. Stiftung Verbraucherinstitut 1999, S. 58.
[30] Vgl. Holdermann 1998, S. 46f.
[31] Zur Entstehung des Begriffes „Denim" vgl. Kästner, Entstehungs- und Verbreitungsgeschichte, in diesem Band.
[32] Vgl. Maute-Daul 1995, S. 64.
[33] Vgl. Binger 1995, S. 79, Maute-Daul 1995, S. 64f., Ziegler 1995, S. 68 und (26.02.2003).
[34] Vgl. Meyer zur Capellen 2001², S. 301.

4. Sengen, Beuchen und Bleichen des Denims

Das fertige Denim-Gewebe wird nun über heiße Gasflammen gezogen, um überstehende Fasern abzubrennen, diesen Vorgang nennt man Sengen[35]. Da die Baumwollfasern noch immer Chemikalien enthalten, entstehen Abgase mit hohem Schadstoffanteil, die die Umwelt belasten[36].

Letzte Verunreinigungen, wie Kapselreste oder Entlaubungsmittel, die bis zu zehn Prozent des Gewichts der entschlichteten Ware ausmachen können[37], werden beim anschließenden Beuchen, einem Reinigungsprozess bei Temperaturen zwischen 110 und 130°C unter Zugabe diverser Hilfsmittel, wie Weichmacher, Tensiden und Natronlauge[38], entfernt. Die dafür benötigten hohen Temperaturen erfordern einen beträchtlichen Energieaufwand, der zusammen mit das Grundwasser belastenden Waschmittelresten ökologisch bedenklich erscheint[39].

Soll die bereits gefärbte Jeans später nochmals überfärbt werden, beispielsweise für Black Changes Blue Jeans, muss jetzt die Bleiche zwischengeschaltet werden. Hier kommen oft chlorhaltige Chemikalien zum Einsatz, und das Abwasser kann durch diesen Schritt neben Chlor durch Reduktionsmittel, Tenside und Komplexbildner[40] verunreinigt werden. Das Bleichmittel Wasserstoffperoxid ist einerseits ökologisch weniger bedenklich, da dieses in Wasser und Sauerstoff zerfällt, andererseits aber auch ökologisch problematisch, da Dämpfe Schleimhäute, etwa die Augenschleimhaut, zerstören können.[41]

5. Waschen, Trocknen und Krumpfen des Denims

Daran schließen sich mehrere Wasch- und Trockenvorgänge der Jeans an, die den Restanteil an Chemikalien möglichst minimieren sollen, bevor mit der Ausrüstung begonnen werden kann: Um „Drehbeine" bei der fertigen Jeans zu vermeiden, wird der Denimstoff einseitig verzogen, so dass die Schussfäden nicht mehr rechtwinklig, sondern schräg zu den Kettfäden verlaufen. Diese Maßnahme nennt man „Anti-Twist-Verfahren". Im nächsten Schritt, dem Krumpfen[42], wird der Denimstoff durch Wärme um einen bestimmten Wert geschrumpft; dies verhindert ein späteres Einlaufen bei der heimischen Wäsche. Diese beiden Pro-

[35] Vgl. Maute-Daul 1995, S. 63f. und Ziegler 1995, S. 68.
[36] Vgl. Marzinkowski 1994, S. 154.
[37] Vgl. Marzinkowski 1994, S. 156.
[38] Vgl. Ried 1989, S. 117 und Binger 1995, S. 77 u. 80.
[39] Vgl. Marzinkowski 1994, S. 156 und Binger 1995, S. 77 u. 80.
[40] Vgl. Binger 1995, S. 82.
[41] Vgl. Binger 1995, S. 81f., Ziegler 1995, S. 71 und www.edwin-jeans.de (26.02.2003).
[42] Der Ausdruck „Krumpf" bezeichnet den Wert, um den die Jeans bei der ersten spannungsfreien Waschung einläuft (vgl. Maute-Daul 1995, S. 94). Das Krumpfen ist in der Jeansproduktion auch als „Mill-Washing" bekannt (vgl. Dartmann 1993², S. 181).

duktionsschritte sind notwendig, weil das Jeansgewebe während des gesamten Prozesses seit der Fadenbildung mechanisch unter Spannung steht und sich unter Feuchteinwirkung zu seiner natürlichen Länge zusammenzieht.[43] Auch beim Krumpfen ist der Energieaufwand ökologisch bedenklich.

6. Konfektionierung der Jeans

Mit modernen CAD-Anlagen[44] werden die Einzelteile einer Jeans nun möglichst ökonomisch ausgeschnitten[45], wobei trotzdem Abfallprodukte entstehen, die entsorgt werden müssen. Aus den bis zu 60 Einzelteilen werden in über 100 Arbeitsschritten endlich Jeanshosen[46], an die neben den für Jeans typischen Nieten schließlich auch Reißverschlüsse, Knöpfe und Gürtelschnallen angebracht werden. Die drei letztgenannten Details werden meist galvanisiert, das heißt, ihre Oberfläche wird veredelt und vor Korrosion geschützt. Dabei wird das hier entstehende Abwasser durch Metall-, Salz- und Säurereste belastet, die nur schwer abbaubar sind. Mit Ausnahme des Reißverschlusses, der mit Stoff unterlegt ist und daher keinen direkten Hautkontakt hat, kann sich beim Jeansträger eine Nickelallergie gegen die galvanisierten Bestandteile entwickeln.[47] Durch weitere Waschvorgänge kann sich jedoch Nickel aus dem Metall lösen und im Stoff absetzen, das erklärt Nickelallergien ohne direkten Hautkontakt mit galvanisierten Metallteilen[48]. Da inzwischen mindestens zehn Prozent der europäischen Bevölkerung an dieser Allergieform leiden[49], ist der beschriebene Arbeitsschritt nicht nur aus produktions-, sondern auch aus humanökologischer Sicht bedenklich.[50]

Eigentlich wäre die Jeans jetzt tragbar. Doch sie wäre keine Jeans, würde sie nicht dieses unverwechselbare Aussehen haben, das erst durch diverse ökologisch mehr oder weniger bedenkliche Waschverfahren ermöglicht wird.

7. Jeans-Waschungen[51]

Zu den relativ schonenden Waschverfahren gehören das unwashed-, das onewash-, das mill-washed- und das rinsed-washed-Verfahren[52]: Beim *unwashed*-Verfahren wird die Jeans meist ohne Zusätze, manchmal unter Zuhilfenahme von Enzymen oder Säuren, gewaschen, um die Schlichte zu entfernen, wobei die

---

[43] Vgl. Maute-Daul 1995, S. 94f. und www.edwin-jeans.de (26.02.2003).
[44] CAD steht für „computer aided design" (engl., computergestütztes Entwerfen), hier werden Konstruktion und Arbeitsplanung mit Hilfe eines PCs vorgenommen.
[45] Vgl. Mustang o. J., o. S.
[46] Vgl. Mustang o. J., o. S.
[47] Vgl. Binger 1995, S. 124f.
[48] Vgl. Ökotest 2003 o. S.
[49] Vgl. Binger 1995, S. 125.
[50] Vgl. Holdermann 1998, S. 52f.
[51] Vgl. Holdermann 1998, S. 53ff.
[52] Vgl. Reukauf/Stamm 1994, S. 184.

authentische dunkelblaue Farbe erhalten bleibt. Es findet kein Vorschrumpfen der Jeans statt, so dass diese beim ersten Waschen zu Hause deutlich einläuft, außerdem kommt es zur Abwasserbelastung, da die überschüssige Farbe ausgewaschen wird.[53]

Soll die Jeans entschlichtet und vorgeschrumpft werden, ihre tief-dunkelblaue Farbe jedoch behalten, wird sie einmal in klarem Wasser gewaschen, so sieht es das *one-wash*-Verfahren vor[54]. Aufgrund des einmaligen Waschens ohne zusätzliche Hilfsstoffe kann für diese Behandlungsweise im Gegensatz zu den im Weiteren beschriebenen ein kleines ökologisches Plus verbucht werden.

Wird der Denim bereits vor dem Zusammennähen als Meterware vorgewaschen, spricht man von der *mill-washed*-Methode, das Resultat ist eine Jeans in hellerem Farbton und mit weicherem Griff, was den „Schon-Getragen-Look" mit Ausnahme der Nähte und Tascheneingriffe ausmacht[55]. Der ökologische Vorteil dieses Verfahrens liegt darin, dass das Abwasser noch am Produktionsort gereinigt werden kann. Darüber hinaus muss der Verbraucher keine Angst mehr vor dem Einlaufen haben, da hier ein dem Krumpfen vergleichbarer Prozess stattfindet[56].

Im Gegensatz dazu sind bei der *rinsed-washed*-Methode keine Abnutzungserscheinungen vorgesehen, denn die Jeans wird etwa 20 Minuten im Wasser gewaschen und in nicht seltenen Fällen noch mit einem Weichmacher behandelt. Dieses Verfahren bietet zwar den Vorteil, dass bereits in der Produktionsstätte überschüssige Farbe wieder ausgewaschen und das dabei entstehende Abwasser gereinigt werden kann, jedoch bereiten Weichmacher oft Probleme in Form von Hautallergien beim Jeansträger.[57]

Als wesentlich aggressiver und umweltbelastender gelten die verschiedenen *stone-washed*-Varianten. Die Jeans wird mit Bimssteinen gewaschen, ein erster Stone-Waschgang beträgt etwa eine Stunde[58]. Durch den Farbabrieb erweckt die blaue Hose, wie bei den meisten Waschverfahren, den Eindruck, bereits längere Zeit in Gebrauch zu sein. Die mildeste Vorgehensweise repräsentiert die *soft-stone-washed*-Methode, auch als *sand-washed*-Verfahren bekannt[59]: bereits durch einen Stone-Waschgang abgenutzte Bimssteine kommen nochmals zum Einsatz; das Resultat ist eine nur leicht abgenutzt wirkende Jeans mit weichem Griff[60].

---

[53] Vgl. Textilwirtschaft 5.3.1987, zit. nach Reukauf/Stamm 1994, S. 184 und Meyer zur Capellen 2001², S. 179.
[54] Vgl. www.edwin-jeans.de (26.02.2003).
[55] Vgl. Meyer zur Capellen 2001², S. 177.
[56] Vgl. Dartmann 1993², S. 181.
[57] Vgl. Reukauf/Stamm 1994, S. 184.
[58] Vgl. Binger 1995, S. 119.
[59] Vgl. Hofer 1994⁷, S. 380.
[60] Vgl. Reukauf/Stamm 1994, S. 185.

Mit wesentlich mehr Steinen und längerer Waschzeit (etwa 90 bis 100 Minuten) arbeitet das *super-stone*-Verfahren, auch als *power-washed*-Verfahren bezeichnet, bei dem ein noch weicherer Griff und ein noch höherer Farbabrieb intendiert werden. Diese Maßnahmen können bis zum Verschleiß von Nähten und Kanten führen, worauf der Begriff „Destroyed-Look“[61] (engl., zerstörtes Aussehen) verweist[62]. Wird der Waschvorgang nochmals um 30 Minuten verlängert, kann man vom *light-super-stone-washed*-Verfahren sprechen, das einen noch helleren Farbton erzeugt[63]. Der aus der langen Waschzeit resultierende hohe Material- und Energieaufwand ist ökologisch nicht gerade unbedenklich.

Zusätzlich zum Stonen ist es möglich, die Jeans einer Bleichung zu unterziehen, um das „kaputte“ Aussehen zu intensivieren und der Jeans einen „All-over-used-Look“[64] (engl., gebrauchtes Aussehen von oben bis unten) zu verleihen: Durch Zugabe von chlorhaltigen Mitteln wird der Hose beim *Stone-bleachen*, auch *Chemical-bleachen* genannt, Farbe entzogen. Durch diese Vorgehensweise werden nicht nur die heimischen Gewässer durch Abwasser belastet, sondern können auch Chemikalien in Fische und damit in die menschliche Nahrungskette gelangen.[65]

Noch vor dem Waschvorgang kann durch Bestrahlung mit Kaliumpermanganat[66] der typische Secondhand-Look der Jeans erzielt werden, der vor allem im Gesäß- und Oberschenkelbereich der Jeans platziert ist. Dieser Prozess, als *used-washed*-Verfahren deklariert, erzeugt nicht nur enorme Abwassermengen, sondern kann in zu großer Menge in Kläranlagen eine unerwünscht biozide Wirkung haben.[67]

Der Chemikalieneinsatz kulminiert im *moon-washed*-Verfahren, bei dem die Bimssteine vor dem Waschvorgang mit Kaliumpermanganat oder Kaliumperdyanat getränkt werden. Nach einer kurzen Einwirkzeit und dem eigentlichen Waschvorgang kommen zusätzlich noch Fixiermittel und Weichspüler zum Einsatz. Diese Methode ist auch unter den Bezeichnungen *acid-*, *fog-*, *marble-*, *snow-*, und *frost-washed-* sowie *Rauhreif-* bzw. *Orangenhautoptik* bekannt und weist kraterähnliche, unregelmäßige Muster auf.[68]

Eine besonders extreme Variante des Moon-Washings stellt das *chalk-washed*-Verfahren dar: Die Jeans wird hier so lange mit den getränkten Bimssteinen gewaschen, bis fast keine blaue Farbe mehr zu sehen ist; dadurch entsteht der Eindruck als sei die Jeans mit Kreide bemalt.[69] Aus produktionsökologischer Per-

[61] Reukauf/Stamm 1994, S. 185.
[62] Vgl. Reukauf/Stamm 1994, S. 185 und Meyer zur Capellen 2001², S. 178.
[63] Vgl. Mustang o. J., o. S.
[64] Meyer zur Capellen 2001², S. 176.
[65] Vgl. Reukauf/Stamm 1994, S. 185 und Meyer zur Capellen 2001², S. 176.
[66] Vgl. Behr 1988, S. 175.
[67] Vgl. Reukauf/Stamm 1994, S. 185.
[68] Vgl. Sexauer 1992, S. 8, Reukauf/Stamm 1994, S. 186 und Meyer zur Capellen 2001², S. 177.
[69] Vgl. Meyer zur Capellen 2001², S. 175.

spektive ist aufgrund des Chemikalieneinsatzes, verbunden mit der Abwasserbelastung bei der Auswaschung, sowie des Bimsstein-Verbrauchs auch hier Vorsicht geboten.

Die *sandblasted*-Methode scheint zwar auf den ersten Blick umweltverträglicher als viele andere Waschvarianten, wird aus humanökologischer Sicht jedoch zurecht kritisiert: Vor dem Waschen wird die Jeans partiell mit Quarzsand bestrahlt, dessen Staub bei den Arbeitern Silikose, eine spezielle Form der Staublungenerkrankung, hervorrufen kann.[70]

Eine ökologisch kaum sinnvoller erscheinende Prozedur stellt das *Overdying* dar, bei dem bereits gestonte, also gefärbte und wieder teilweise entfärbte, Ware nochmals überfärbt wird, wobei das Stonen nicht ausgelassen wird, weil die Jeans dadurch einen „lebendigeren" Eindruck machen. Oft wird diese Vorgehensweise genutzt, um überschüssige Ware trendgerecht werden zu lassen: Schwarz oder blau gefärbte Jeans ohne zusätzliche Effekte werden dann in aktuellen Farben überfärbt. Problematisch sind die auch als „Funky Stones"[71] (funky – engl., irre/ausgeflippt) bekannten Jeans nicht nur wegen des Stonens, sondern auch wegen des Farbabriebs beim Tragen, der beim Jeansträger allergische Reaktionen auslösen kann.[72]

Allerdings kann der Farbabrieb auch kalkuliert sein, denn *Black Changes Blue-Jeans* sind beim Kauf in erster Linie schwarz und zeigen nach mehrmaligem Tragen allmählich ihre ursprüngliche Farbe, nämlich gestontes Blau.[73]

Wird die Jeans nach dem Stonen unter Zuhilfenahme eines umweltschonenden Mittels gelbstichig, spricht man vom *oldblue-washed*-Verfahren (old blue – engl., abgetragenes Blau), das beispielsweise die Firma Edwin anwendet.[74]

Fast alle der genannten Waschverfahren der Jeans fördern die – von Jeansproduzenten aus ökonomischen Interessen eingesetzte – geplante Obsoleszenz[75], die in drei Arten[76] vorkommt[77]. Bei der *funktionell-technischen Obsoleszenz*, wird ein altes Jeansprodukt durch ein neues ersetzt, weil dieses bessere Eigenschaften und damit einen höheren Nutzen für den Jeansträger aufweist[78].

[70] Vgl. Hofer 1994^7, S. 383.
[71] Honegger 1996, S. 12.
[72] Vgl. Reukauf/Stamm 1994, S. 186 und Meyer zur Capellen 2001^2, S. 177f.
[73] Vgl. Meyer zur Capellen 2001^2, S. 175.
[74] Vgl. www.edwin-jeans.de (26.02.2003).
[75] Der Begriff „Obsoleszenz" (obsolescere – lat., alt werden, sich abnutzen, an Wert verlieren) bezeichnet allgemein das natürliche Phänomen, dass Waren einer begrenzten Lebensdauer unterliegen und irgendwann „alt" und nicht mehr gebrauchsfähig sind (vgl. Hillmann 1975, S. 21).
[76] Bei den drei Arten der geplanten Obsoleszenz bezieht sich Hillmann auf Vance Packard (vgl. Packard 1964).
[77] Vgl. Holdermann 1998, S. 58f.
[78] Vgl. Hillmann 1975, S. 23.

Wird eine Jeans nicht so optimal hergestellt, wie es rein technisch möglich wäre, handelt es sich um *qualitative Obsoleszenz*, die den Jeansträger dazu zwingt, früher als eigentlich nötig, für Ersatz zu sorgen, was wiederum im Interesse des Produzenten liegt.[79] Waschverfahren sind hier Mittel zum Zweck, da sie, wie bereits angesprochen, die Langlebigkeit der blauen Hose durch den hohen Farb- und Materialabrieb enorm reduzieren, womit die Jeans ihren ursprünglichen Vorteil, eine extrem strapazierfähige Arbeitshose zu sein, verliert. Durch ständiges „Nachproduzieren" und das Entsorgungsproblem wird die Umwelt zunehmend belastet.

Psychische Obsoleszenz liegt vor, wenn ein Jeansmodetrend als überholt und unmodern deklariert wird. Jeansfirmen appellieren dabei an den Wohlstand der Verbraucherinnen und Verbraucher und wecken in diesen den Wunsch, stets „up-to-date" zu sein.[80] Wie alle modischen Kleidungsstücke ist die Jeans stark von dieser unternehmerischen Maßnahme betroffen. Musste die Jeans im Sommer 2002 beispielsweise mit Bordüren verziert sein, so sind im Sommer 2003 wieder Extremwaschungen „hip", von denen im Sommer 2004 zu Gunsten des Western-Looks abgesehen wird.

8. Transport, Verkauf und Entsorgung der Jeans

Nach vielen aufwändigen und ökologisch fragwürdigen Prozeduren ist die Jeans bereit für den Transport in den Laden, wofür sie stückweise in Plastiktüten gehüllt wird[81] – der Verpackungsaufwand erscheint hier sowohl hinsichtlich des Materials als auch der Menge ökologisch keineswegs verträglich.

Nach einem mehr oder weniger langen Leben, in dem die Waschmaschine der Jeansträger Reststoffe aus der blauen Hose herausgespült und damit die Umwelt belastet hat, muss die Jeans entsorgt werden. Prinzipiell ist die Naturfaser Baumwolle zur Verrottung geeignet. Da die Jeans im Laufe ihres „Werdegangs" jedoch viele chemische Behandlungen erfahren hat und einzelne Details, wie beispielsweise die Knöpfe, meist nicht aus vergänglichem Material bestehen, gestaltet sich die Kompostierung oft problematisch[82].

Eine Alternative dazu besteht in Altkleiderspenden, die oft als edle Geste für die Dritte Welt missverstanden werden, dieser jedoch allenfalls nach einer Naturkatastrophe helfen, wenn sofort viele Kleidungsstücke benötigt werden. Ansonsten werden sowohl die ursprüngliche Bekleidungskultur, verbunden mit einem Identitätsverlust der Einheimischen, als auch deren Handwerkskunst zerstört,

[79] Vgl. Hillmann 1975, S. 24.
[80] Vgl. Hillmann 1975, S. 27.
[81] Vgl. Holdermann 1998, S. 60.
[82] Vgl. Ziegler 1995, S. 151.

von den Arbeitsplätzen in der Baumwollproduktion und in der Herstellung traditioneller Bekleidung ganz zu schweigen[83] [84].

9. Literatur

Behr, Detlev: Taschenbuch der Textilchemie. Leipzig 1988.

Binger, Doris: Das Echo vom Kleiderberg: Mode + Ökologie – Wege einer sinnvollen Verbindung. Frankfurt am Main 1995.

Dartmann, Lisa: Warenkunde rund um das blaue Beinkleid. In: Dartmann, Lisa/Hartung, Susanne/Krah, Eva-Susanne: Jeans: Forever young. Frankfurt am Main 1993^{2}, S. 180–189.

Geisler-Kroll, Christoph: Belastung der Rohstoffe für Naturtextilien durch Pestizideinsatz. In: Arbeitskreis Naturtextil (Hrsg.): Ökologie und Bekleidung. Frankfurt am Main 1993, S. 27–42.

Grundmeier, Annemarie: Naturtextilien, Ökokollektionen, schadstoffgeprüfte Bekleidung – eine ökologische Alternative zur konventionellen Bekleidung? In: Textilarbeit + Unterricht 3/1994, S. 173–181.

Grundmeier, Annemarie: Das weiße Gold – eine kurze Einführung in die Modegeschichte der Baumwolle. In: ...textil... 1/2002, S. 26–35.

Hillmann, Karl-Heinz: Das Obsoleszenzproblem in einer Zeit der Wachstums- und Umweltkrise. In: Jahrbuch der Absatz- und Verbrauchsforschung. Nürnberg 1975, S. 21–45.

Hofer, Alfons: Stoffe 2. Bindung, Gewebemusterung, Veredlung. Frankfurt am Main 1994^{7}.

Holdermann, Karin: Jeans unter ökologischem Aspekt – didaktische Bausteine für den Unterricht in der Realschule. Mschr. Wiss. Hausarbeit. Heidelberg 1998.

Holzhausen, Brigitte: Der Stoff, aus dem die Umwelt-Alpträume sind. Ökologische Auswirkungen unseres Textilkonsums. In: Chimica didacta 2/1999, S. 123–138.

Honegger, Ruth: Jeans ist nicht gleich Jeans. In: Textilarbeit und Werken 7/8 1996, S. 10–12.

http://www.baumwollboerse.de (26.04.2004).

http://www.edwin-jeans.de (26.02.2003).

http://www.mustang.de (26.02.2003).

Marzinkowski, Joachim M.: Maßnahmen und Strategien für eine umweltverträgliche Veredelung. In: Textilarbeit und Unterricht 3/1994, S. 154–165.

Maute-Daul, Gabriele: Mode und Chemie. Fasern, Farben, Stoffe. Berlin/Heidelberg/New York 1995.

Meyer zur Capellen, Thomas: Lexikon der Gewebe. Frankfurt am Main 2001^{2}.

Mustang: Workshop Manual. Künzelsau, o. J., o. S.

Ökotest: In die Hose gegangen. In: Ökotest Sonderheft 12/1993: Kosmetik. In: (26.02.2003).

Ökotest: Kein blaues Wunder. In: Ökotest Ratgeber Kosmetik und Mode 1: September 2000. In: (26.02.2003).

[83] Vgl. Binger 1995, S. 149 und Schmidt 1994b, S. 13.

[84] Vgl. Holdermann 1998, S. 59.

Ökotest: Jede Menge Nieten. In: Ökotest Magazin September 2003. In: (06.10.2003).

Packard, Vance: Die große Verschwendung: Frankfurt a. M. und Hamburg 1964.

Pater, Siegfried: Baumwolle – mehr als eine Faser (Reihe: DGB-Bildungswerk e. V. Nord-Süd-Netz, Band 33). Düsseldorf 1998.

Reukauf, Ingrid/Stamm, Daniela: Jeans: Kritische Würdigung eines Modedauerbrenners unter ökologischen Gesichtspunkten. In: Textilarbeit + Unterricht 3/1994, S. 182–187.

Reumann, Ralf-D.: Natur- und Chemiefaserstoffe – ökologisch betrachtet. In: Textilarbeit und Unterricht 3/1994, S. 146–153.

Ried, Meike: Chemie im Kleiderschrank. Das Öko-Textil-Buch. Reinbek bei Hamburg 1989.

Rosenkranz, Bernhard/Castelló, Edda: Leitfaden für gesunde Textilien. Kritische Warenkunde und Rechtsratgeber. Reinbek bei Hamburg 1989.

Schenek, Anton: Naturfaserlexikon. Frankfurt am Main 2000.

Schmidt, Eva: Baumwolle – einst und heute (I). In: Lernhilfen für den Textilunterricht 1/1994, Ausgabe 2.92.

Schmidt, Eva: Textilien in ihrer Verflechtung mit Umwelt und Gesundheit. In: Textilarbeit + Unterricht 1/1994, S. 4–15.

Sexauer, Karin: Jeans – von der Arbeitskleidung zur Freizeitmode. In: Textilarbeit + Unterricht 1/1992, S. 3–16.

Schopp, Marion: Das Phänomen Jeans – Stationenlernen in der Hauptschule. Mschr. Wiss. Hausarbeit. Heidelberg 1995.

Stiftung Verbraucherinstitut (Hrsg.): Kleidung: Ökologie & Gesundheit. Eine Betrachtung der textilen Kette von der Produktion bis zur Entsorgung. Berlin 1995.

Stiftung Verbraucherinstitut (Hrsg.): In Hülle & Fülle. Kleidung: Ökologie, Ökonomie und Gesundheit. Berlin 1999.

Ziegler, Juwitha: Chemie in der Kleidung. Worauf die Verbraucher achten müssen. Frankfurt am Main 1995.

4.

Ökologische Alternativen in der Jeansproduktion

Susan Gebauer

Foto: Susan Gebauer

Im Folgenden soll mit Vorurteilen gegenüber „alternativen“ Jeans aufgeräumt und dargestellt werden, wie zum einen der Baumwollanbau für eine konventionelle Jeans ökologisch verträglich gestaltet werden kann und welche alternativen Rohstoffe zum anderen in der Jeansproduktion Verwendung finden können.

1. Alternativen zum konventionellen Anbau von Baumwolle

Neben dem konventionellen Anbau von Baumwolle und den damit verbundenen Problemen[1] bestehen durchaus Möglichkeiten, Baumwolle für die Jeansproduktion ökologisch verträglich anzubauen. Beispielhaft werden hier der biologisch-dynamische Anbau und die gentechnische Veränderung von Baumwolle angeführt.

1.1 Biologisch-dynamischer Anbau[2]

Weltweit gibt es Projekte, in denen versucht wird, den konventionellen Anbau von Baumwolle zu reduzieren und die Faser unter ökologischen Gesichtpunkten anzupflanzen. Derartige Projekte gibt es in den USA, in Südamerika, Pakistan, Indien und Ägypten und vor allem in der Türkei.[3] Die kontrollierte biologische Landwirtschaft verbietet die Nutzung von toxischen und persistenten chemisch-synthetischen Pestiziden und Düngemitteln sowie die Verwendung gentechnisch veränderter Organismen[4]. Eine kontrollierte biologisch-dynamische Landwirtschaft ist bestrebt, die Bodenfruchtbarkeit zu regenerieren und aufrechtzuerhalten und eine gesunde Umwelt zu fördern.[5] Speziell im Hinblick auf die Jeansproduktion kann mit Hilfe einer biologisch-dynamischen Baumwollproduktion diversen Gesundheits- und Umweltproblemen vorgebeugt werden.

Exemplarisch werden nachstehend das „Maikaal-Projekt“[6] in Indien und die „Sekem“-Plantage[7] in Ägypten vorgestellt, deren ökologische Baumwollproduktion gerade für die Jeans-Träger von immenser Bedeutung ist.

Das Maikaal[8]-Pojekt

Das Maikaal-Projekt wird im Jahre 1991 aus einer persönlichen Initiative von Morgan Jalan und Patrick Hohmann, dem Geschäftsführer der schweizerischen

---

1 Vgl. Holdermann/Preissler, Ökologische Bedenklichkeit, in diesem Band.

2 Bei einem biologisch-dynamischen Anbau muss der Anbauboden seit drei Jahren „chemiefrei“ sein, gedüngt wird ausschließlich mit natürlichen Mitteln und die Unkrautvernichtung erfolgt mechanisch (vgl. Holdermann 1998, S. 42).

3 Vgl. http://bio-baumwoll-wegweiser.pan-germany.org/hintergrund.htmkba (Stand 19.09.2003).

4 Auf gentechnisch veränderte Baumwolle wird im Folgenden nochmals eingegangen.

5 Vgl. PAN 2003, S. 7.

6 Vgl. Caldas 1993, S. 64–75 und http://www.remei.ch/deutsch/potrait/maikaal_geschichte.htm (Stand 19.09.2003).

7 Vgl. Gleich 1995, S. 32–38 und http://sekem.com/German.PDF (Stand 19.09.2003).

8 Maikaal liegt im Bundesstaat Madya Pradesh in Zentralindien.

Remei AG[9], ins Leben gerufen. Was ursprünglich nur als Experiment geplant ist, entwickelt sich zu einem erfolgreichen, kommerziellen Unternehmen, in dem im Jahre 2003 über 1100 Bauern mitarbeiten und Baumwolle biologisch-dynamisch anbauen. Heute ist das Maikaal-Projekt kein Projekt mehr, sondern eine Aktiengesellschaft, an der sich die Bauern beteiligen und vor Ort Kapital erwirtschaften können.[10]

Von Anfang an sollen die Bauern in Maikaal selbst in den Prozess der Planung, der Produktion und Bewertung der ökologischen Landwirtschaftsmethoden aktiv einbezogen werden[11]. Zusätzlich werden noch örtliche Regierungsberater, ländliche Gesellschaften und lokale Banken einbezogen, die den Bauern durch das Angebot finanzieller, technischer und strategischer Hilfen zu einer dauerhaften Partnerschaft mit der Industrie verhelfen sollen. Dabei steht die Qualität der Produkte, die durch entsprechende ökologische und biologisch-dynamische Anbaumethoden erreicht werden kann, im Vordergrund.[12]

Die dabei entstandenen Prinzipien für eine ökologische Baumwollproduktion lassen sich wie folgt zusammenfassen: Das zu bebauende Land soll als lebender Organismus betrachtet werden, der durch das Pflanzen von Bäumen und Hekken geschützt und beschattet wird, sowie Lebensraum für Tiere und Vögel bietet. Man versucht, optimale Daten für die Pflanzung der Baumwolle zu ermitteln und produziert in Eigenarbeit biodynamische Präparate, um den Boden und die Pflanzen zu stärken. Bei Schädlingsbefall und bei Pflanzenkrankheiten werden nur natürliche Substanzen eingesetzt.[13]

Wollen die Bauern ihren konventionellen Betrieb in einen biologisch-dynamischen Betrieb umstrukturieren, müssen sie sich zu bestimmten Leistungen verpflichten, die im Folgenden kurz dargestellt werden.

Zuerst einmal müssen die Bauern sich bereit erklären, einem bestimmten Entwicklungsplan sowie einem entsprechenden Beratungsservice zu folgen. Daraufhin erhalten die Bauern ein Darlehen in Form von Investitionskosten, zum Beispiel in Form eines neuen Sprühers für Bioprodukte sowie in Form von Saat, Biokulturen und Biopestiziden, um einen maximalen Baumwollertrag erreichen zu können. Prämien in Höhe von 20 %, wohl vom Ertragspreis, werden nur für die Biobaumwolle bezahlt, die über eine vom Baumwoll-Prüfer festgelegte Qualität verfügt, wobei der Entscheid des Prüfers für beide Seiten bindend ist. Um bei der Baumwollproduktion beste Ergebnisse erzielen zu können, wird ein

9 Die Remei AG ist in der Schweiz ansässig und Marktführer in der Produktion von Garnen und Bekleidung, die höchsten Ansprüchen an Qualität, ökologischer und sozialer Produktion genügen (vgl. http://www.remei.ch/deutsch/potrait/maikaal_geschichte.htm (Stand 19.09.2003)

10 Vgl. http://www.remei.ch/deutsch/potrait/maikaal_geschichte.htm (Stand 19.09.2003).

11 Vgl. Caldas 1993, S. 73.

12 Vgl. Caldas 1993, S. 67f.

13 Vgl. Caldas 1993, S. 68.

technischer Beistand dauerhaft garantiert und durch ständiges Informieren über organische und biologisch-dynamische Landwirtschaft sowie über internationalen Handel mit Biobaumwolle ergänzt. Einen zusätzlichen Anreiz bietet eine Preisverleihung für den besten Bauern in jedem Dorf und in jeder Region. Wichtig ist auch, dass ein Absatzmarkt für die Biobaumwolle garantiert wird.[14]

In den Anfangszeiten, in den ersten fünf bis sechs Jahren, stellt sich in der Regel bei solchen Projekten auf Grund der Umstellung noch kein Erfolg ein. Das Land ist noch belastet, die Bauern haben noch keine Erfahrungen mit den neuen Anbaumethoden und die Änderungsstrategien greifen noch nicht alle.[15]

Wie man aber an der Rentabilität der Baumwollproduktion im Jahre 2003 sehen kann, lohnt sich die Umstellung, weil sich sowohl die Bauern in Maikaal wie auch die Endverbraucher, unter anderem auch die Jeans-Käuferinnen, ganz auf das Projekt mit der Bio-Baumwolle einlassen.[16]

Das Sekem-Projekt

Initiator des Sekem[17]-Projekts ist im Jahre 1991 der Ägypter Dr. Ibrahim Abouleish, ein Magier des Wortes und ein Künstler, der ein feines Gespür für den richtigen Auftritt zur richtigen Zeit besitzt. Aber nicht nur diese Fähigkeiten, sondern auch seine Tatkraft, Träume in die Realität umzusetzen, geben ihm und diversen Bauern in Ägypten die Möglichkeit, Baumwolle in der Wüste, 60 km nordöstlich von Kairo, biologisch-dynamisch anzubauen. Was heute in großem Umfang angebaut wird, probiert der Anthroposoph Abouleish Anfang der 1980er Jahre[18] auf seinem eigenen Boden aus. Der biologisch-dynamische Baumwollanbau gelingt bestens und die Ernten der biologisch-dynamisch angebauten Baumwolle stehen bezüglich Qualität und Ertrag denen der konventionell angebauten Baumwolle in nichts nach. In Deutschland erschließt der Ägypter einen Markt für seine Produkte, denn hier wird für chemiefreie Baumwolle gerne mehr bezahlt. Die Führungskräfte der Sekem-Farm, die für ein „Taschengeld“[19] und freie Kost und Logis arbeiten, stammen ebenfalls aus Deutschland.[20]

Um weiter voran zu kommen, spricht Abouleish in seinen Anfangszeiten die Reichen und Gebildeten an, die ökologischen Projekten aufgeschlossener gegenüber stehen. Grundsätzlich werden in Sekem keine Pflanzengifte, sondern ausschließlich biologische Mittel verwendet. Zwar erfordert ein rechtzeitiges Erkennen von Schädlingen eine intensive Betreuung der Baumwollpflanzen, aber

[14] Vgl. Caldas 1993, S. 74.
[15] Vgl. Caldas 1993, S. 68.
[16] Vgl. http://www.geographiedidaktik.de/Untermat.Maikaal/indien.html (Stand 19.09.2003).
[17] „Sekem“ bedeutet: Lebenskraft aus der Sonne (vgl. Gleich 1995, S.33).
[18] Vgl. http://www.pan-germany.org/download/br_bio.pdf (Stand 19.09.2003).
[19] Aus Begeisterung und Enthusiasmus für den Erfolg dieses Projekts arbeiten die Führungskräfte für geringe Löhne.
[20] Vgl. Gleich 1995, S. 33.

dann kann gegen Blattläuse, Raupen und Kapselbohrer mit beleimten Tafeln, von deren Farbe die Schädlinge angezogen werden, vorgegangen werden. Raupen werden mit Pheromonen – Sexualduftstoffen – in Fallen gelockt.[21] Und wo kein Gift mehr gespritzt wird, da kehren auch die Vögel zurück, die als natürliche Feinde ebenfalls in den Kampf gegen die Schädlinge eintreten können. Für die Rückkehr der Vögel ist nicht nur der Verzicht auf Pestizide verantwortlich, sondern auch der Verzicht auf Kunstdünger. In Sekem werden nur organische Dünger, wie Mist und Kompost, eingesetzt.[22]

Was uns Europäer trotzdem erstaunen dürfte, sind die vielen Kinder, die auf der Farm arbeiten. Obwohl auch in Ägypten Kinderarbeit offiziell verboten ist, ist sie dennoch allgegenwärtig, sichert sie doch den Familien das Überleben. Immerhin müssen die Kinder auf Sekem nur leichte Arbeiten verrichten und erhalten die Chance, nebenbei noch Unterricht in Lesen, Schreiben und Rechnen zu bekommen.[23]

Glücklicherweise erkennt auch das ägyptische Landwirtschaftsministerium, dass Dünger und Pestizide kostspielig sind und biodynamischer Baumwollanbau durchaus funktionieren kann. Immerhin verbieten die Behörden im Jahre 1992 das Besprühen von Feldern aus dem Flugzeug. Heute werden bereits 400.000 Hektar Land „integriert“[24], also fast pestizidfrei angebaut.[25]

Inzwischen arbeiten direkt in Sekem über 1000 Mitarbeiter und im gesamten Ägypten erstreckt sich die Zahl auf rund 10 000 Menschen, die sich mit dem Abouleishen Grundgedanken der Verknüpfung von Sozialem, Wirtschaft und Kultur verbunden fühlen. Sekem setzt auf den persönlichen Einsatz jedes einzelnen Mitarbeiters, sein Potential für das Gelingen des gesamten Unternehmens ein zubringen.[26] Die Arbeiter haben durch kontinuierliche Weiterbildung und Teilnahme an Kursen in verschiedenen Fächern die Möglichkeit, sich fachlich und persönlich weiterzubilden.

Vorteilhaft ist auch, dass inzwischen eine der Sekem-Firmen, Conytex, die Baumwolle vor Ort weiter verarbeitet. So können Transportwege gespart und die Umwelt geschont werden. Jetzt müssen nur noch die Jeans-Firmen „auf diesen Zug aufspringen“, damit die Jeanshosen in Zukunft aus biologisch-dynamisch angebauter Baumwolle produziert werden.

---

[21] Vgl. Gleich 1995, S. 33f.
[22] Vgl. http://www.pan-germany.org/download/br_bio.pdf (Stand 19.09.2003).
[23] Vgl. http://www.sekemreisen.de/sekem.htm-15k (Stand 19.09.2003).
[24] Der gesamte Baumwollanbau erstreckt sich über eine Fläche von ca. 597.270 ha.
[25] Vgl. Holdermann 1998, S. 42 und http://www.pan-germany.org/download/br_bio.pdf (Stand 19.09.2003).
[26] Vgl. http://www.sekemreisen.de/sekem.htm-15k (Stand 19.09.2003).

1.2 Gentechnische Veränderung von Baumwolle

Für Jeansstoffe könnte im Sektor 'Baumwollanbau' die gentechnisch veränderte Baumwolle eine tragende Rolle spielen. Wie kaum eine andere Kulturpflanze ist die Baumwollpflanze besonders anfällig für einen Schädlingsbefall.[27] Um einem solchen vorzubeugen, werden immense Mengen an Pestiziden eingesetzt, wogegen die Gentechnologie meint, ein probates Mittel gefunden zu haben[28]: den „Bacillus thuringiensis“[29], ein Bodenbakterium, dessen Gen in die genetische Information der Baumwollpflanze eingeschleust wird. So wird die Bildung von Endotoxin, einem natürlichen und für den Menschen ungefährlichen Insektengift, bewirkt.

Diese Errungenschaft lässt die Umweltorganisationen Anfang der 1990er Jahre aufhorchen, sind doch die Wasserressourcen durch den hohen Wasserverbrauch und den immensen Pestizideinsatz[30] beim Baumwollanbau stark gefährdet. Um abzuklären, ob die Gentechnik eine Möglichkeit zu einer umweltschonenderen Baumwollwirtschaft darstellt, lässt die Umweltorganisation WWF[31] die Erfahrungen für die USA auswerten, wo der Anteil gentechnisch veränderter Baumwolle im Jahre 1999 bereits über 50 % ausmacht.[32]

Diese Untersuchungen aus dem Jahre 1999 ergeben, dass im Hinblick auf den Insektizidverbrauch kaum Einsparungen erzielt werden, denn die Insektizide, welche durch das Toxin der Bt-Baumwolle ersetzt werden können, machen mengenmäßig nur einen geringen Teil der verwendete Insektizide aus[33].

Ein ähnliches Bild zeigt sich beim Herbizidverbrauch. Obwohl sich in den vergangenen Jahren die Anbauflächen herbizidtoleranter Baumwolle fast jährlich verdoppeln, reduziert sich die Menge der eingesetzten Herbizide kaum.[34]

Letztendlich weisen die Tests in den USA ernüchternde Resultate auf. Bis heute haben sich die Hoffnungen der Gentechnik, zu einem weniger belastenden Baumwollanbau beitragen zu können, nicht erfüllt.[35] Diese Ergebnisse sprechen eine eindeutige Sprache und erfordern ein gezieltes Nach- und Umdenken, beispielsweise über den kontrolliert biologischen Anbau.

---

27 Vgl. Maute-Daul 1995, S. 17f.
28 Vgl. Thalmann 2000, S. 4.
29 Vgl. Baier 2002, S. 6f.
30 Vgl. Holdermann/Preissler, Ökologische Bedenklichkeit, in diesem Band.
31 World Wide Found for Nature
32 Vgl. Thalmann 2000, S. 4.
33 Vgl. Grundmeier 2002, S. 32.
34 Vgl. Thalmann 2000, S. 4.
35 Vgl. Grundmeier 2002, S. 32.

2. Alternative Rohstoffe zur traditionellen Baumwolle

Nun stellt sich sowohl für die Jeansproduzenten als auch die Jeansträger die Frage, welche alternativen Fasern überhaupt für die Jeansherstellung gefunden werden können, die über ähnliche Gebrauchseigenschaften wie die Baumwolle verfügen. Im weiteren Verlauf werden die Fasern der Hanfpflanze, der Brennnessel und des Torfes auf ihre „Jeanstauglichkeit", wie zum Beispiel die Reißfestigkeit, untersucht.

2.1 Hanf

Obgleich bei den heutigen Jeans-Trägern die Tatsache, dass Jeans aus Baumwolle gefertigt werden, verfestigt ist, sollte man nicht vergessen, dass es der Hanf ist, der es dem Schneider Levi Strauss Mitte des 19. Jahrhunderts ermöglicht, seine erste Jeans, die Arbeitshose für die Goldwäscher Kaliforniens, anzufertigen[36].

Von einer klassischen Baumwolljeans erwartet sich der Träger bestimmte Gebrauchseigenschaften[37], besonders in Bezug auf Robustheit und Tragekomfort[38]. Kann eine Hanfjeans diese Eigenschaften ebenso gut erfüllen wie eine Jeans aus Baumwolle?

Neben Flachs und Ramie gehört der Hanf zu der Gruppe der Bastfasern, von denen der Hanf die weichste und dünnste Faser liefert, die gleichzeitig die höchste Reißfestigkeit und Haltbarkeit aufweist[39], was deutlich für eine Nutzug in der Jeansproduktion spricht. Schon das allseits bekannte Warenzeichen *der* Jeans-Firma, Levi's, das die Zerreißprobe – eine Hose wird von zwei Pferden auseinander gezogen – optisch darstellt, weist auf die Reißfestigkeit der Jeans hin[40]. Keine andere Faser, auch nicht die ebenfalls sehr reißfeste Baumwolle, hätte diesen Test überstanden[41].

Ein weiterer Vorteil des Textilrohstoffes Hanf resultiert aus dessen Feuchtigkeitsaufnahmefähigkeit: Eine Hanf-Jeans kann über 30% ihres Gewichts an Wasser aufnehmen, ohne an Stabilität zu verlieren. Aber nicht nur die Feuchtigkeitsaufnahme des Hanfstoffes ist entscheidend, sondern auch die Feuchtigkeitsabgabe vom Körper weg, vor allem von Schweiß, ohne selbst zu reagieren[42], d. h. unangenehm zu riechen. Hanf-Jeans bleiben länger frisch als Baumwolljeans, was nicht nur für die Haut eine Wohltat ist, sondern auch (Waschmaschinen-)-Energie und Wasser spart.

[36] Vgl. HanfHaus 2003, S. 6.
[37] Vgl. Hofer 1997, S. 329.
[38] Vgl. Rosenkranz/Castello 1998, S. 30f.
[39] Vgl. HanfHaus 2003, S. 5f. und Ziegler 1995, S. 19.
[40] Vgl. Kästner, Entstehungsgeschichte, in diesem Band.
[41] Vgl. Bröckers 1995, S. 214.
[42] Vgl. HanfHaus 2003, S. 4.

Hanfjeans bieten wohl eine hohe Sicherheit, da Hanffasern schlechte Stromleiter und schwer entzündbar sind – selbst bei einer Erhitzung auf 370°C erfolgt keine Farbveränderung der Fasern – wohingegen die Baumwolle ab einer Temperatur von 160°C zu vergilben beginnt[43]; und bei 1000°C verkohlt das Hanfmaterial ohne zu entflammen.[44]

Die Hanffaser ist antistatisch, zieht also keinen Schmutz an. Außerdem enthält sie kein Eiweiß, was sie von Natur aus mottensicher macht.[45] Diese beiden positiven Eigenschaften sprechen für die Hanf-Jeans, die sich dadurch fast noch mehr zur „Arbeits- und Allroundhose"[46] eignet, als die herkömmliche Baumwoll-Jeans.

Fälschlicher Weise denken heute noch viele Menschen, dass Hanf wie Sackleinen aussieht, doch die Stärke und die Grobheit des Stoffes hängen davon ab, wie die Fasern verarbeitet werden. Hanf kann also wie Flachs oder Baumwolle zu verschiedenen Stoffen, von grobem Segeltuch bis hin zu feinem Leinen, verarbeitet werden. Je nach Verarbeitung kann Hanf sogar, wie in Werbekatalogen[47] formuliert, weicher als Baumwolle sein.[48]

Eine große Auswahl an Hanfstoffen bietet beispielsweise das HanfHaus an: Vom unverwüstlichen Canvas (engl., Segeltuch), über Denim[49], der Stoff, aus dem die Hanf-Jeans sind, oder leichte Leinwandtuche bis hin zur hochfeinen Hanf-Seidenmischung wird alles angeboten. Erstaunlicherweise präsentieren sich die Hanf-Jeans in denselben kräftigen Farben[50], wie die handelsüblichen Baumwoll-Jeans. „Müsli-Look" und Schlabberklamotten gehören anscheinend der Vergangenheit an[51].

Laut Lieselotte Menges, die drei HanfHäuser im Raum Frankfurt – Heidelberg betreibt, hat sich auf der Hanfmesse 2003 in Mailand sogar der bekannte italienische Modedesigner Giorgio Armani für Hanfstoffe interessiert, die er in einer seiner nächsten Kollektionen für exklusive Mode verarbeiten möchte.

Neben den Gebrauchseigenschaften sprechen die Anbaumöglichkeiten und die Robustheit der Pflanze für eine Nutzung von Hanf im Bereich der Massenproduktion der Jeansstoffe.

Die Hanfpflanze (*Cannabis sativa*) stammt ursprünglich aus Zentralasien, wo sie schon vor gut 12 000 Jahre kultiviert wird.[52] Am besten gedeiht der Hanf in

[43] Vgl. Ziegler 1995, S. 17.
[44] Vgl. HanfHaus 1996, S. 4.
[45] Vgl. HanfHaus 1996, S. 4.
[46] Vgl. Kästner, Entstehungsgeschichte, in diesem Band.
[47] Vgl. HanfHaus 2003
[48] Vgl. Robinson 1996, S. 12 und HanfHaus 2003, S. 7.
[49] Vgl. Kästner, Entstehungsgeschichte, in diesem Band.
[50] Vgl. HanfHaus 2003, S. 8.
[51] Vgl. Sabersky 1995, S. 7.
[52] Vgl. Bröckers 1995, S. 308 und Waskow 1995, S. 19f. u. 56.

Zonen mit gemäßigtem Klima (13 bis 22 Grad Celsius), kann aber auch höhere oder niederere Temperaturen vertragen[53], was ihn zu einem weltweit anbaubaren Rohstoff macht. Vor allem die süddeutschen Böden galten und gelten als geeignet für einen ertragreichen Hanfanbau[54], was für einen Anbau in Deutschland spricht. So entfallen lange Transportwege und der ökologische Anbau kann durch einheimische Kontrolleure auf detaillierte Einhaltung geprüft werden.

Zusätzlich spricht ein „Nullaufwand" an Pestiziden und Herbiziden für einen Hanfanbau. Durch die Dichte und Höhe der Hanfpflanzen werden darunter wachsende Unkräuter durch Licht- und Wasserentzug vernichtet.[55] Ebenso müssen Insektizide nur bedingt und sehr sparsam eingesetzt werden, da die Hanfpflanze wenig natürliche Feinde hat.[56]

Der Hanfanbau laugt den Boden nicht aus, im Gegenteil, durch die dichte Wuchsweise entsteht ein ideales feuchtes Klima für allerlei Schimmelpilze, die wiederum für eine positive Stimulierung der Bodenflora und -fauna sorgen. Zudem sorgt der Hanf selbst durch seine tiefgehenden und feinverzweigten Wurzeln für eine Verbesserung der Bodenqualität und beugt somit Bodenerosionen vor.[57]

Aufgrund des schnellen Wachstums (ca. 100 Tage von der Aussaat bis zur Ernte, Höhe ca. 4 m) benötigt der Hanf zwar eine ausreichende Menge an Nährstoffen, zeigt sich aber – im Gegensatz zu vielen anderen Kulturpflanzen – nur gegenüber Stickstoff- und Kupfermangel empfindlich, was einen nur geringen Düngemitteleinsatz erfordert[58].

Da Hanf in Deutschland wegen seiner psychoaktiven Tetrahydrogencannaboide (THC) erst wieder seit dem Jahre 1996 mit einem festgelegten Grenzwert für THC[59] angepflanzt werden darf[60], muss noch genau untersucht werden, wie ertragreich sich der Hanfanbau in riesigen Monokulturen, analog dem Baumwollanbau, erweisen würde. Das Auftreten und die Entwicklung möglicher Schädlinge muss über einen längeren Zeitraum beobachtet werden, um eine entsprechende positive Aussage treffen zu können.[61]

Ein entscheidendes Problem stellt die Ernte der Hanfpflanzen dar. Während zu Beginn des 20. Jahrhunderts noch zahlreiche, auf Hanfernte und -anbau speziali-

---

53 Vgl. Bröckers 1995, S. 311.

54 Vgl. Waskow 1995, S. 31f.

55 Vgl. Bröckers 1995, S. 313.

56 Vgl. Bröckers 1995, S. 316f. und HanfHaus 2003, S. 7.

57 Vgl. Bröckers 1995, S. 313 und Waskow, 1995, S. 58.

58 Vgl. Bröckers 1995, S. 315f. und Waskow 1995, S. 60.

59 Deutlich sei hier darauf hingewiesen, dass der seit 1996 in Deutschland angebaute Hanf hinsichtlich Drogennutzung bzw. Drogenwirkung kein Gefahrenpotential darstellt, da sein THC-Gehalt innerhalb des gesetzlich vorgeschriebenen Rahmens verbleibt.

60 Vgl. HanfHaus 2003, S. 4 und http://www.virus-bs.ch/dbc/vbchis21.htm (Stand 20.06.2001)

61 Vgl. Bröckers 1995, S. 316f.

sierte Fabriken vorhanden sind, existieren heutzutage nur wenige Fabriken, die über spezielle Ernte- und Verarbeitungsmaschinen für Hanf verfügen.[62] Die herkömmlichen Ernteverfahren – mit einem Haumesser oder einem speziellem Hanfmähbinder – scheiden aufgrund des hohen Arbeitskräfteaufwandes und der damit verbundenen mangelnden Effektivität aus[63]. Im Ausland entwickelte spezifische Ernteverfahren bieten Auswege. Dort werden nach der Ernte durch chemischen[64] oder biologischen[65] Aufschluss die Hanffasern gewonnen.

Bedauerlicherweise gibt es in Deutschland keine weiterverarbeitenden Betriebe mehr und die Hanfstängel müssen zur Fasergewinnung ins Ausland verbracht werden[66]. Das bedeutet, dass in Deutschland zunächst eine neue Infrastruktur für die Hanfverarbeitung geschaffen werden muss. Alternativ besteht momentan die Möglichkeit, Hanffasern (=Langfasern) zu Viskose zu verarbeiten oder zu verkürzen, um so vorhandene Produktionsanlagen zu nutzen. Außerdem könnte das Umrüsten von Maschinen zur Gewebeherstellung aus Langfasern eine wirtschaftliche Alternative darstellen.[67]

2.2 Brennnessel

Überlegenswert scheint auch die Frage, ob die Brennnessel zu einer echten Rohstoffalternative für die Baumwolle innerhalb der Jeansproduktion heranwachsen könnte.

Schon das Märchen „Die wilden Schwäne“ (1938) von Hans Christian Andersen erinnert an die Nutzungsmöglichkeiten der Brennnessel für Kleidung. In diesem Märchen soll das Mädchen Elisa ihre elf verzauberten Brüder wieder in Menschen zurück verwandeln, indem sie für diese elf Hemden aus Brennnesseln spinnt und webt.[68]

Interessanterweise wird in Deutschland schon im 15. Jahrhundert der Versuch einer Nesselzucht zur Garnproduktion gestartet, aber nur mit mäßigen Erfolgen. Erst im letzten Drittel des 19. Jahrhunderts lebt das Interesse an Nesseln aufgrund einer Baumwollknappheit wieder auf, 1876/77 wird die „Nesselcommission“ gegründet, die in Rummelsburg bei Berlin erste kleine Anbauversuche durchführt.[69] Aber erst als mit dem Ausbruch des Ersten Weltkrieges eine zunehmende Faserknappheit entsteht, steigt auch das Interesse an der Brennnessel. Im Jahre 1917 wird in Berlin die Nessel-Anbau-Gesellschaft gegründet, die auf 300 Hektar Nesseln anbaut und die Bürger in öffentlichen Aufrufen zum

[62] Vgl. Sagunski/Lichtner/Hembd 1996, S. 43.
[63] Vgl. Böckers 1995, S. 318.
[64] Vgl. Bröckers 1995, S. 325f.
[65] Vgl. Bröckers 1995, S. 324f.
[66] Vgl. Rosenkranz/Schmidt 1999, S. 29.
[67] Vgl. Robinson 1996, S. 14.
[68] Vgl. Sabersky 1995, S. 74.
[69] Vgl. Waskow 1995, S. 149.

Sammeln der Brennnesseln auffordert. Letztendlich verläuft dieser Aufruf erfolglos, vor allem, weil keine Textilfabriken für die industrielle Weiterverarbeitung existent sind.[70] In den Jahren 1921 bis 1945 versuchen sich diverse Wissenschaftler an einer systematischen Auslese aus 170 Wildnesseln und an Neuzüchtungen. Es gelingt ihnen, auf einer Anbaufläche von 200 Hektar 100 Tonnen reine Fasern zu gewinnen und zu Textilien zu verarbeiten. Trotzdem interessiert sich kaum einer für die Brennnesseln, billige Baumwolle aus dem Ausland bestimmt den Markt. Ähnlich wie beim Hanf flammt das Interesse für die Brennnessel als Faserlieferant ab dem Jahre 1993 wieder auf. Es werden neue Untersuchungen an 30 verschiedenen Fasernessel-Sorten, die noch aus den Untersuchungszeiten der Vorkriegsjahre übrig sind, vorgenommen.[71] Seit 1997 werden von der Deutschen Bundesstiftung Umwelt mehrere Nesselprojekte gefördert[72].

Um die ökologische Bedeutsamkeit der Brennnessel zu verdeutlichen, folgen nun einige allgemein-botanische Angaben.

Auch die Brennnessel wächst, ähnlich wie der Hanf, verbreitet in Europa, Nordafrika und dem klimatisch gemäßigten Asien[73]. Besonders gut gedeiht die Brennnessel auf mineralischen und organisch geprägten Böden, die mäßig feucht und humusreich geprägt sind. Die Vermehrung der Nesseln erfolgt über Stecklinge, die aus dem Stängel gewonnen werden und nach einer Bewurzelungsphase (ca. 16 bis 24 Tage) kann der Steckling ausgepflanzt werden.[74] Aufgrund ihres dichten Blattwerks und ihres raschen Wachstums in den Monaten Mai bis August benötigen die Pflanzen eine ausreichende Wasserversorgung. Gegenüber Licht- und Temperaturverhältnissen zeichnen sich die Brennnesseln jedoch durch eine hohe Anpassungsfähigkeit aus, was sie gerade auch für einen Anbau in Europa attraktiv macht. Unter ökologischen und ökonomischen Gesichtspunkten bietet der Brennnesselanbau einen besonderen Anreiz, denn die Pflanzen sind robust und widerstandsfähig[75] und machen keinen Einsatz von chemischen Pflanzenschutzmitteln, Fungiziden und Pestiziden notwendig. Die Brennnesseln sind gegenüber anderen Pflanzen sehr konkurrenzstark und es liegen keine Pilzerkrankungen vor, wie frühere Anbauerfahrungen zeigen.[76] Ein weiterer positiver Aspekt besteht in der Entlastung der überdüngten Böden durch einen Brennnesselanbau, denn die Nesseln können im Spross- und Wurzelbereich viele Nährstoffe (z. B. Nitrat und Phosphat) binden. Ein extensiver Anbau und eine langjährige Nutzung (10 bis 15 Jahre) erweisen sich als positiv gegen

[70] Vgl. Rusch 2003, S. 33 und Waskow 1995, S. 150 f.
[71] Vgl. Waskow 1995, S. 151 f.
[72] Vgl. Rusch 2003, S. 34.
[73] Vgl. Waskow 1995, S. 145.
[74] Vgl. Waskow 1995, S. 157.
[75] Vgl. Kranz 2003, S. 35.
[76] Vgl. Waskow 1995, S. 158.

Bodenerosionen, denn eine geschlossene Decke an Brennnesseln „hält“ den Boden fest und schützt.[77]

Problematisch stellt sich momentan das Auslösen dieser Pflanzenfasern dar, wofür noch kein befriedigendes Verfahren vorhanden ist[78].

Nach dem Aufschluss liefern die Brennnesseln ein Fasermaterial, das aussieht wie Baumwolle und ungebleicht eine hell-graubraune bis reinweiße Färbung hat.[79] Die hochwertigen, langfaserigen, feinen und festen Fasern eignen sich perfekt, um hochwertige, langlebige und strapazierfähige Stoffe zu produzieren. Da die Brennnesseln noch reißfestere Stoffe als andere Pflanzenfasern liefern[80], wäre auch eine Herstellung von Jeansstoffen aus dieser Faser denkbar. Ebenfalls für eine Brennnessel-Jeans spricht, dass im Zweiten Weltkrieg auch Armee-Kleidung, bei der die Strapazierfähigkeit im Vordergrund steht, aus Brennnesseln gefertigt wird. Nach Aussagen des momentan weltweit einzigen Textilherstellers aus Brennnesseln, Heinrich Kranz, hat ein solcher Stoff noch einen entscheidenden Vorteil: Wenn er aufgeraut wird, verfügt er über ein großes Wärmehaltungsvermögen[81 82].

Letztendlich können und sollen Brennnessel-Jeans die klassische Baumwolljeans nicht ersetzen, vor allem weil diesbezüglich nach mehr als einem Produzenten gefordert werden muss, um Brennnessel-Jeans überhaupt auf dem Weltmarkt etablieren zu können. Sicherlich bieten Brennnessel-Jeans aber eine interessante alternative Möglichkeit, die über die nächsten Jahre weiter beobachtet werden sollte.

2.3 Torf

Vordergründig scheint der Gedanke, Jeans aus Torf[83] zu machen, völlig abwegig. Jedoch sollte man bei Torftextilien nicht unbedingt an muffig und modrig riechendes Zeug denken, zumal Torfstoffe sich optisch nicht von Wollstoffen unterscheiden. Torffasern lassen sich (bis jetzt!) noch nicht alleine verarbeiten, sie werden immer in Mischung mit Wolle, Leinen und Baumwolle gewebt. Die Farbpalette reicht von beige bis dunkelbraun[84], was der klassischen Jeansfarbe „Blau“ widerspricht und einen Färbevorgang notwendig machen würde.

Verwendet wird allerdings kein Torf aus der Gärtnerei. Als Grundlage dienen sogenannte Wollgräser, die bei der industriellen Torfgewinnung ausgesiebt werden,

77 Vgl. Waskow 1995, S. 148.
78 Vgl. Sabersky 1995, S. 74.
79 Vgl. Waskow 1995, S. 161.
80 Vgl. Kranz 2003, S. 35 und Sabersky 1995, S. 74.
81 Vgl. Hofer 1997, S. 1000.
82 Vgl. Kranz 2003, S. 35.
83 Torf ist ein Vermoderungsprodukt von Sumpfpflanzen wie zum Beispiel Heidekraut oder Moos.
84 Vgl. Sabersky 1995, S. 74

da sie in den Häckselmaschinen stören würden. Solche Gräser sind ungefähr 15 cm lang und werden nach Angaben der Firma 'Kulta Turve Oy'[85] ohne Zusatz von Chemikalien versponnen und zu umweltfreundlichen Textilien verarbeitet.[86]

Obwohl dieses Verfahren auf den ersten Blick gut ausschaut, zumal die verarbeiteten Gräser anderweitig nicht genutzt werden, sollte man nicht vergessen, dass die finnischen Moor momentan zwar nicht gefährdet sind, aber bei einem entsprechenden „Run" auf Torftextilien können diesbezüglich schnell Probleme aufkommen.

Da die Fasern aus dem Moor über ein gutes Wärmehaltungsvermögen verfügen, scheinen sie allerdings – zumindest unter gesundheitlichen Aspekten – passabel, was sie dann aber eher zu einer „Gesundheitsjeans" denn zu einer modischen Jeans macht.

Bezüglich einer Jeans-Produktion liegen bislang noch keine Untersuchungen vor. Die bisherigen Ergebnisse im Untersuchungsfeld Textilproduktion lassen noch viele Fragen offen und begründen ausreichend Raum für längerfristige und tiefergehende Forschungen im Bereich einer Nutzbarkeit für die Jeansproduktion.

Letztendlich weisen alle dargestellten Möglichkeiten, sei es bei den Alternativen zum konventionellen Baumwollanbau oder sei es bei den alternativen Rohstoffen zur Baumwolle, wie Hanf, Brennnessel und Torf, bestimmte Vorzüge wie auch Nachteile oder Ungewissheiten für eine Jeansproduktion auf. In welchem Umfang die einzelnen Jeans-Käufer Bereitschaft zeigen, alternative Angebote zu nutzen, muss die Zukunft zeigen.

Vergessen sollte man jedoch nicht, dass wir alle in einer gemeinsamen (Um-) Welt leben, die es, trotz aller modischer „Musts", für die zukünftigen Generationen zu bewahren gilt.

3. Literatur

Baier, Alexandra: Von Katzen und Tauben: Zulassung von Bt-Cotton in Indien. In: Pestizid-Brief 15 (2002), Heft Juli/August, S. 6–7.

Bröckers, Mathias (Hrsg.): Die Wiederentdeckung der Nutzpflanze Hanf. Frankfurt am Main 1995[34].

Caldas, Tadeu: Die Notwendigkeit einer ökologischen Baumwollproduktion. Das Maikaal-Projekt in Zentralindien – ein biodynamisches Baumwollsystem. In: Arbeitskreis Naturtextil (Hrsg.): Ökologie und Bekleidung 2. Frankfurt am Main 1993, S. 64–75.

Gleich, Michael F.: Baumwolle. Biodynamisch zum weißen Gold. In. Natur, 1995, Heft 3, S. 32–38.

[85] Zu beziehen bei: Nordlicht Handelsagentur, Jaana Goman, 09129 Karjalohja, Finnland.

[86] Vgl. Sabersky 1995, S. 74 u. 79.

Grundmeier, Annemarie: Das weiße Gold – eine kurze Einführung in die Modegeschichte der Baumwolle. In: ...textil... 1/2002, S. 26–35.

HanfHaus GmbH (Hrsg.): HanfHaus. Der Katalog Nr. 7, 1996, S. 2–13.

HanfHaus GmbH (Hrsg.): HanfHaus. Der Katalog Nr. 12, 2003, S. 3–12.

Hofer, Alfons: Textil- und Modelexikon. Bd. I: A – K. Frankfurt am Main 1997[7].

Hofer; Alfons: Textil- und Modelexikon. Bd. II: L – Z. Frankfurt am Main 1997[7].

Holdermann, Karin: Jeans unter ökologischem Aspekt – didaktische Bausteine für den Unterricht in der Realschule. Mschr. Wiss. Hausarbeit. Heidelberg 1998.

http://www.remei.ch

http://www.virus-bs.ch

http://www.geographiedidaktik.de

http://www.sekemreisen.de

http://www.pan-germany.org

Kranz, Heinrich: Sie sind: Die „heißesten Hemden“ der Welt. Es geht: Hemden aus Brennnesseln. In: In: Textil. Wissenschaft, Forschung, Unterricht 74 (2003), Heft 1, S. 35.

Maute-Daul, Gabriele: Mode und Chemie. Fasern, Farben, Stoffe. Berlin Heidelberg New York 1995.

Pestizid Aktions-Netzwerk e.V. (PAN Germany) (Hrsg.): Bio-Baumwoll-Wegweiser. Hamburg 2003.

Robinson, Rowan: Hanf-Droge, Heilmittel, Mode, Faser. Köln 1996.

Rosenkranz, Bernhard/Castello, Edda: Leitfaden für gesunde Textilien. Kritische Warenkunde und Rechtsratgeber. Reinbek bei Hamburg 1989.

Rosenkranz, Bernhard/Schmidt, Eva: In Hülle & Fülle. Kleidung: Ökologie, Ökonomie und Gesundheit. Berlin 1999.

Rusch, Waltraud: „Sammelt Brennesseln! – Bester Ersatz für Baumwolle“. In: Textil. Wissenschaft, Forschung, Unterricht 74 (2003), Heft 1, S. 33–34.

Sabersky, Annette: Naturfasern. Brennesseln und Baumrinde. In: Öko Test Magazin, 1995, Heft 9, S. 74–79.

Sagunski, Horst/Lichtner, Eva-Susanne/Hembd, Corinna: Hanf – das Praxisbuch. München 1996.

Stoffkontor Kranz Aktiengesellschaft: Der Stoff aus dem die Zukunft ist: Stoffe aus Brennnesseln. Lüchow o. J.

Thalmann, Philipp: Erwartungen in gentechnisch veränderte Baumwolle nicht erfüllt. In. Pestizid- Brief (13) 2000, Heft November/Dezember, S. 4–5.

Waskow, Frank: Hanf & Co: die Renaissance der heimischen Faserpflanzen. Göttingen 1995.

Ziegler, Juwitha: Chemie in der Kleidung. Worauf die Verbraucher achten müssen. Frankfurt am Main 1995.

5.

Blue Jeans – das Wunder in Indigoblau

Kira Ochs

Indigolabor der BASF um 1900
Foto: BASF Unternehmensarchiv, Ludwigshafen/Rhein

Jeanshosen und weitere Jeansbekleidung werden in vielen Geschäften in einer breiten Farbpalette angeboten, allerdings wird mit dem Jeansstoff (Denim) meist nur eine Farbe, nämlich Blau, assoziiert.

Im Jugendmagazin Bravo Girl vom Herbst 2003 werden unter der Überschrift „Jeansmix“ beispielsweise verschiedene Kleidungsstückkombinationen aus Denim vorgestellt. Obwohl nicht ausdrücklich darauf hingewiesen, dass bei diesem „Jeansmix“ ausschließlich blaue Jeansbekleidung präsentiert wird, bestehen alle Kombinationen aus blauem und nicht auch aus rotem, gelbem oder grünem Denim[1], wobei es sich hier nicht um eine „modische Eintagsfliege“ handelt, denn die Liste ließe sich mühelos fortführen[2].

Denim und Blau gehören offensichtlich zusammen und deshalb erhält die blaue Jeanshose die Zusatzbezeichnung „Blue“. Im Folgenden wird der Frage nachgegangen, warum Jeanshosen meist in Verbindung mit der blauen Farbe stehen.

1. Der blaue Farbstoff

1.1 Warum Jeansstoff blau ist

Der gebürtige Bayer Levi Strauss (1829–1902)[3], der in Amerika um 1853 die Jeanshose erfindet[4], lässt seine strapazierfähigen Hosen zunächst aus Segeltuch herstellen. Etwas später entscheidet er sich jedoch dazu, einen noch haltbareren Baumwollstoff in Köperbindung (Serge) für die Herstellung seiner Hosen zu verwenden. Er bezieht den Stoff aus der schon im 15. Jahrhundert von Ludwig XI. gegründeten Baumwollmanufaktur in Nîmes. Der Stoff, den Levi Strauss für seine Hosenproduktion aus Frankreich nach Amerika importiert, wird nach seinem Herstellungsort „Serge de Nîmes“, umgangssprachlich Denim, benannt.[5]

Hinsichtlich der Farbwahl des Denims ist Levi Strauss sehr eingeschränkt, da ihm dieser Stoff fast ausschließlich indigoblau eingefärbt angeboten wird. Dass der importierte, indigoblau eingefärbte Denim dann auch noch unterschiedliche Blautöne aufweist, gefällt ihm nicht, und deshalb beschließt er, den Stoff in Amerika unter eigener Kontrolle mit Indigo einheitlich blau färben zu lassen.[6]

---

1 Vgl. Bravo Girl 2003, S. 18–21.

2 Vgl. dazu unter anderem Bravo Girl 2002, S. 20–25; Mädchen 2002, S. 72–73; Maxi 2002, S. 80–86; woman 2004, S. 42–50.

3 Vgl. Loschek 1999, S. 271.

4 Vgl. Wisniewski 1999, S. 134 und Kästner, Entstehungsgeschichte, in diesem Band.

5 Vgl. Loschek 1999, S. 272.

6 Vgl. Dupuy 1990, S. 8 und Kästner, Entstehungsgeschichte, in diesem Band.

1.2 Der Naturfarbstoff Indigo

Vermutlich erhält Levi Strauss Denim meist indigoblau eingefärbt, da sich mit Indigo eine sehr beständige, wasch- und lichtechte Färbung erzielen lässt[7].

Indigo gehört mit zu den ältesten und bekanntesten Naturfarbstoffen. Er kann aus zwei verschiedenen Pflanzenarten gewonnen werden, zum einen aus dem im gemäßigten Klima vorkommenden Färberwaid (aus der Familie der Kreuzblütler) und zum anderen aus dem asiatischen und somit tropischen Indigostrauch (aus der Familie der Schmetterlingsblütler).[8]

Es scheint verwunderlich, dass der Farbstoff, der aus beiden Pflanzen hergestellt wird, den Namen Indigo trägt, da diese Namensgebung keine Unterscheidungsmöglichkeit zwischen den beiden Pflanzenarten erlaubt. Man kann folglich nicht vom Farbstoffnamen auf die Pflanze, aus der dieser gewonnen worden ist, schließen.

Die beiden Pflanzen unterscheiden sich zwar nicht hinsichtlich ihrer Namensgebung, jedoch unter anderem in Bezug auf ihre Farbqualität. In beiden Pflanzenarten liegt Indigo nur in einer farblosen Vorstufe, dem Indican, vor[9].

Der Färberwaid enthält in seinen Pflanzenstämmen wesentlich weniger Indican als der tropische Indigostrauch und ergibt aufgrund von Verunreinigungen durch Begleitfarbstoffe im Gegensatz zum asiatischen Indigo nur einen trüben Blauton[10].

Hinsichtlich seiner Farbintensität ist der Indigo des Indigostrauches dreißig mal intensiver und zudem ergiebiger als der Färberwaid[11].

Beim Vergleich der beiden Indigo liefernden Pflanzen ist der Färberwaid somit dem Indigostrauch in der Konkurrenz unterlegen[12].

1.3 Die Gewinnung des Indigos

In der Literatur werden unterschiedliche Verfahren genannt, um aus dem Färberwaid bzw. dem Indigostrauch blauen Farbstoff zu gewinnen. Gemeinsam ist all diesen Verfahren, dass ihnen Gärungs- und Fäulnisprozesse zugrunde liegen[13]. Diese Prozesse werden nachstehend am Beispiel des Färberwaids dargestellt.

---

7 Vgl. Zepernick/Karlsson-Strese 1985, S. 20.
8 Vgl. Faltheiner/Figala 1985, S. 2.
9 Vgl. Amann/Eisner/Gietz/Maier/Schierle/Stein 2000, S. 258.
10 Vgl. Seefelder 1994, S. 15.
11 Vgl. Hartung 1993, S. 177.
12 Vgl. Hartung 1993, S. 177.
13 Vgl. Hartung 1993, S. 177.

Um aus Färberwaid Indigo zu erhalten, müssen die Waidbauern im Mittelalter die geernteten Blätter dieser Pflanze zuerst mit Hilfe einer Waidmühle zermahlen und im Anschluss daran in Wasser einweichen[14].

Die zerkleinerten Pflanzenteile des Färberwaids werden im Wasser stehengelassen, weil so das Indican[15] in Glucose und Indoxyl gespalten werden kann. (Indoxyl wird durch Luftsauerstoff zu Indigo oxidiert.)[16]

Unter mehrmaligem Wenden gärt diese Masse zwei Wochen[17]. Da sich die Gärung in großen Gefäßen, den Küpen, vollzieht[18], nennt man die dabei entstandene Masse Gärungsküpe[19]. Allgemein bezeichnet man mit dem Begriff „Küpe" Produkte, die in den Kübeln hergestellt werden[20].

Nachdem die zwei Wochen vergangen sind, wird die vergorene Masse zu Waidkugeln geformt[21].

Ist der Vorgang beendet, werden die Waidkugeln an Waidhändler abgegeben, denn die Weiterverarbeitung der Kugeln darf nur von diesen durchgeführt werden. Die Waidhändler zerkleinern die Waidkugeln und feuchten sie mit Wasser und Urin an, so dass sich eine weitere Gärung vollzieht.[22]

Das Endprodukt der nochmaligen Gärung wird anschließend in Fässern über weite Strecken zu den Verbrauchern transportiert. Haupthandelsplätze für den europäischen Indigo in Deutschland sind vor allem Frankfurt, Nürnberg, Köln und Speyer.[23]

Sehr wahrscheinlich kaufen aber nicht alle Färber die fertige Küpe, sondern stellen diese zum großen Teil selbst her, um deren Qualität zu sichern.

Während der aus Färberwaid gewonnene Indigo vermutlich in flüssiger Konsistenz verkauft wird, wird asiatischer Indigo in fester Form oder als Pulver nach Europa importiert. Deshalb sind einige Europäer anfänglich der Meinung, dass es sich beim asiatischen Farbstoff um ein mineralisches Färbemittel handelt.[24] Diese Vorstellung veranlasst sogar manche europäische Bergwerksunternehmer nach Indigo zu schürfen[25].

---

[14] Vgl. www.seilnacht.com (15.07.2004).
[15] Unter Indican versteht man den Indigo bildenden Stoff in der Pflanze (vgl. Brockhaus 1990, S. 263).
[16] Vgl. Brockhaus 1990, S. 263.
[17] Vgl. www.dutly.ch (16.07.2004).
[18] Vgl. Brockhaus 1998, S. 506.
[19] Vgl. Brockhaus 1990, S. 263.
[20] Vgl. Faltheiner/Figala 1985, S. 2.
[21] Vgl. www.dutly.ch (16.07.2004).
[22] Vgl. www.dutly.ch (16.07.2004).
[23] Vgl. www.dutly.ch (16.07.2004).
[24] Vgl. Hartung 1993, S. 177.
[25] Vgl. Ploss 1967, S. 61.

1.4 Das Färben mit Indigo

Im Gegensatz zur Gewinnung des Farbstoffs und zum Ansetzen der Küpe unterscheiden sich die anschließenden Färbeverfahren von europäischem und asiatischem Indigo wohl nicht voneinander.

Um Textilien indigoblau färben zu können, muss zuerst die Küpe hergestellt werden. Diese soll anschließend drei Tage ruhen[26] bis sie zum Färben von Garn oder Gewebe geeignet ist. Danach kann das Färbegut in der Flüssigkeit behandelt werden.[27] Dabei werden die einzufärbenden textilen Materialien in die Küpe getaucht und anschließend an der Luft ausgehängt, so dass der Küpenfarbstoff oxidieren kann. Dieser Vorgang wird so oft wiederholt bis sich der erwünschte Blauton einstellt.[28]

Beim Einfärben von Wolle gilt im übrigen, dass diese so lange in der Küpe verbleibt wie an der Luft. Meist verweilt sie zwei Tage in der Küpe.[29]

1.5 „Blaue“ Ausdrücke

Noch heute verwenden wir in unserem Sprachgebrauch Redewendungen, die vermutlich auf das Färbeverfahren mit Indigo zurückgehen. Ein Grund dafür dürfte wohl sein, dass das Färben mit Indigo in bestimmten Gebieten Deutschlands (besonders in Thüringen[30]) so verbreitet war, dass Fachausdrücke in den alltäglichen Sprachgebrauch übergegangen sind und diese im Laufe der Jahre auch von anderen Regionen Deutschlands übernommen wurden.

Die Ausdrücke *blau sein*, *blauer Montag*, *blaumachen*, *blaues Wunder* und ebenso *grün und blau ärgern* stammen wahrscheinlich aus der Indigofärberei.

Bekanntlich wird die Küpe durch Aufschwemmen der Pflanzenfasern in Urin gewonnen. Die Färber konsumieren während des Ansetzens der Küpe Alkohol, da sie annehmen, dass der Urin alkoholisierter Männer besonders hilfreich für die Aufschwemmung und somit für die Farberzeugung sei.[31] Wenn dann nach beendeter Arbeit einige Färber mit bläulichen Armen und Gesichtern grölend durch die Gassen ziehen, sagen die Bürger über diese, dass sie mal wieder *blau seien*[32].

Mit dem *blauen Montag* verbindet man einen arbeitsfreien Montag. Diese Redewendung ist dem Sprachgebrauch der Wollfärber entsprungen. Die Gesellen, die mit der Blaufärbung durch Färberwaid betraut sind, haben die Möglichkeit, den Montag arbeitsfrei zu genießen, weil die mit Färberwaid eingefärbte Wolle am

26 Vgl. www.seilnacht.com (15.07.2004).
27 Vgl. Faltheiner/Figala 1985, S. 5.
28 Vgl. Ploss 1967, S. 59.
29 Vgl. Ploss 1967, S. 59.
30 Vgl. www.dutly.ch (16.07.2004).
31 Vgl. www.chemieplanet.de (15.07.2004).
32 Vgl. www.hemdenhaus.de (18.07.2004).

Wochenende im Färbebad verbleibt und den gesamten Montag an der Luft trocknen muss, damit sich die Blaufärbung ergeben kann. Folglich haben die Gesellen montags nichts weiter zu tun als die eingefärbte Wolle aufzuhängen und auf das blaue Endergebnis zu warten. Sie haben dementsprechend einen blauen Färbertag, an dem sie nicht zu arbeiten brauchen.[33] Sie *machen* also *blau.*

Interessanterweise wird in der Rechtschreibung zwischen „blau machen“ und „blaumachen“ unterschieden. Färbt jemand etwas blau, so handelt es sich um „blau machen“. Unter „blaumachen“ versteht man aber umgangssprachlich, dass jemand nicht zur Schule oder zur Arbeit geht.[34]

Ist der Vorgang der Oxidation der mit Indigo eingefärbten Textilien abgeschlossen, so können die Färber ihr *blaues Wunder* erleben. Sie können nämlich nun ihr Arbeitsergebnis begutachten. Die eingefärbte Wolle ist an der Luft wie durch ein Wunder blau geworden.

Ist das Ergebnis der Indigofärbung nicht geglückt, da eventuell grüne Stellen auf den eingefärbten Textilien zurückgeblieben sind, *ärgern* sich die Färber *grün und blau*, weil ihre Arbeitsanstrengungen vergebens waren. Die grünen Stellen entstehen vermutlich aufgrund von Verunreinigungen der Küpe durch Begleitfarbstoffe.

1.6 Die Geschichte des Indigos – vom Natürlichen zum Künstlichen

Der Ursprung der Indigofärberei ist wahrscheinlich auf dem indischen Subkontinent zu finden. Einen Hinweis darauf gibt die Bezeichnung des Farbstoffs, nämlich Indigo. Denn dieser stammt von den Griechen, die ihn „das Indische“ nannten, aus dem sich der Name Indigo ergab.[35]

Bevor Deutschland asiatischen Indigo importiert, ist Färberwaid eine wirtschaftlich sehr bedeutsame Färbepflanze, denn viele Landstriche leben von deren Anbau[36].

Besonders Thüringen ist vom 13. bis 16. Jahrhundert für seine gute Färberwaidqualität bekannt[37]. Die wichtigsten fünf thüringischen Handelsstädte für europäisches Indigo sind Erfurt, Gotha, Langensalza, Tennestedt und Arnstadt. Diese werden deshalb auch Waidstädte genannt.[38]

Der Bedarf an blauem Farbstoff für die Textilverarbeitung steigt in diesen Regionen im Spätmittelalter rapide an. Da die Waidbauern damals das blaue Farbstoff-

[33] Vgl. Krüger-Lorenzen 1960, S. 37.
[34] Vgl. Duden 1996, S. 170.
[35] Vgl. Faltheiner/Figala 1985, S. 3.
[36] Vgl. Hartung 1993, S. 176.
[37] Vgl. www.thueringen.de (14.12.2003).
[38] Vgl. Hartung 1993, S. 177.

monopol besitzen[39], diktieren sie die Preise für europäischen Indigo und können sich so einen beträchtlichen Reichtum erwirtschaften[40].

Die Auseinandersetzung mit dem „Konkurrenten“ Indigostrauch beginnt um 1500[41] und beendet die reichen Jahre der deutschen Waidbauern[42].

Im Jahr 1498 entdeckt Vasco da Gama, ein portugiesischer Seefahrer[43], einen Seeweg nach Indien. Dadurch wird der Import von asiatischem Indigo nach Europa ermöglicht.[44]

1577 erlässt die freie Reichsstadt[45] Frankfurt am Main das erste Verbot, asiatischen Indigo einzuführen[46]. Unter Strafe stehen von da an nicht nur das Färben mit diesem, sondern auch das Anbieten der mit asiatischem Indigo eingefärbten Stoffe[47].

Vermutlich wird dieses Verbot ausgesprochen, um damit die Gewinneinbußen der deutschen Waidbauern zu minimieren. Denn durch die Einführung des asiatischen Indigos droht der Verlust des Farbstoffmonopols und somit auch von Gewinneinnahmen.

Auf Veranlassung des deutschen Kaisers Ferdinand III.[48] ist der Handel mit dem importierten blauen Farbstoff ab 1654 im gesamten Heiligen Römischen Reich deutscher Nation[49] verboten. Der asiatische Indigo wird zudem vom deutschen Kaiser zur Teufelsfarbe deklariert.[50]

Für diese Verteufelung gibt es mehrere Veranlassungen. Der asiatische Indigo sorgt zum einen für Einnahmeverluste der Waidbauern[51] und zum anderen führt das Färben mit diesem, im Gegensatz zum europäischen Indigo, zu gesundheitlichen Schäden, da die Küpe zum Einfärben von textilem Material eine bestimmte chemische Verbindung haben muss, die sich allerdings nur mit Hilfe ätzender Chemikalien erhalten lässt[52].

Die Gottesgläubigkeit ist wahrscheinlich ein weiterer Grund dafür, warum der Kaiser den asiatischen Indigo mit Absicht Teufelsfarbe nennt. Da die gläubige Bevölkerung nicht mit dem Teufel in Berührung kommen möchte, verzichtet sie,

---

[39] Vgl. Ploss 1967, S. 59.
[40] Vgl. Faltheiner/Figala 1985, 3.
[41] Vgl. Ploss 1967, S. 59.
[42] Vgl. Faltheiner/Figala 1985, S. 3.
[43] Vgl. Brockhaus 1998, S. 312.
[44] Vgl. Faltheiner/Figala 1985, S. 3.
[45] Vgl. www.frankfurt.de (16.07.2004).
[46] Vgl. Ploss 1967, S. 60.
[47] Vgl. www. dutly.ch (16.07.2004).
[48] Vgl. Kinder/Hilgemann 1991, S. 264.
[49] Vgl. Ploetz 1969, S. 116.
[50] Vgl. Ploss 1967, S. 60.
[51] Vgl. www.mittgard.de (18.07.2004).
[52] Vgl. www.dutly.ch (16.07.2004).

so vermutlich die Intension des Kaisers, auf den Erwerb von asiatischem Indigo und auch auf Textilien, die mit diesem eingefärbt worden sind.

Die Färber lassen sich jedoch von dem Verbot nicht einschüchtern und experimentieren weiter mit asiatischem Indigo. Häufig setzen sie eine Küpe an, die zu einem großen Teil aus asiatischem und nur zu einem kleinen Teil aus europäischem Indigo besteht.[53]

Der Ausbruch des 30jährigen Krieges im Jahre 1618 in Europa (besonders auf deutschsprachigem Gebiet) macht es schließlich notwendig, zur Indigoherstellung auch asiatischen Indigo zu benutzen, da viele Waidäcker nicht mehr richtig bestellt werden können oder diese zur Gewinnung von Nahrungsmitteln genutzt werden müssen[54].

Im Jahr 1699 wird das Indigoverbot eingeschränkt aufgehoben[55], unter anderem wohl weil das Verbot bis dahin sowieso von Färbern umgangen worden ist und folglich nicht dem Schutz des Waidanbaus gedient hat. Ein anderer Grund dafür ist eventuell auch, dass Indigo zwar in großen Mengen gebraucht, aber nur in kleinen Mengen in Deutschland angebaut werden kann.

Schließlich wird 1737 der asiatische Indigo zum Färben frei gegeben und damit gleichzeitig der Untergang des europäischen Färberwaids besiegelt[56].

Da in Deutschland ein ständig ansteigender Bedarf an blauem Farbstoff vorhanden ist, suchen Wissenschaftler nach einem Weg, Indigo künstlich herzustellen. Dieser künstlich herzustellende Indigo soll aber möglichst billig sein. Außerdem soll sein Ausgangsmaterial in großen Mengen zur Verfügung stehen.[57] Dem Wunsch, Indigo synthetisch aus einem preisgünstigen und in großen Mengen vorhandenem Ausgangsmaterial herstellen zu können, kann allerdings erst nach 17 Jahren angestrengter Experimentierzeit entsprochen werden[58].

Nach langer mühevoller Forschung gelingt dem deutschen Chemiker Professor Adolf von Baeyer 1870 die erste Synthese von „Indigblau“. Acht Jahre später ist es ihm dann auch möglich, auf die Formel und Struktur von Indigo zu schließen.[59] Im Jahr 1880 lässt Baeyer seine erste Indigosynthese patentieren[60].

BASF[61] und Hoechst[62] erwerben gemeinsam dieses Patent. In den Firmenlabors der beiden konkurrierenden Firmen lässt sich zwar künstlicher Indigo nach dem

[53] Vgl. www.dutly.ch (16.07.2004).
[54] Vgl. www.dutly.ch (16.07.2004).
[55] Vgl. Ploss 1967, S. 60.
[56] Vgl. Ploss 1967, S. 60.
[57] Vgl. Faltheiner/Figala 1985, S. 5.
[58] Vgl. www.basf.de (25.11.2003).
[59] Vgl. Fatheiner/Figala 1985, S. 12.
[60] Vgl. Hauenschild 1993, S. 115.
[61] BASF ist die Verkürzung für **B**adische **A**nilin- & **S**oda-**F**abrik (vgl. 25.11.2003). Die BASF ist ein Unternehmen der chemischen Industrie (Vgl. Brockhaus 1998, S. 386).
[62] Unternehmen der chemischen Industrie (Vgl. Brockhaus 1998, S. 386).

Patentrezept herstellen, jedoch ist dessen Gewinnung nicht rentabel, da die Ausgangsstoffe für die Indigosynthese sehr teuer sind.[63] Aus Hilflosigkeit beschließen BASF und Hoechst noch im gleichen Jahr gemeinsam ein Herstellungsverfahren zu entwickeln, das die Gewinnung eines preisgünstigen, künstlichen, blauen Farbstoffs ermöglichen könnte[64].

Die Chemiker beider Firmen forschen zehn Jahre lang erfolglos an ihrem Vorhaben, bis sie erfahren, dass ein Schweizer Chemiker, Professor Karl Heumann, zwei neue Indigosynthesen entwickelt hat, wobei eine davon rasch als unwirtschaftlich abgetan wird[65]. Die zweite Möglichkeit, Indigo künstlich herzustellen, erweist sich wenig später auch als schlechte Alternative, da bei dieser im ersten Produktionsschritt teure Salpetersäure verwendet werden muss[66].

Allerdings wird diese Indigosynthese von beiden Firmen (BASF und Hoechst) als Ausgangsbasis zur Weiterentwicklung des blauen Farbstoffs genommen. Ein zerbrochenes Thermometer verhilft den Chemikern der BASF 1891 zum entscheidenden Durchbruch[67], da sich Quecksilber als idealer Katalysator für die Indigosynthese entpuppt.[68]

Ab 1897 verkauft BASF endlich den künstlich hergestellten Indigo. Naturindigo kostet zu dieser Zeit zwischen neun und zehn Euro pro Kilo, der chemische Indigo liegt allerdings bei acht Euro pro Kilo und ist somit billiger.[69]

Durch die Entwicklung des chemischen Farbstoffs können nun auch die asiatischen Plantagenbesitzer ihre bisherige Monopolstellung nicht weiter aufrecht erhalten und sind folglich wenig erfreut über die harte Konkurrenz aus dem Chemielabor[70].

Um 1900 importiert Deutschland kein Indigo mehr, da es selbst zum Exportland für diesen Farbstoff wird. Es gelingt Deutschland 1913 mehr als 33 000 Tonnen des chemischen Indigos auszuführen.[71]

Das Färben mit Naturindigo scheint seitdem nicht mehr attraktiv, denn die „alte“ Färbemethode gerät von da an immer mehr in den Hintergrund[72]. Deshalb beherrschen heute nur noch wenige die Handwerkskunst, mit Indigo zu färben[73].

---

[63] Vgl. Hauenschild 1993, S. 116.
[64] Vgl. Hauenschild 1993, S. 118.
[65] Vgl. Hauenschild 1993, S. 118.
[66] Vgl. Hauenschild 1993, S. 119.
[67] Vgl. Hauenschild 1993, S. 121.
[68] Vgl. Hauenschild 1993, S. 122.
[69] Vgl. Hartung 1993, S. 178.
[70] Vgl. Hartung 1993, S. 178.
[71] Vgl. Hartung 1993, S. 178.
[72] Vgl. Binger 1994, S. 92.
[73] Vgl. Binger 1994, S. 93.

2. Entstehung blauer Farbtöne durch unterschiedliche Waschverfahren des Denims

2.1 Das Färbeverfahren mit chemischem Indigo

Das Einfärben des Denims geschieht heute maschinell und ist nicht vergleichbar mit dem Färbeverfahren des natürlichen Indigos.

Eine Jeanshose erhält ihr typisch blaues Aussehen, das durch ganz feine, dünne, blaue und weiße Streifen gekennzeichnet ist, dadurch dass bei der Herstellung des Denims naturfarbene (weiße) Schussfäden mit indigoblau gefärbten Kettfäden zu einer Köperbindung verwebt werden[74].

Zum Einfärben werden die Kettfäden in flüssiges Indigo getaucht, zum Oxidieren werden sie dann herausgehoben und so oft erneut eingetaucht, bis sie die gewünschte Farbtiefe erreicht haben. Indigo durchdringt allerdings die Baumwollstränge des einzufärbenden Materials nicht, sondern umhüllt diese nur. Deshalb wird dieser Färbevorgang „Mantelfärbung" genannt.[75] Die Faser eines eingefärbten Baumwollstrangs sieht im Querschnitt folgendermaßen aus: Während der Kern der Faser unverändert seine weiße Ursprungsfarbe beibehält, legt sich die blaue Farbe wie ein Ring um die Faser.

Die Besonderheit der Mantelfärbung wird heutzutage für spezielle Designs genutzt. Mit Hilfe diverser Waschverfahren wird die Mantelfärbung abgescheuert und dadurch unterschiedliche Blautoneffekte erzielt. Würde Indigo beim Färben die Kettfäden durchdringen, könnte man an den abgescheuerten Stellen des Denims keine weißen Stellen entdecken und somit gäbe es auch nicht die Vielzahl von Varianten an Waschverfahren, die ermöglichen, die Jeanshose in unterschiedlichen Blautönen und Blauschattierungen herzustellen.

Nach Zuschnitt, Nähen und Bügeln erhält die Jeanshose im letzten Arbeitsschritt ihr typisches Aussehen[76].

Dieser letzte Arbeitsschritt wird auch Finish-Methode genannt. Vermutlich tragen die unterschiedlichen Finish-Methoden alle englische Bezeichnungen aufgrund des international ausgerichteten Marktes, was auf der einen Seite nicht automatisch bedeutet, dass diese Methoden in Amerika oder in England entwickelt worden sind.[77] Auf der anderen Seite gilt es eigentlich aber auch zu bedenken, dass marktführende Firmen (z. B. Levi's, Wrangler, Lee) im englischsprachigen Raum sitzen.

Der letzte Arbeitsschritt, der erfolgt, bevor die Jeanshosen in den Handel gelangen, besteht aus unterschiedlichen Waschverfahren, denen diese unterzogen werden.

[74] Vgl. www.textilgestaltung-schule.de/denim.htm (23.11.2003).
[75] Vgl. Mueller-Stindl 1998, S. 233.
[76] Vgl. Mueller-Stindl 1998, S. 234.
[77] Vgl. Mueller-Stindl 1998, S. 234.

Die Jeanshosen werden dazu in großen Waschmaschinen industriell, bis zu vier Stunden, gewaschen[78]. In diese werden abhängig vom jeweiligen Waschverfahren Steine und Enzyme gegeben. Allgemein gilt: je länger Jeanshosen gewaschen werden, desto heller werden sie.[79]

Von den unterschiedlichen Waschverfahren, die zu den blauen Farbdesigns der Jeanshosen führen, werden die Bekanntesten kurz vorgestellt[80].

Beim Rinsed-washed-Verfahren werden die Jeanshosen mit der linken Seite nach außen gewaschen. Die zwanzig minütige Prozedur sorgt dafür, dass die dunkle Originalfärbung der Jeanshose weitgehend erhalten bleibt.[81] Diese Methode wird von der Firma MUSTANG vor allem eingesetzt, um ein authentisches Aussehen der Jeanshose zu erzielen[82].

Für das Stone-washed-Verfahren ist charakteristisch, dass Jeanshosen mit großen Bimssteinen gewaschen (gestoned[83]) werden und sich dabei die Mantelfärbung an Nähten, Tascheneingriffen und Gürtelschlaufen abschabt[84]. Um diesen Effekt zu erzielen, muss die Waschmaschine pro Jeanshose mit 1kg Bimsstein beladen werden. Der Waschvorgang mit kaltem Wasser beträgt dann ungefähr eine Stunde. Danach werden die Jeanshosen gespült und weich gemacht. Mit Hilfe dieses Verfahrens behalten sie ihren tiefblauen Farbton bei und weisen den für Jeanshosen typischen Abrieb an den Nähten auf.[85]

Durch das Super-stone-washed-Verfahren erfährt das Stone-washed-Verfahren eine Steigerung, da pro Jeanshose nun ungefähr zwei Kilo Bimssteine zum Waschen verwendet werden. Der zusätzliche Einsatz von Enzymen verstärkt deren Wirkung. Die Behandlung der Jeanshosen beträgt drei Stunden bei einer Temperatur von 60 Grad. Der Wascheffekt sorgt dafür, dass die Jeanshosen einen mittleren Blauton erhalten und aussehen, als seien sie schon getragen worden.[86]

Nach dem Super-Stone-washed-Verfahren können die Jeanshosen zusätzlich noch mit Chlor gebleicht werden. Dieser Vorgang nennt sich Stone-bleached. Nach dem Bleichen wird das Chlor aus den Jeanshosen gewaschen. Durch das Stone-bleached-Verfahren erhalten die Jeanshosen eine sehr helle Blautönung.[87]

---

78 Vgl. Hofer 1983, S. 138.
79 Vgl. Mustang-Bekleidungswerke GmbH + Co o.J., S. 21.
80 Vgl. dazu Holdermann/Preissler, Ökologische Bedenklichkeit, in diesem Band.
81 Vgl. www.tschoff.info (17.07.2004).
82 Vgl. Mustang-Bekleidungswerke GmbH + Co o.J., S. 39.
83 Vgl. www.basf.de (23.11.2003).
84 Vgl. Mueller-Stindl 1998, S. 234.
85 Vgl. Mustang-Bekleidungswerke GmbH + Co o.J., S. 22.
86 Vgl. www.tschoff.info (17.07.2004).
87 Vgl. www.tschoff.info (17.07.2004).

Ein schon getragenes Aussehen (used Optik) der Jeanshosen wird durch das Sand-washed-Verfahren erreicht[88]. Bei diesem aufwendigen Verfahren wird die gestonte Hose von hinten und vorne mit Quarzsand gestrahlt[89] und anschließend mehrere Stunden mit Bimssteinen gewaschen[90]. Aus diesem Verfahren resultiert ein authentischer used Look vor allem, wenn die Hose an Oberschenkelvorderseiten und dem Gesäß punktuell behandelt worden ist[91].

3. Blaue Bekleidung in der Geschichte

Ein Rückblick in die europäische Kleidungsgeschichte lässt feststellen, dass nicht nur in der heutigen Zeit die blaue Kleiderfarbe beliebt ist, sondern auch schon einige Jahrhunderte zuvor, in denen es noch keine Jeanshosen gab.

3.1 Das Blau der Könige

Satte Farben gelten im Mittelalter als schön und stehen für die Vornehmheit der höfischen Gesellschaft[92].

Als Zeichen seines Standes trägt der Adel allgemein leuchtend tiefe Farbtöne. Blau zählt neben weiteren Farben zu den eleganten und vornehmen Kleiderfarben[93].

Bevor die französischen Könige im 13. Jahrhundert ihre Krönungsornate der Untergrundfarbe ihres Wappens (Gold auf blauem Hintergrund) anpassen und deshalb leuchtend blaue Krönungsornate tragen, kleiden sie sich, wie alle anderen Könige in Europa, mit Purpurmänteln, die zuvor in Europa als Zeichen der Königswürde gelten. In den folgenden Jahrhunderten wird Blau in Frankreich zur dominierenden Farbe der französischen Krönungsornate. Auch die bis dahin getragenen purpurnen Untergewänder werden bis zum 16. Jahrhundert durch blaue ersetzt.[94]

Verantwortlich für die damalige modische und kulturelle Führung Frankreichs in Europa, ist die zentrale und auf Exportüberschuss bedachte Wirtschaft des Landes[95].

Ebenfalls trägt der französische König Ludwig XIV. (1643–1715[96]) dazu bei, dass sein Land in diesem Jahrhundert zum richtungsweisenden Modevorbild für andere Staaten wird[97].

---

[88] Vgl. www.basf.de (23.11.2003).
[89] Vgl. www.basf.de (23.11.2003).
[90] Vgl. www.tschoff.info (17.07.2004).
[91] Vgl. www.basf.de (23.11.2003).
[92] Vgl. Müller 1983, S. 29.
[93] Vgl. Müller 1983, S. 29.
[94] Vgl. Müller 1983, S. 141.
[95] Vgl. Lehnert 1998, S. 58.
[96] Vgl. Lehnert 1998, S. 56.
[97] Vgl. Lehnert 1998, S. 59.

In der zweiten Hälfte des 17. Jahrhunderts entwickelt sich das Königsblau zum Zeichen barocker Machtentfaltung und zur Modefarbe am französischen Hof[98].

Allerdings bleiben Ludwig XIV. und seine Hofgesellschaft nicht die einzigen, die Kleidung in kräftigen Blautönen tragen, da auch die Fürsten der anderen europäischen Höfe sich nach dem französischen Vorbild kleiden[99].

Die Vorliebe für die leuchtend blaue Farbe hält in Frankreich bis in die erste Hälfte des 18. Jahrhunderts an. Allerdings wendet sich dann der höfische Geschmack hellen Pastelltönen zu, da Ludwig XV. diese Farbtöne im Gegensatz zu seinem Urgroßvater weit mehr schätzt. Hellblau ist neben anderen blassen Farbtönen als Kleiderfarbe bei der Rokokogesellschaft sehr beliebt.[100]

Bis zum Ende des 18. Jahrhunderts tragen alle französischen Könige einen blauen Krönungsornat[101].

3.2 Das Blau der Menschen niederer Stände

Hierzulande wird im 16. Jahrhundert die blaue Farbe von den Vertretern der höheren Stände[102] abgelehnt, da diese die unteren Stände kennzeichnet[103]. Blau gilt damals als unschön und gehört folglich nicht zu den Modefarben[104].

Die blaue Farbe bleibt auch im 17. Jahrhundert die kennzeichnende Farbe für Dienstboten, Handwerker, Waisenkinder und Almosenempfänger und wird deshalb nicht in die Mode der höheren Stände übernommen. Doch die Haltung der höheren Stände gegenüber der blauen Farbe ändert sich, als diese in der Gesellschaft des Barock und des Rokoko, vor allem in hellen Schattierungen, modisch wird.[105] Vermutlich ist die Modewelle aus Frankreich für diesen Wandel verantwortlich.

Unbeirrt von den Modefarbtönen der höheren Stände tragen die Angehörigen der niederen jedoch weiterhin mit Indigoblau eingefärbte, dunkelblaue Arbeits- und Alltagskleidung. Charakteristisch für den mit Indigo eingefärbten Stoff sind nämlich seine Farbechtheit und Unverwüstlichkeit. Dieser Stoff entspricht deshalb den alltäglichen Kleidungsbedürfnissen der Menschen der niederen Stände.[106]

---

98 Vgl. Müller 1983, S. 141.

99 Vgl. Müller 1983, S. 141.

100 Vgl. Müller 1983, S. 144.

101 Vgl. Müller 1983, S. 141.

102 Für die Unterteilung der Gesellschaft in Stände gibt es kein festgelegtes Schema. Dennoch ist seit dem 13. Jahrhundert eine Gliederung in Fürsten, Adel, Geistlichkeit, Bürger und Bauern geläufig. (Vgl. Müller 1983, S. 23.)

103 Vgl. Müller 1983, S. 148.

104 Vgl. Müller 1983, S. 148.

105 Vgl. Müller 1983, S. 148.

106 Vgl. Müller 1983, S. 148.

3.3 Das Blau der Soldaten

Unter Ludwig XIV. wird der Soldatenrock zum Uniformrock und es bildet sich so eine Kleidung für Soldaten heraus, die uniform, also einheitlich, ist[107]. Bis zur Einführung der Uniform steht es den Soldaten offen, sich nach Belieben zu kleiden[108].

Im 17. Jahrhundert versehen alle europäischen Länder, vermutlich nach dem französischen Vorbild, ihre Armeen mit einheitlicher Dienstkleidung[109], denn die Schaffung einer gemeinsamen Kleidung dient in Kriegszeiten zur Erkennung der eigenen Truppen und erschwert in Friedenszeiten das Desertieren[110].

Gegen Ende des 17. Jahrhunderts werden in Brandenburg dunkle Uniformröcke eingeführt, die sogar Anfang des 18. Jahrhunderts weiterhin getragen werden, obwohl aus dem Kurfürstentum Brandenburg das Königreich Preußen wird[111].

Auch die bayrischen Soldaten ziehen seit Ende des 17. Jahrhunderts mit einer hellblauen Uniform in den Krieg. Die hellblaue Farbe ist bis zum Ersten Weltkrieg kennzeichnend für die bayrische Armee.[112]

Bei der Farbwahl des Uniformstoffs spielen vor allem wirtschaftliche Gründe eine Rolle. Der Tuchindustrie ist es nämlich möglich, mit Indigo gefärbte Uniformstoffe in großen Mengen billig herzustellen.[113]

Als Mitte des 18. Jahrhunderts der Überrock der Soldaten zum Uniformrock und Staatsrock des Königs wird[114], gilt die Uniform als gesellschaftsfähiger Anzug, sogar als offizielle Kleidung am Hof[115].

Nachdem Napoleon die französischen Armeen in Blau kleiden lässt, tragen Mitte des 19. Jahrhunderts die meisten anderen europäischen Armeen auch dunkelblaue Uniformen[116].

Diese erweist sich im Krieg als zweckdienlich, da sie aufgrund ihrer Unauffälligkeit weniger Angriffsfläche als helle und leuchtende Uniformen bietet[117].

3.4 Das Blau der Arbeiter

Wahrscheinlich um ihr Gemeinschaftsgefühl vestimentär zu kommunizieren, tragen Arbeiter und Handwerker in europäischen Städten seit dem Ende des 18.

[107] Vgl. Janalik/Schmidt 1997, S. 93.
[108] Vgl. Thiel 2000, S. 230.
[109] Vgl. Müller 1983, S. 144.
[110] Vgl. Thiel 2000, S. 230.
[111] Vgl. Müller 1983, S. 144.
[112] Vgl. Müller 1983, S. 144.
[113] Vgl. Müller 1983, S. 145.
[114] Vgl. Thiel 2000, S. 231.
[115] Vgl. Müller 1983, S. 144.
[116] Vgl. Müller 1983, S. 145.
[117] Vgl. Müller 1983, S. 145.

Jahrhunderts zur Arbeit meist lange, blaue Hosen [118]. Zu den blauen Hosen kommen im 19. Jahrhundert noch blaue Arbeitskittel hinzu [119].

Blaue Arbeitskleidung wird zu dieser Zeit in Fabriken eingeführt und bis Anfang des 20. Jahrhunderts beibehalten. Ab den zwanziger Jahren des 20. Jahrhunderts tragen dann deutsche Fabrikarbeiter blaue Jeansanzüge (vermutlich Overalls [120] aus Denim), die aus Amerika stammen und als unverwüstlich gelten. [121]

Ein Synonym für einen blauen Overall, der auch heute noch in Deutschland in bestimmten beruflichen Handlungsfeldern getragen wird, ist der „Blaumann". Dieser Begriff setzt sich aus den Wörtern „Blau" und „Mann" zusammen, was darauf schließen lässt, dass das Tragen dieses Kleidungsstücks ursprünglich dem männlichen Geschlecht vorbehalten ist.

Der Stoff des Overalls, der nicht nur aus Denim, sondern auch aus anderem strapazierfähigem Stoff bestehen kann, ist auch heute weiterhin blau eingefärbt, wahrscheinlich deswegen, weil leichte Verschmutzungen nicht sofort sichtbar werden und der Blaumann somit nicht ständig gereinigt werden muss.

In diesem Artikel konnte aufgezeigt werden, dass sich mit Indigo eingefärbte Kleidungsstücke bereits seit einigen Jahrhunderten großer Beliebtheit erfreuen. Dabei stellt die Jeans wohl das bekannteste blaue Kleidungsstück mit einer facettenreichen Geschichte gerade auch im farblichen Bereich dar.

4. Literatur

Amann, Wolfgang/Eisner, Werner/Gietz, Paul/Maier, Josef/Schierle, Werner/Stein, Rainer: elemente. Chemie II. Stuttgart/München/Düsseldorf/Leipzig 2000.

Binger, Doris: Das Echo vom Kleiderberg. Mode + Ökologie. Wege einer sinnvollen Verbindung. Frankfurt am Main 1994.

Bravo Girl, Nr. 22, 9.10.2002, S. 20–25.

Bravo Girl, Nr. 24, 5.11.2003, S. 18–21.

Brockhaus: Der Brockhaus in einem Band. Leipzig 1998.

Brockhaus: dtv-Lexikon in 20 Bänden. Band 8. Mannheim 1990.

Duden: Die neue Rechtschreibung. Mannheim/Leipzig/Wien/Zürich 1996.

Dupuy, Pierre: Jeans – Levi Strauss, eine kalifornische Saga. Stuttgart 1990.

Faltheiner, Otmar/Figala, Karin: Vom Königsmantel zur Blue Jeans oder: Der Siegeszug des Indigo. In: Kultur & Technik 1985, Heft 1, S. 1–14.

Hartung, Susann: Das blaue Wunder. In: Dartmann, Lisa/Hartung, Susann/Krah, Eva-Susanne: Jeans. Forever young. Frankfurt am Main 1993, S. 172–180.

Hauenschild, Lydia: Wie kommt die Farbe in die Jeans? Zufälle in der Wissenschaft. Reutlingen 1993.

Hofer, Alfons: Stoffe 2. Bindung, Gewebemusterung, Veredlung. Frankfurt am Main 1983.

[118] Vgl. Müller 1983, S. 148.
[119] Vgl. Müller 1983, S. 148.
[120] Unter Overall versteht man einen durchgehenden Anzug (vgl. Wisniewski 1999, S. 187).
[121] Vgl. Müller 1983, S. 150.

http://www.basf.de/corporate/overview/geschichte/1901.htm?id=*13T=jC**bsf500 (25.11.2003).

http://www.basf.de/de/corporate/innovationen/erklaert/jeans/glossar.htm?id=V00--C3SV (23.11.2003).

http://www.chemieplanet.de/geschichte/antike.htm (15.07.2004).

http://www.dutly.ch/indigohtml/indigo1.html (16.07.2004).

http://www.frankfurt.de/sis/sisdetail.php?id=6249 (16.07.2004).

http://www.hemdenhaus.de/geschichten.html (18.07.2004).

http://www.mittgard.de/archiv/farb/gesfarb.html (18.07.2004).

http://www.seilnacht.com/Lexikon/Indigo.htm (15.07.2004).

http://textilgestaltung-schule.de/denim.htm (23.11.2003).

http://www.thueringen.de/de/LZT/thueringen/blaetter/waid/content.html (14.12.2003).

http://www.tschoff.info/jeans/jeans_groessen.php (17.07.2004).

http://www.usa.de/index-b82-2046.html (19.07.2004).

Janalik, Heinz/Schmidt, Doris: Kleidung, Körper, Körperlichkeit. Teil I: Lehren. Baltmannsweiler 1998.

Kinder, Hermann/Hilgemann, Werner: dtv-Atlas zur Weltgeschichte. Band I. Von den Anfängen bis zur Französischen Revolution. Offenbach/Main 1991.

Krüger-Lorenzen, Kurt: Das geht auf keine Kuhhaut. Deutsche Redensarten – und was dahinter steckt. Düsseldorf 1960.

Lehnert, Gertrud: Mode. Köln 1998.

Loschek, Ingrid: Reclams Mode- und Kostümlexikon. Stuttgart 1999.

Mädchen, 10.04.2002, S. 72–73.

Maxi, März 2002, S. 80–86.

Mueller-Stindl, Eleonore: Mode, Macher, Märkte. Von der Haute Couture auf die Straße – 50 Jahre Mode von 1946 bis 1996. Frankfurt am Main 1997.

Müller, Heidi: Die Einzelfarben und ihre Anwendung im Bereich der Kleidung. Blau. In Nixdorff, Heide/Müller, Heidi: Weiße Westen – Rote Roben. Von den Farbanordnungen des Mittelalters zum individuellen Farbgeschmack. Berlin 1983, S. 141–152.

Müller, Heidi: Farbanordnungen als Grundlage für die Bekleidung. Die Ständegesellschaft und ihre Farben. In: Nixdorff, Heide/Müller, Heidi: Weiße Westen – Rote Roben. Von den Farbanordnungen des Mittelalters zum individuellen Farbgeschmack. Berlin 1983, S. 23–45.

Mustang – Bekleidungswerke GmbH + Co (Hrsg.): Workshop manual. Mustang Jeans. Künzelsau o. J.

Ploetz, Karl: Hauptdaten der Weltgeschichte. Würzburg 1996.

Ploss, Emil Ernst: Ein Buch von alten Farben. Technologie der Textilfarben im Mittelalter mit einem Ausblick auf die festen Farben. München 1967.

Seefelder, Matthias: Indigo. Kultur, Wissenschaft und Technik. Landsberg 1994.

Thiel, Erika: Die Geschichte des Kostüms. Berlin 2000.

Wisniewski, Claudia: Kleines Wörterbuch des Kostüms und der Mode. Stuttgart 1999.

woman, 2004, Nr. 14, S. 42–50.

Zepernick, Bernhard/Karlsson-Strese, Else-Marie: Natürliche Farbstofflieferanten und Stoffärbeprozesse. Färbetechnik. In: Nixdorff, Heide/Müller, Heidi: Weiße Westen-Rote Roben. Von den Farbanordnungen des Mittelalters zum individuellen Farbgeschmack. Berlin 1983, S. 19–23.

6.

Jeansmarken – Markenjeans

Daniela Mauch

Foto: VF Germany Wrangler

1. Begriffsklärung

1.1 Marke

Der etymologische Ursprung für den Anfang des 18. Jahrhunderts entstandenen Begriff „*Marke*“ liegt im französischen „Kaufmannswort“ *marque* (frz., (Kenn-)Zeichen, Merkmal, Warenzeichen, Marke), das „auf einer Ware [angebrachte] Zeichen, Kennzeichen“ [1]. Heute ist der Begriff „Marke“ weitläufiger zu verstehen, nämlich als ein „Merkmal zum Erkennen (...), Wiedererkennen und Unterscheiden, zur Orientierung; (...) auch eingeprägtes, aufgestempeltes oder auf sonstige Weise an einer Sache angebrachtes Zeichen von rechtl. Beweiswert (...), das Eigentumsverhältnisse, Herkunft und/oder Güte einer Sache bezeugt“ [2]. Von Unternehmen werden Marken vor allem als Mittel zur Kennzeichnung von Produkten benutzt, um diese von den Produkten anderer Unternehmen zu unterscheiden und dadurch dem Konsumenten bzw. der Konsumentin ein eindeutiges Merkmal zur Identifikation einer bestimmten Ware an die Hand zu geben[3].

1.2 Jeansmarke

Entsprechend diesen Ausführungen fungieren Jeansmarken als Mittel zur Kennzeichnung und Unterscheidung, beispielsweise von Jeanshosen verschiedener Modefirmen. Zu den heute bekanntesten Jeansmarken gehören *Levi's*, *Wrangler*, *Mustang*, *Lee* und *Diesel*. Neben den Jeansmarken traditioneller und namhafter Jeansmodefirmen existieren zahlreiche, weniger bekannte Marken. Beispiele dafür sind die Jeansmarken *Arizona*, eine *Eigenmarke* des Versandhauses Otto, *John F. Gee*, eine Eigenmarke der Neckermann Versand AG, und *Explorer*, eine Eigenmarke des Großversandhauses Quelle[4]. Zu dieser Gruppe zählt auch das „Private-Jeans-Label“ *Rocky* des Modehauses *H&M*. Während die Jeansmarken Levi's, Wrangler, Diesel etc. in gängigen größeren Modekaufhäusern sowie in kleineren Modeläden angeboten werden, sind die letztgenannten Eigenmarken nur in den jeweiligen spezifischen Modekaufhäusern bzw. über den Versandhandel erhältlich.

In den letzten Jahren ist verstärkt zu beobachten, dass zahlreiche etablierte Modefirmen eigene *Jeanslinien* einführen und diese unter deren eigenen Marken vertreiben. So werden beispielsweise die Jeanskollektionen von *Esprit* unter der Marke *Esprit Jeans* und die von *Marc O'Polo* unter der Marke *Marc O'Polo*

[1] Duden Herkunftswörterbuch 2001[3], S. 509.
[2] Brockhaus 1997[20], Bd. 14, S. 229.
[3] Vgl. Gablers Wirtschaftslexikon 2000[15], Bd. 3, S. 2050 und Meyers großes Taschenlexikon 1998[6], Bd. 14, S. 80.
[4] Vgl. Schindler 1992, S. 89 u. 130.

Jeans Craft (engl., craft – Handwerk) verkauft[5]. Darüber hinaus sind gegenwärtig zahlreiche *Designerjeansmarken*, wie *Calvin Klein Jeans*, *Joop! Jeans* und *Armani Jeans*[6], zu finden, die sich über ihr exklusives Image von den üblichen Jeansmarken der Konfektionäre auf dem Modemarkt abgrenzen.

1.3 Markenname und Markenzeichen

Generell kann bei jeder Jeansmarke, wie bei allen Marken, zwischen dem verbalen Teil der Marke, dem so genannten *Markennamen*, und dem nonverbalen Teil der Marke, dem *Marken- oder Warenzeichen*, auch als *Logo* bezeichnet, unterschieden werden[7]. Logos werden meist in einer bestimmten firmentypischen Farbe und Schrifttype gestaltet[8], um beim Betrachter unter anderem einen Wiedererkennungseffekt auszulösen. Grundsätzlich können Logos in zwei Arten unterteilt werden; zum einen in *Schriftlogos*, und zum anderen in *Bildlogos*. Letztere wiederum können in abstrakte Zeichenkombinationen, „die keinen Bedeutungsinhalt aufweisen"[9], und in konkrete Zeichenelemente, die reale Objekte abbilden, differenziert werden[10]. Häufig sind auch Mischformen dieser beiden Logoarten zu finden, nämlich dann, wenn Schrift- mit Bildelementen kombiniert werden.

Deutlich wird das oben Beschriebene am Beispiel der Jeansmarke „Levi's": Die Bezeichnung „Levi's", also der Name des Jeansmodeherstellers, bedeutet den verbalen Teil der Jeansmarke. Das Firmensignet bzw. das grafische Symbol, beispielsweise der weiße Schriftzug der Marke Levi's auf rotem Untergrund (Schriftlogo) oder das levi's typische Motiv, das zwei auseinanderstrebende Pferde zeigt, die versuchen eine Jeanshose zu zerreißen (Bildlogo), stellt den nonverbalen, visuellen Bestandteil der Jeansmarke dar.

Sowohl der Markenname als auch das Marken- oder Warenzeichen bzw. Logo einer Jeansmarke können beim Patentamt eingetragen werden und sollen die Kleidungsstücke vor einer Nachahmung bzw. vor einem Missbrauch der Marke schützen[11]. An dem Symbol ®, das für den englischen Begriff registered trademark (engl., registriertes Warenzeichen) steht, können solche „eingetragenen", gesetzlich geschützten Jeansmarken erkannt werden.

---

[5] Vgl. Schindler 1992, S. 89 u. 161.
[6] Vgl. Schindler 1992, S. 11, 59 u. 131.
[7] Vgl. Gabler-Wirtschaftslexikon 1998[14], o. S.
[8] Vgl. Brockhaus 1997[20], Bd. 13, S. 208.
[9] Gablers Wirtschaftslexikon 2000[15], Bd. 3, S. 2006.
[10] Vgl. Gablers Wirtschaftslexikon 2000[15], Bd. 3, S. 2006.
[11] Vgl. Schmidt 1984, S. 109.

2. Unterscheidung zwischen nur markierten Jeans und Markenjeans

Im Bereich des Modemarketing wird zwischen der nur markierten Kleidung und der Markenkleidung unterschieden[12], entsprechend kann in der Jeansmode zwischen nur markierten Jeans und Markenjeans differenziert werden. Nur markierte Jeans sind lediglich mit einem *Label*, also einem Einnäh- oder Annähetikett, auf dem das jeweilige Markenzeichen der Modefirma angebracht ist, versehen. Diese Markierung der Kleidungsstücke ist ausschließlich als Kennzeichnung zu verstehen, „um eine Wiedererkennung und somit einen Wiederkauf zu ermöglichen"[13].[14]

Markenjeans hingegen haben neben der *Markierung* noch weitere kaufrelevante Merkmale aufzuweisen[15]. In Übereinstimmung mit dem klassischen Markenartikelkonzept[16] spielen sechs weitere Kriterien, die für die Zuweisung der Bezeichnung Markenjeans entscheidend sind, eine Rolle: Dazu gehören die konstante oder sich *verbessernde Qualität*, die relativ *gleichbleibende Aufmachung* der Jeanskollektionen innerhalb einer Modesaison, dabei jedoch ein von Modesaison zu Modesaison erkennbarer modischer Wandel, der verhältnismäßig *hohe Bekanntheitsgrad*, die *„Überallerhältlichkeit"*, die *umfangreiche Konsumentenwerbung*[17] sowie die *relative Preiskonstanz* der Markenjeans[18].

Laut Hermanns/Brosche treffen diese sieben Kriterien alle auf die Jeansmarke Levi's zu, deren Jeanshosen deshalb als Markenjeans zu bezeichnen sind[19]: Levi's-Jeans sind mit einem Label versehen, somit also markiert, weisen stets eine gleichbleibende Qualität auf und zeigen von Modesaison zu Modesaison leichte Veränderungen, zum Beispiel im Hosenschnitt[20] (Schlaghosenjeans), in der Jeansfarbe[21] oder in der Jeanswaschung. Ferner verfügen Jeans der Marke Levi's nicht nur über einen sehr hohen Bekanntheitsgrad, sondern auch über eine starke Präsenz in der Bevölkerung. Darüber hinaus sind Levi's-Jeans in den meisten Modeläden, die Jeanshosen anbieten, erhältlich. Aufwändige und zielgruppenadäquate Werbekampagnen sind überdies kennzeichnend für die Marke Levi's[22]. Außerdem ist der reguläre Preis einer Levi's-Jeans relativ konstant, sie kostet im Schnitt zwischen 70 Euro und 80 Euro.

---

12 Vgl. Wissmeier/Brosche 1999², S. 1260.
13 Wissmeier/Brosche 1999², S. 1261.
14 Vgl. Jacobi 1990, S. 43.
15 Vgl. Jacobi 1990, S. 43 ff. und Wissmeier/Brosche 1999², S. 1261 ff.
16 Vgl. Hermanns/Brosche 1992, S. 370.
17 Vgl. Kästner/Preissler, Jeanswerbung, in diesem Band.
18 Vgl. Hermanns/Brosche 1992, S. 381 und Wissmeier/Brosche 1999², S. 1261 ff.
19 Vgl. Hermanns/Brosche 1992, S. 381.
20 Vgl. Mann, Jeansschnitte, in diesem Band.
21 Vgl. Ochs, Blue Jeans, in diesem Band.
22 Unzählige, vor allem Jugendliche ansprechende Werbespots, die in Kinos und im Fernsehen gezeigt werden, sowie eine umfangreiche Printwerbung bestätigen diese Behauptung.

Neben den Jeans der Marke Levi's stehen Jeans der Marken *Lee*, *Diesel*, *Mustang*, *Esprit Jeans*, *Joop! Jeans* und *Armani Jeans* exemplarisch für Markenjeans.

Der für die Jeansmodeträger bedeutendste Unterschied zwischen Markenjeans und nur markierten Jeans besteht darin, dass Erstgenannte neben den oben beschriebenen Merkmalen auch ein bestimmtes Image (engl., Bild das jemand man von einer Person oder Sache hat) sowie Prestige (frz., Ansehen) und Lifestyle (engl., Lebensstil) vermitteln sollen[23]. Markenjeansträger sind deshalb auch dazu bereit, einen relativ hohen Preis für ihre Jeans zu bezahlen bzw. für diese „Zusatznutzen" tiefer in die Tasche zu greifen. Dabei bezahlen Markenjeansträger nicht nur für das Produkt alleine, sondern auch für die jeweilige Marke, die diese „Zusatznutzen" beinhaltet und deshalb in der Literatur in Abgrenzung zum klassischen Begriff der Marke, die als reines Kennzeichen fungiert, oftmals mit dem englischen Begriff *„Brand"* (engl., Marke) bezeichnet wird. Insbesondere über die Jeanswerbung[24] soll ein spezifisches Image einer Jeansmarke vermittelt, verbreitet und verfestigt werden.

Träger von *„No-name"*[25]*-Jeans* hingegen sind eher daran interessiert, ihre Jeanshosen möglichst günstig im Handel zu erwerben. Image, Prestige und Lifestyle der Jeansmarke spielen bei dieser Trägergruppe keine Rolle; was zählt, ist der günstige Preis. Jeanshosen der Marken *Explorer* und *good jeans* – beides ausschließlich bei Quelle erhältliche Jeansmarken – sowie der Marken *John F. Gee* und *Duty Free*, Jeansmarken, die nur Neckermann anbietet, sind Beispiele für nur markierte Jeans.

3. Bekanntheitsgrad ausgewählter, gängiger Jeansmarken sowie Markenbewusstsein im Bereich der Jeansmode

Die im Rahmen der *„Outfit-Studie"* (1998 und 2001) durchgeführten Verbraucherumfragen von ca. 10.000 deutschen Frauen und Männern im Alter zwischen 14 und 64 Jahren unter anderem zu Bekanntheitsgrad, Kaufbereitschaft und Markenbewusstsein im Bereich der Jeansmode belegen, dass neben der Jeansmarke Levi's mit einem Bekanntheitsgrad von 93 %, die Marken Wrangler mit 89%, Mustang und Lee mit jeweils 84% und die Marke Diesel mit einem Bekanntheitsgrad von 78 % zu den populärsten Jeansmarken in der deutschen Bevölkerung gehören. Während knapp die Hälfte der Befragten, nämlich 46%,

---

23 Vgl. Hätty 1989, S. 19f. und Wissmeier/Brosche 1999², S. 1264f.

24 Vgl. Kästner/Preissler, Jeanswerbung, in diesem Band.

25 No-name-Produkte (engl., no – kein, name – Name) sind Produkte, die im Handel ohne differenzierenden Markennamen (vgl. Gabler-Wirtschaftslexikon 1998¹⁴, o. S.) nur mit dem Aufdruck des Herstellers vertrieben werden, aber sonst keine weiteren für Markenartikel-Produkte typische Merkmale aufweisen.

selbst eine Levi's-Jeans im Schrank hängen haben, besitzen immerhin 31 % der Befragten eine Jeans der Marke Wrangler, 27 % eine der Marke Lee, 22 % eine der Marke Diesel und 19 % eine der Marke Mustang.[26] Hieraus wird ersichtlich, dass die Jeansmarke Levi's unangefochtener Marktführer im Bereich der Jeansmode ist[27].

Aus den Umfrageergebnissen geht des Weiteren hervor, dass über 70 % der 14–29 Jährigen mehr als 50 Euro für eine Jeans ausgeben, 50 % dieser Altersgruppe investieren über 60 Euro beim Kauf einer Jeans und knapp 30 % der 14–29 Jährigen sind bereit, zwischen 80 Euro und 100 Euro für ihre Jeans zu bezahlen. Hingegen geben nur ca. 7 % dieser Altersgruppe weniger als 40 Euro beim Kauf einer Jeanshose aus.[28] Diese Zahlen bestätigen, dass der Großteil der Jugendlichen Markenjeans und nur ein geringer Teil „No-name"-Jeans kaufen, denn nur diese sind oftmals zu einem Preis unter 40 Euro erhältlich, während der reguläre Preis für eine Markenjeans 40 Euro bei Weitem überschreitet.

Interessant sind darüber hinaus die Ergebnisse, die bezüglich des Markenbewusstseins im Bereich der Jeansmode vorliegen: So achten 78,5 % der 14–19 Jährigen, 72,5 % der 20–29 Jährigen, 60 % der 30–49 Jährigen und immerhin noch 37,5 % der 50-64 jährigen Frauen und Männer beim Kauf ihrer Jeans auf die Marke[29]. Daraus kann geschlossen werden, dass im Bereich der Jeansmode ein sehr ausgeprägtes Markenbewusstsein herrscht, das zwar mit dem Alter abnimmt, aber selbst bei einem Drittel der Deutschen mittleren Alters noch vorhanden ist.

4. Herkunft und Klassifikation der Jeansmarkennamen

Bereits 1981 waren ca. 250 verschiedene Jeansmarken auf dem Markt zu finden[30], wobei besonders in den letzten Jahren zahlreiche neue Jeansmarken hinzugekommen sind. Überblickt man die Menge, der heute auf dem Markt befindlichen Jeansmarken, so ist zu beobachten, dass deren Namen hauptsächlich in fünf verschiedene Kategorien, die jeweils über gemeinsame Merkmale verfügen, eingeteilt werden können. Insgesamt ist zu bemerken, dass die meisten Jeansmarkennamen auf die englische Sprache zurückzuführen sind.

Die erste Gruppe umfasst Markennamen, die an den Ursprung der Jeans, nämlich an den Wilden Westen, erinnern, wie *Rifle* (engl., Gewehr, Büchse), *Buffalo* (engl., Büffel), *Marshal* (engl., Bezirkspolizeichef), *Sheriff* (engl., Bezirksdirektor) und *Mustang* (ein wild lebendes Pferd der Prärie). Auch die Jeansmarke *Wrangler*, deren Name aus dem amerikanischen Sprachgebrauch stammt und mit

[26] Vgl. Spiegel-Verlag 2001, S. 27–33.
[27] Vgl. Jacobs 1995, S. 246.
[28] Vgl. Spiegel-Verlag 2001, S. 82 u. 86.
[29] Vgl. Spiegel-Verlag 1998, S. 125f.
[30] Vgl. Wehdemeier-Pusch/Pusch 1981, S. 76.

dem Begriff Cowboy übersetzt werden kann, ist dieser Kategorie zuzuordnen. Eine zweite, eher kleine Gruppe besteht aus denjenigen Markennamen, die gängigen Vornamen entsprechen, wie *Emanuel, Diesel, Nico* und *Mac Donald.* Neben diesen beiden Gruppen ist eine dritte Kategorie aufzuführen, deren enthaltene Markennamen entweder an die Namen der Konfektionäre oder an die Namen bekannter Modedesigner im Bereich der Jeansmode erinnern. Die Markennamen *Levi's, Lee* und *Schott* gehen jeweils auf die Konfektionäre *Levi Strauss, Henry David Lee* und die Gebrüder *Irvin* und *Jack Schott* zurück, während die Markennamen *Laura Biagiotti Jeans, Katharine Hamnett Denim* und *Calvin Klein Jeans* jeweils für den Vor- und Nachnamen der Modeschöpfer stehen[31]. Eine vierte Gruppe bezieht sich auf Markennamen, die Neologismen bzw. Wortneuschöpfungen darstellen, wie zum Beispiel die Jeansmarken *Naf Naf Jeans, Bobos* und *Giti*[32]. In einer letzten, fünften Kategorie lassen sich diejenigen Markennamen zusammenfassen, die nicht eindeutig kategorisierbar sind. Hierzu zählen beispielsweise die Markennamen *Big Star* (engl., großer Stern), *Knock-Out* (engl., to knock out – k. o. schlagen), *Angels* (engl., Engel) und *Esprit* (frz., Geist, Verstand, Witz).

5. Erkennung der Marke auf der Jeanshose

Obwohl gegenwärtig eine große Anzahl verschiedener Jeansmarken existiert, können diese oftmals anhand ihrer Markenzeichen bereits auf den ersten Blick einer bestimmten Jeansmodefirma zugeordnet werden. Dazu wird nun untersucht, an welchen Stellen der Jeanshose die Markenzeichen überhaupt sichtbar werden und anhand welcher Merkmale sich die eine oder die andere Jeansmarke identifizieren lassen.

Vor allem der Gesäßtaschenbereich ist eine beliebte Stelle für das Anbringen des Markenzeichens auf der Jeanshose, was nicht zuletzt damit zusammenhängt, dass dieser Bereich einen „beliebten Blickfang" darstellt.

Bei den meisten Jeanshosen ist beim Kauf auf der rechten Gesäßtasche und teilweise auch am Hosenbund ein Papier- oder Kartonetikett, der so genannte *Back Pocket Flasher* (engl., back – rückwärtig, hinten, pocket – Tasche, flash – kurze Meldung), angebracht. Dieser macht Angaben über das Hosenmodell sowie über die Größe und Form der Jeanshose.[33] Das Markenlogo sowie „grafische Gestaltung und Text-Slogans (oft auf aktuelle Trends bezugnehmend) [des Back Pocket Flashers] kommunizieren auch das Image der Marke und machen den

[31] Vgl. Schindler 1992, S. 59, 135, 148ff. u. 209 und Wehdemeier-Pusch/Pusch 1981, S. 23f.
[32] Vgl. Schindler 1992, S. 167 u. 247 und Wehdemeier-Pusch/Pusch 1981, S. 23f.
[33] Vgl. Krah 1993², S. 168ff., Mustang Bekleidungswerke GmbH + Co. 2001, S. 37 und Schindler 1992, S. 25.

Back Pocket Flasher zum wichtigen und beliebten Marketing-Instument."[34] Bei Levi's-Jeans zum Beispiel fungiert das *„Guarantee Label"*, ein Papieretikett, das einer Dollarnote gleicht und Garantie für eine echte Leviś-Jeans bietet, als wichtiger Bestandteil des Back Pocket Flashers[35].

Neben dem Papier- oder Kartonetikett dient häufig ein etwa telefonkartengroßer Anhänger aus Pappe oder Metall, seltener aus Plastik, der meist an einer kurzen Schnur oder Metallkette an einer Gürtelschlaufe der Jeanshose hängt und deshalb auch als *Hang Tag* (engl., to hang – hängen, tag – Anhänger, Schildchen, Etikett) bezeichnet wird, als „weiteres Mittel, um die Konsumenten über Eigenart und Philosophie einer Jeans-Marke zu informieren"[36]. Wie der Back Pocket Flasher gibt auch das Hang Tag zum Teil über das Modell, die Größe und die Form der Jeanshose Auskunft.

Während im Modegeschäft sowohl der Back Pocket Flasher als auch das Hang Tag wichtige Kommunikationsinstrumente der Jeansmarke darstellen, werden diese beiden Etiketten nach dem Kauf nutzlos, da sie vor dem ersten Tragen der Jeans vom Besitzer üblicherweise entfernt werden. Größere Bedeutung gewinnen nun andere Elemente, anhand derer die jeweiligen Jeansmarken zu identifizieren sind.

Ein rechteckiges, ebenfalls etwa telefonkartengroßes Label aus Leder, Lederimitat, gelegentlich auch aus Stoff oder – mittlerweile immer häufiger anzutreffen – aus gepresster Pappe, informiert den Beobachter bzw. die Beobachterin über die Jeansmarke und fungiert als wichtiges, nonverbales Kommunikationsmedium. Dieses so genannte *Leather Tag* (engl., leather – Leder) ist bei den meisten Jeanshosen oberhalb der rechten Gesäßtasche auf den Hosenbund aufgenäht[37] und zwar so, dass ein Gürtel darunter durchgezogen werden kann, wie zum Beispiel bei den Jeans der Marken *Lee*, *Levi's* und *Mustang*. Das heißt, das Label wird nur an deren oberen und unteren Kante festgesteppt, während rechts und links die Seiten offen sind. Dies ist beabsichtigt, denn dadurch wird verhindert, dass der Gürtel das Markenzeichen verdeckt. Gelegentlich ist das Leather Tag auch direkt auf der rechten Gesäßtasche angebracht, beispielsweise bei den Jeans der Marke *Wrangler*[38].

Das Leather Tag ist das typische Markenzeichen fast jeder Jeans und ist aufgrund des darauf abgebildeten firmentypischen Logos sofort dem jeweiligen Jeansmodehersteller zuzuordnen. Häufig ist das Leather Tag entweder nur mit einem Schriftlogo, wie zum Beispiel bei den Jeansmarken *Lee* und *Wrangler*, oder sowohl mit einem Schrift- als auch einem Bildlogo, wie bei den Jeansmarken *Levi's*

[34] Schindler 1992, S. 25.
[35] Vgl. Levi Strauss Germany GmbH o. J., S. 13.
[36] Schindler 1992, S. 111.
[37] Vgl. Schindler 1992, S. 148 und Wehdemeier-Pusch/Pusch 1981, S. 256.
[38] Vgl. VF Germany Textil-Handels GmbH o. J., o. S.

und *Mustang*, versehen. So ist eine Jeans der Marke *Lee* erkennbar an ihrem spezifischen Schriftzug, bestehend aus einem großem „L“ mit zwei folgenden Kleinbuchstaben „e“. Das Schriftlogo wirkt, als sei es mit zittriger Hand geschrieben, und stellt das unverkennbare Merkmal einer jeden *Lee-Jeans* dar. Während eine *Wrangler-Jeans* leicht an ihrem in Schreibschriftbuchstaben geschriebenen Schriftlogo zu identifizieren ist, fungiert bei *Levi's-Jeans* das so genannte *„Two-Horse Label“*[39] (engl., two – zwei, horse – Pferd), auch als *„Two Horse Brand“*[40] bezeichnet, als Markenzeichen par excellence. Dieses Label „bildet einen von Levi Strauss inszenierten Werbe-Kraftakt ab, bei dem zwei in entgegengesetzte Richtungen ziehende Pferde versuchen, eine Levi's-Jeans zu zerreißen“[41]. Neben diesem charakteristischen Bildlogo, das ein bisher unübertroffenes Zeichen für die Unverwüstlichkeit der Jeans darstellt, kann auf dem Two-Horse Label auch an dem firmenspezifischen Schriftlogo *„Levi Strauss & Co.*“ sofort wahrgenommen werden, um welche Jeansmarke es sich handelt.[42] Wie beim Levi's-typischen Leather Tag ist auch auf dem Mustang-spezifischen Leather Tag sowohl das firmentypische Bild- als auch Schriftlogo zu sehen: das Bild eines Mustangs und der Schriftzug *„Mustang Jeans“*, der in Blockschrift geschrieben ist.

Charakteristisch für die meisten Jeansmarken ist, dass sich das Aussehen der Leather Tags, wenn überhaupt, nur minimal im Laufe der Jahrzehnte verändert hat, was nicht zuletzt daran liegt, dass dieses Markenzeichen sich beim Jeansmodekäufer einprägen und einen Wiedererkennungseffekt auslösen soll. Auf Levi's-Jeans wurde erstmals 1886[43] das legendäre, damals noch aus Ölleinwand hergestellte Two-Horse Label, das sich in den vergangenen ca. 120 Jahren im Aussehen kaum gewandelt hat, als Garantie für eine „echte Levi's“ angebracht[44].

Flag (engl., Flagge) und *Fly Label* (engl., fly – Hosenklappe, -schlitz) zählen zu weiteren bedeutenden Marken-Merkmalen vieler Jeans. Flags, auch *Tabs* (engl., Schildchen, Etikett) genannt, sind kleine, ca. 2cm lange und 1cm breite „Flaggen“ aus Stoff, die mit dem Logo der Jeansmarke versehen sind und die für gewöhnlich am linken Rand der rechten Gesäßtasche eingenäht werden. Häufig sind Flags aus rotem Stoff gefertigt und entweder mit weißem Schriftlogo, wie zum Beispiel bei den Jeansmarken *Levi's* und *His*, oder mit weißem Bildlogo, beispielsweise dem charakteristischen, galoppierenden Pferd der Marke *Mustang*[45], gekennzeichnet. Da die Flags aufgrund ihrer roten Farbe sehr gut zu dem meist blauen Jeansdenim kontrastieren, fallen sie dem Betrachter besonders auf.

---

39 Schindler 1992, S. 222.
40 Dupuy 1990, S. 20.
41 Schindler 1992, S. 222.
42 Vgl. Kästner, Entstehungsgeschichte, in diesem Band.
43 Vgl. Levi Strauss Germany GmbH o. J., S. 15.
44 Vgl. Schindler 1992, S. 222.
45 Vgl. Mustang Bekleidungswerke GmbH + Co. 2001, S. 43.

Levi's-Jeans waren die ersten, die mit solch einem roten „Fähnchen" mit weißem Schriftlogo bestückt wurden. Das so genannte *Red Tab*[46] ist seit 1936 charakteristisches Markenzeichen von Levi's und ist zurückzuführen auf die Idee eines Mitarbeiters der Jeansmodefirma Levi's. Bei einem Stadtbummel wollte er herausfinden, wie viele Personen Jeans dieser Marke tragen. Dabei stellte er fest, dass sich Levi's-Jeans nicht eindeutig auf den ersten Blick von anderen Markenjeans unterscheiden lassen. Daraufhin wurde das Red Tab eingeführt und gut sichtbar am linken Rand der rechten Gesäßtasche angebracht.[47]

Gelegentlich werden Flags auch auf der Vorderseite der Jeanshosen, mitten auf dem Hosenverschluss, platziert. Diese Variante wird dann als *Fly Label* bezeichnet. Jeanshosen der Marken *Closed* und *Pepe* zeigen vereinzelt auf dem Hosenladen ein kleines, weißes, rechteckiges Fly Label, das dort aufgesteppt ist.[48] Neben diesen beiden Möglichkeiten bietet die Jeansmarke *Diesel* eine weitere Variante der Sichtbarmachung der Jeansmarke über kleine Schildchen auf der Jeanshose an. Gelegentlich ist ein kleines, weißes Label mit dem Schriftzug „*Diesel Industry*" auf dem traditionellen Uhren- bzw. Geldtäschchen – das ist ein kleines, unter der vorderen rechten Eingriffstasche fast jeder Jeanshose liegendes und dort eingenähtes Täschchen[49] –, angebracht.

Das so genannte *Inside Tab* (engl., Innenseite), ein schmales, rechteckiges Label, auf dem das Markenzeichen der Jeans zu sehen ist und das innen auf dem Hosenbund im Lendenwirbelbereich eingenäht ist, stellt eine letzte Variante dar, eine Jeansmarke über Einnäh- bzw. Annähetiketten zu visualisieren.

Die Marke einer Jeans kann außerdem über das *Pocket Stitching* (engl., to stitch – nähen), „eine spezielle Naht für die Gesäßtaschen"[50], die teilweise gesetzlich geschützt ist, identifiziert werden. Gegenwärtig zeigen die Jeanshosen zahlreicher Marken solche firmentypischen Pocket Stitchings: Auf den beiden Gesäßtaschen einer Levi's-Jeans beispielsweise ist jeweils eine doppelte Ziernaht, ein „Doppelbogen", der stilisierten Flügeln eines Vogels ähnelt, zu sehen. Diese Verzierung wird als „*Double Arcuate*" (engl., doppelte Schwingen) bezeichnet und symbolisiert die Schwingen des Rocky-Mountains-Adlers. 1873 war das Double Arcuate erstmals auf Levi's-Jeans zu finden und seit 1943 ist es als typisches Markenzeichen von *Levi's* geschützt.[51] Auch die Jeansmarken *Mustang*, *Wrangler* und *Lee* können an den firmentypischen Pocket Stitchings erkannt werden. Während für die Jeansmarke *Mustang* ein in Doppelnaht aufgestepptes, langgezogenes, flach gedrückt wirkendes großes „M" charakteristisch ist[52], zeigen

[46] Vgl. Kästner, Entstehungsgeschichte, in diesem Band.
[47] Vgl. Levi Strauss Germany GmbH o. J., S. 20.
[48] Vgl. Schindler 1992, S. 95.
[49] Vgl. Kästner, Entstehungsgeschichte, in diesem Band.
[50] Mustang Bekleidungswerke GmbH + Co. 2001, S. 42.
[51] Vgl. Kästner, Entstehungsgeschichte, in diesem Band und Schindler 1992, S. 76.
[52] Vgl. Mustang Bekleidungswerke GmbH + Co. 2001, S. 42.

Wrangler-Jeans den so genannten „*W-Stitch*", eine doppelte Ziernaht in Form des Großbuchstabens „W"[53]. Typisches Markenzeichen von Lee ist das „*Lazy S*" (engl., lazy – faul, träge), das den Hörnern eines Langhorn-Büffels nachempfunden und in stilisierter Form auf den beiden Gesäßtaschen von Lee-Jeans schon seit 1944 zu sehen ist[54].

Neben diesen „einfachen" Pocket Stitchings existieren gegenwärtig auf den Jeanshosen auch kunstvoll ausgestaltete Pocket Stitchings, deren Schrift- und Bildlogos oftmals über die gesamte Breite einer der beiden Gesäßtaschen der Jeanshose verlaufen. Die Baggy-Jeans der Marken *Buffalo* und *US 40* beispielsweise, die hauptsächlich von Jugendlichen getragen werden, zeigen solche kunstvollen Pocket Stitchings. Dabei erinnert „die Art und Weise der Buchstabengestaltung (...) an verschiedene Stylevarianten der Graffitisprayer"[55]. Während die Schriftlogos häufig in kreativen 3-D-Stickereien auf der Gesäßtasche angebracht sind, finden sich bei den Bildlogos oftmals aufgestickte Comicfiguren. Bereits in den 1970er Jahren sind aufwändige Pocket Stitchings ein dominierender Modetrend, der in den 1980er Jahren wieder abflaut, was an den schlichter werdenden „Stepp-Dekors"[56] deutlich wird, und der heutzutage wieder aktuell ist.

Neben den aufgeführten Merkmalen sind *Rivets* (engl., Nieten) und *Buttons* (engl., Knöpfe) weitere, bedeutende Elemente, an denen die Jeansmarke identifiziert werden kann[57]. Zwar sind auf den kleinen Kupfernieten und Aluminiumknöpfen der Jeans die eingeprägten Markenzeichen erst bei genauerer Betrachtung zu erkennen, trotzdem „bestätigen"[58] Jeans-Nieten und Jeans-Knöpfe, da sie beide die Marke der Jeans tragen, deren „Identität"[59].

6. Markenjeans – Medien vestimentärer Kommunikation

Alle diese bisher beschriebenen Elemente bringen die Marke einer Jeans zur Anschauung, stellen deren bedeutende Erkennungszeichen dar und geben Jeansmarken, die als nonverbale Kommunikationsmittel fungieren, ihre Unverwechselbarkeit[60]. Da diese „Identifikationsobjekte" auf Kleidungsstücken, den Jeanshosen, angebracht sind, kann über Markenjeans vestimentär kommuniziert werden; Markenjeans sind folglich ein Medium der vestimentären Kommu-

[53] Vgl. VF Germany Textil-Handels GmbH o. J., o. S.
[54] Vgl. VF Germany o. J., o. S.
[55] Mauch 2003, S. 132f.
[56] Schindler 1992, S. 184.
[57] Vgl. Kästner, Entstehungsgeschichte, in diesem Band und Mustang Bekleidungswerke GmbH + Co. 2001, S. 38 u. 41.
[58] Schindler 1992, S. 117.
[59] Schindler 1992, S. 117.
[60] Vgl. Schindler 1992, S. 9.

nikation. Dabei ist zu bemerken, dass die vestimentäre Kommunikation über Markenjeans in einen möglicherweise missverständlichen Kommunikationsvorgang eingebettet ist, der den Encodierer (den Träger) wie auch den Decodierer (den Betrachter) betrifft[61]. Es ist nämlich heute nicht einfach, die Vielzahl der Jeansmarken und die jeweiligen Botschaften, die diese übermitteln[62], „richtig" zu entschlüsseln. Dies erfordert oftmals eine hohe Decodierungsprofessionalität.

Über das Tragen von Markenjeans (zum Beispiel von Levi's) versuchen der Jeansmodeträger und die Jeansmodeträgerin, die mit der Marke ein bestimmtes Lebensgefühl verbinden, dieses nach außen zu zeigen. „Für Generationen von Jugendlichen war die Jeans nicht nur ein Kleidungsstück, sondern eine Lebenseinstellung. Die jeweilige Marke (...) galt als Glaubensäußerung."[63] Individualität, Originalität, Freiheit, Authentizität und Unvergänglichkeit, „gepaart mit amerikanischer Herkunft und urbanem, großstädtischem Flair"[64], sind Schlagworte, die beispielsweise das Image der Jeansmarke Levi's charakterisieren. Dieses Image wird durch eine entsprechende Werbung[65], die dem Encodierer und Decodierer ein ganz bestimmtes Bild eines Levi's-Jeans-Trägers bzw. einer Levi's-Jeans-Trägerin vermittelt, verstärkt. Vor allem Kinder und Jugendliche identifizieren sich mit dem Image der Marke Levi's und versuchen, sich über den Besitz einer solchen Markenjeans selbst zu profilieren. Sie wollen dadurch sowohl ihr Selbstwertgefühl „aufpolieren" als auch Akzeptanz und Anerkennung bei den anderen Kindern und Jugendlichen erlangen, denn das Tragen von Markenjeans ist oftmals entscheidend für diejenigen, die Status in der Gruppe anstreben. Außerdem signalisiert der Markenjeansträger bzw. die Markenjeansträgerin über diese Hosen, welcher Gruppe er oder sie sich zugehörig fühlt und von welcher Gruppe er oder sie sich abgrenzen möchte. Über die teuren Marken der „Imageträger" wird also Integration und Distinktion kommuniziert. Jeansmarken dienen den Jugendlichen als Statussymbole, als Integrations- und Distinktionszeichen sowie als Ausdrucksmittel der eigenen Identität, als „Visitenkarte[n] der eigenen Person"[66]. Dass sich die Jugendlichen möglicherweise gerade dadurch, dass sie Markenjeans tragen, ihrer eigenen Individualität berauben, fällt nur wenigen auf. Vielmehr kann von *Marken-* anstatt von *Ich-Identität* gesprochen werden.

Der Stellenwert von Markenjeans wächst bei den Jugendlichen permanent, was nicht zuletzt auf deren ausgeprägtes Markenbewusstsein zurückzuführen ist. Neben dem Besitz von Jeans traditioneller Marken, beispielsweise von Levi's,

---

[61] Dollase 1988, S. 103.
[62] Zur Encodierug und Decodierung vestimentärer Botschaften allgemein vgl. Dollase 1988, S. 96.
[63] Geschwind 2003, S. 1.
[64] Specht o. J., S. 30.
[65] Vgl. Kästner/Preissler, Jeanswerbung, in diesem Band.
[66] Janke/Niehues 1995, S. 66

spielen bei Jugendlichen auch die in den letzten Jahren neu hinzugekommenen Markenjeans, zum Beispiel von *Miss Sixty* und *Freeman T. Porter* – beide mit Preisen um ca. 100 Euro für ein Paar Jeanshosen –, eine große Rolle. Außerdem geht bei dieser Altersgruppe der Trend im Bereich der Jeansmode „weg von den großen traditionellen Brands hin zu den kleinen und kleinsten Marken, die nur noch Insidern bekannt sind.“[67]

Für Jugendliche ist es daher wichtig, Jeans der richtigen Marke zu tragen[68], denn schon „kleine Dötze (...) schließen (...) von der Jeansmarke auf Popularität, Freundlichkeit und Attraktivität der Träger [...und] nutzen die Kleidung bei der Urteilsbildung über andere Personen – wie Jugendliche und Erwachsene auch“[69]. So kann behauptet werden, dass in den letzten Jahren im Bereich der Jeansmode unterstützt durch die Massenmedien ein regelrechter Markenfetischismus ausgebrochen ist.

7. Literatur

Brockhaus: Die Enzyklopädie: in 24 Bänden. Leipzig/Mannheim 1997[20].

Der Duden. Herkunftswörterbuch. Etymologie der deutschen Sprache. Hrsg. vom Wissenschaftlichen Rat der Dudenredaktion [Red.: Matthias Wermke, Annette Klosa, Kathrin Kunkel-Razum, Werner Scholze-Stubenrecht]. Mannheim/Leipzig/Wien/Zürich 2001[3].

Dollase, Rainer: „Von ganz natürlich bis schön verrückt“ – Zur Psychologie der Jugendmode. In: Baacke, Dieter/Volkmer, Ingrid/Dollase, Rainer/Dresing, Uschi (Hrsg.): Jugend und Mode. Kleidung als Selbstinszenierung. Opladen 1988, S. 93–140.

Dupuy, Pierre: Jeans – Levi Strauss, eine kalifornische Saga. Stuttgart 1990.

Gabler Wirtschaftslexikon, CD-Rom-Fassung. Wiesbaden 1998[14].

Gablers Wirtschaftslexikon in 4 Bänden. Begr. und bis zur 10. Aufl. hrsg. von Reinhold Sellien und Helmut Sellien [Red.: Thorsten Hadeler, Ute Arentzen]. Wiesbaden 2000[15].

Geschwind, Susanne: Mythos in der Krise. In: Ökotest. 11/1999. [Stand 06.02.2003], S. 1–2.

Hätty, Holger: Der Markentransfer. Heidelberg 1989.

Hermanns, Arnold/Brosche, Oliver: Die Mode-Marke: Zur Anwendbarkeit des Markenartikelkonzeptes in der Bekleidungsmode. In: GfK-Nürnberg, Gesellschaft für Konsum-, Markt- und Absatzforschung e. V. (Hrsg.): Jahrbuch der Absatz- und Verbraucherforschung. Berlin 1992, S. 369–383.

Hermanns, Arnold/Brosche, Oliver: Brand Identity-Konzeption als strategische Basis für erfolgreiche Modemarken. In: Markenartikel 55 (1993), Heft 8, S. 430–435.

Jacobi, Georg F.: Markenkonzepte in der Bekleidungswirtschaft der Bundesrepublik Deutschland: eine ökonomische Analyse von vertikalen Integrations- und Kooperationsformen. Göttingen 1990.

---

[67] Jacobs 1995, S. 260.

[68] Vgl. Janke/Niehues 1995, S. 66.

[69] Dollase 1988, S. 97.

Jacobs, Ulla: Das Symbol der freien Gesellschaft. In: Horx, Matthias/Wippermann, Peter: Markenkult. Wie Waren zu Ikonen werden. Düsseldorf 1995, S. 240–267.

Janke, Klaus/Niehues, Stefan: Echt abgedreht – Die Jugend der 90er Jahre. München 1995.

Klar'sche Textilarchiv (Hrsg.): Mustang: Marke oder Brand. In: Klar-Text. Juni 1992, S. 108–109.

Krah, Eva-Susanne: Corporate Identity – Labels. In: Dartmann, Lisa/Hartung, Susan/Krah, Eva-Susanne: Jeans. Forever Young. Frankfurt am Main 1993[2], S. 166–172.

Levi Strauss Germany GmbH (Hrsg.): Die Geschichte von Levi's. Heusenstamm o. J.

Mauch, Daniela: Skatermode. In: Schmidt, Doris (Hrsg.): Jugendkulturelle Moden – Von Hippies bis HipHop. In: Studienreihe Mode und Textilwissenschaft (Hrsg. von Doris Schmidt). Band 1. Baltmannsweiler 2003, S. 125–140.

Meyers großes Taschenlexikon in 24 Bänden. Hrsg. und bearb. von Meyers Lexikonredaktion [red. Leitung der 6. Aufl.: Marianne Strzysch, Joachim Weiß]. Mannheim/Leipzig/Wien/Zürich 1998[6].

Mustang-Bekleidungswerke GmbH + Co. (Hrsg.): Workshop manual. Mustang Jeans. Künzelsau 2001.

Petra März 2003, Beiheft Mode-Extra Sommer 2003.

Salz, Jürgen/Baumann, Michael: Der Name der Hose. In: Wirtschaftswoche vom 14.11.1996, Heft 47, S. 76–78.

Schindler, Peter U.: The Jeans Encyclopedia of Legend, Past and Present. Milano/Overath 1992.

Schmidt, Eva: Textilien als Material, Ware und Ausdrucksmittel. Baltmannsweiler 1984.

Sommer, Carlo Michael: Mode. Die Hüllen des Ich. Weinheim/Basel 1988, S. 48–54.

Specht, Frank: Mehr als eine Hose. In: Academix o. J., S. 30.

Spiegel-Verlag (Hrsg.): Outfit 4. Hamburg 1998.

Spiegel-Verlag (Hrsg.): Outfit 5. Hamburg 2001.

VF Germany (Hrsg.): Lee info folder. Dreieich o. J.

VF Germany Textil-Handels GmbH (Hrsg.): The first century. Pocket-Edition. Dreieich o. J.

Wehdemeier-Pusch, Bettina/Pusch, Andreas: Das Phänomen Jeans – Eine Betrachtung unter historischen, ökonomischen, modischen, gestalterischen und gesellschaftlichen Aspekten. Lüneburg 1981.

Wissmeier, Urban Kilian/Brosche, Oliver: Marken im Modemarkt. In: Hermanns, Arnold/Schmitt, Wolfgang/Wissmeier, Urban Kilian: Handbuch Modemarketing, Band 2. Frankfurt am Main 1999[2], S. 1257–1285.

7.
Jeanswerbung

Sabrina Kästner / Patrizia Preissler

Foto: Levi Strauss Germany GmbH, Levi Strauss Allee 18–20, 63150 Heusenstamm

1. Entwicklungsgeschichte

Die Entwicklungsgeschichte der Jeanswerbung lässt sich bis in die zweite Hälfte des 19. Jahrhunderts zurückverfolgen, als Levi Strauss sein Produkt Jeans mit Slogans wie „the best in use for farmers, mechanics and miners“ (engl., die besten [Hosen] für die Arbeit von Farmern, Handwerkern und Minenarbeitern) auf *Plakaten* oder *Anzeigen* anpreist.[1]

In der ersten Dekade des 20. Jahrhunderts zeigen Plakate oder Anzeigen mit der Aussage „all over the west they wear Levi Strauss & Co.'s copper riveted overalls“ die Jeans noch immer als die von Minenarbeitern und Cowboys bevorzugte Arbeitshose[2]. Auffällig an der damaligen Levi's-Werbung ist, dass für einige dieser Reklamen nicht die Standard-Kolorierung schwarz-weiß verwendet wird, sondern dass neben Schwarz für Schrift und Bild Gelb-, Rosa- und Grüntöne als Hintergrund verwendet werden[3].

Im Verlauf der ersten 20 Jahre des 20. Jahrhunderts werden die Werbe-Bilder immer farbiger und detaillierter und mit Slogans wie „The Cowboys favorite for over a century“ bewirbt Strauss seine erfolgreiche Jeans, die Farmer und Cowboys gleichermaßen anzieht[4].

Ein absolutes Novum stellt eine von Levi's lancierte Anzeige, betitelt mit dem Spruch „What! Overalls in Vogue?“[5] in einer Ausgabe der Modezeitschrift Vogue im Jahr 1935 dar, denn hier posiert, vermutlich erstmalig, eine junge Frau für das blaue Beinkleid[6]. Damit deutet sich eine Zielgruppenerweiterung auf Jeansträgerinnen an, wobei anzumerken ist, dass in den 1930ern vor allem die reichen Ostküstenbewohnerinnen, die mit ihren Familien Ranchurlaub im Mittleren Westen der USA machen, von dieser Anzeige in der Vogue angesprochen werden sollen[7].

Nach dem Zweiten Weltkrieg konzentrieren sich Plakate mit Slogans wie „Levi's and learnin' go together“ zunehmend auf eine neue Zielgruppe, nämlich die der jugendlichen Jeansträgerinnen und -träger[8].

Der durchschlagende Erfolg der Jeans setzt in den 1950ern ein, als Stars wie Marilyn Monroe, Brigitte Bardot, Marlon Brando, James Dean und Elvis Presley sich entweder auf der Leinwand oder privat in Jeans gekleidet zeigen und damit

---

1 Abb. vgl. Dettmer 1985, S. 54f.

2 Abb. vgl. Dettmer 1985, S. 57 und Dupuy 1990, S. 11.

3 Abb. vgl. Dupuy 1990, S. 21 u. 24f.

4 Abb. vgl. Dupuy 1990, S. 26–33.

5 Engl., „Was? Overalls in der Vogue?“. Dies kann auch ein Wortspiel sein, denn im Französischen bedeutet „en vogue“ „in Mode“. So verstanden wird die Levi's-Jeans hier erstmals als modische Hose präsentiert.

6 Vgl. Raszkowski 1994, S. 16.

7 Vgl. Kästner, Verbreitungsgeschichte, in diesem Band.

8 Vgl. Dettmer 1985, S. 70.

als Modevorbilder für Jugendliche *indirekte Werbung* für Levi's machen[9]. Auch Frauenjeans spielen in der Levi's-Werbung weiterhin eine wichtige Rolle, was eine Anzeige aus dem Jahr 1951, auf der zwei junge Damen in Jeans, weißen Cowboystiefeln und -hüten zusammen mit einem Pferd abgebildet sind, belegt.[10]

In den 1960ern setzt Levi's erstmals *Radio-* und *Fernsehwerbung* ein, wobei für die Radiowerbung eigens ein Song von der damals populären Gruppe „Jefferson Airplane"[11] aus San Francisco eingespielt wird. 1966 laufen schließlich auch die ersten Jeans-Werbe-Spots im Fernsehen[12].

Ende der 1960er Jahre erfreuen sich Frauenjeans zunehmender Beliebtheit, und so scheint das bisher schlagkräftigste Argument für die blauen Hosen, deren Unverwüstlichkeit und Strapazierfähigkeit, nicht mehr zeitgemäß, um Jeans für Frauen zu bewerben. 1968 wird deshalb die Jeans-Linie „Miss Levi's" mittels eines farbenfrohen Plakates, auf dem vier junge, modebewusste Frauen Jeans in rot, weiß sowie blau mit Punkte- bzw. Schachbrettmuster präsentieren, eingeführt.[13]

Anfang der 1970er Jahre, als die US-amerikanischen Jeansfirmen damit beginnen, den europäischen Markt zu erobern, werden gezielt *Werbekampagnen für Jugendliche* entwickelt[14]. Zur zentralen Werbebotschaft wird das Schlagwort „Freiheit", womit das „Frei sein" von Zwängen und Einschränkungen, denen sich Jugendliche in Schule, Beruf und Elternhaus ausgesetzt sehen, gemeint ist[15]. Die Firma Levi's orientiert sich in ihren damaligen Anzeigen an der Jugendkultur Hippies[16], um dieses Freiheitsgefühl zu kommunizieren[17], denn die Anhängerinnen und Anhänger dieser Jugendkultur sind dafür bekannt, unter anderem über Kleidung und Musik auf ihre pazifistische Lebenseinstellung aufmerksam zu machen und auf diese Weise gegen die bürgerliche US-amerikanische Gesellschaft zu protestieren[18].

Eine der damaligen Levi's-Anzeigen zeigt viele junge Menschen auf dem Woodstock-Festival, fast alle in Jeans gekleidet, und die Frage zum Bild lautet: „Könnte Levi's nicht doch etwas mehr bedeuten als Jeans?"[19] Woodstock, das im August 1969 statt findet, gehört zu den bekanntesten Freiluftveranstaltungen des 20. Jahrhunderts, auf der etwa 400 000 Hippies drei Tage ihren Traum von Love,

---

9 Vgl. Könenkamp 1985, S. 102, 104 u. 126, Hartung 1993²b, S. 30–33 und Raszkowski 1994, S. 28.
10 Abb. vgl. Hartung 1993²a, S. 12.
11 Informationen zu Jefferson Airplane, vgl. Symolka 1999, S. 172–174.
12 Vgl. www.levis.com (3.12.03).
13 Vgl. Dupuy 1990, S. 72 u. 78. Zur Erfindung der Frauenjeans vgl. Kästner, Verbreitungsgeschichte, in diesem Band. Abb. vgl. Raszkowski 1994, S. 36.
14 Vgl. Könenkamp 1985, S. 149.
15 Vgl. Könenkamp 1985, S. 154.
16 Zu Jeans und Jugendkulturen vgl. Mann in diesem Band.
17 Vgl. Könenkamp 1985, S. 159.
18 Vgl. Buxbaum 1999, S. 103.
19 Könenkamp 1985, S. 159. Abb. vgl. Raszkowski 1994, S. 44f.

Peace and Happiness (engl., Liebe, Frieden, Zufriedenheit) leben[20]. Jeans stehen demnach wirklich für Freiheit, doch die Werbefachleute von Levi's verfolgen mit der Woodstock-Werbung noch ein weiteres Ziel. Könenkamp schreibt, dass die Frage dieser Levi's-Anzeige ihren Reiz aus der suggestiven Unterstellung bezieht, dass alle männlichen Jugendlichen auf dem Foto von der Freiluftveranstaltung in Woodstock, das die Firma Levi's für ihre Anzeige verwendet, tatsächlich Levi's Jeans tragen. Aus statistischer Sicht trifft dies jedoch nicht zu, da die Firma Levi's 1970 in den USA nur einen Marktanteil von etwa 30 Prozent hat[21].

Aufgrund zunehmender Konkurrenz durch andere Jeanshersteller, allein in Kalifornien existieren damals 50 weitere neben Levi's[22], werden die Werbeanzeigen von Levi's nun immer außergewöhnlicher.

Die 1972er Kampagne für die Frauenjeans „Miss Levi's" erscheint höchst aufreizend, denn ein Plakat aus diesem Jahr zeigt ein nacktes Frauengesäß, auf dessen rechte „Pobacke" die Nähte einer Levi's-Hosentasche sowie das Red Tab[23] der Levi's Jeans gezeichnet sind. Kein Slogan erklärt diese Anzeige, sondern es findet sich nur ein Verweis auf die Jeansmarke und das Veröffentlichungsjahr der Anzeige „Miss Levi's 72"[24].

1973 nutzt die Firma Levi's weltbekannte Gemälde, um Jeans geschickt in diesen zu platzieren. So reicht etwa Gott im Deckengemälde der Sixtinischen Kapelle in Rom Adam eine Jeans. Auch die Mona Lisa und die Venus von Milo posieren 1973 für Levi's in Jeans[25]. Bis heute im Gedächtnis geblieben, sind auch die Plakate mit der New Yorker Freiheitsstatue in blau/weiß/rot gestreiften Levi's Jeans, passend zu den US-amerikanischen Nationalfarben oder des David von Michelangelo in abgeschnittenen, knielangen, blauen Levi's[26].

Die hier dargestellten provokanten Anzeigen stoßen in der Öffentlichkeit auf eine geteilte Meinung, weshalb sich Levi's in den Folgejahren von diesen distanziert und zu seriöseren Kampagnen zurückkehrt. Selbst in Archiven sucht man (fast) vergeblich nach Belegexemplaren dieser Plakate[27].

Indirekte Jeanswerbung wird in den 1970ern, ähnlich wie heute, durch den „Marlboro Man" in der Zigarettenwerbung gemacht, der „immer in Levi's, dem Image des kühlen, männlichen Cowboys neuen Antrieb"[28] gibt. Selbst Waschmittelhersteller setzen damals auf das Denim-Muster für die Produktver-

[20] Vgl. Kästner 2003, S. 6.
[21] Vgl. Könenkamp 1985, S. 159.
[22] Vgl. Dettmer 1985, S. 91.
[23] Vgl. Mauch, Jeansmarken, in diesem Band.
[24] Abb. vgl. Krah 1993², S. 152.
[25] Vgl. Jeier 1987, S. 86f. und Dupuy 1990, S. 66f. Abb. vgl. Jeier, Farbteil o. S. und Dupuy 1990, S. 66f.
[26] Vgl. Dupuy 1990, S. 66f.
[27] Vgl. Dettmer 1985, S. 92.
[28] Könenkamp 1985, S. 81.

packung, um einen Eyecatcher zu setzen und auf diese Weise die Attraktivität des Produkts für Käuferinnen und Käufer zu erhöhen[29].

Mitte der 1980er Jahre bricht schließlich ein neues Zeitalter für die Jeanswerbung an. Als das blaue Beinkleid im Zuge der Fitnesswelle durch bequemere und leichtere Freizeitkleidung ersetzt zu werden droht[30] und der Geschäftsführer von Levi's Deutschland feststellt, „Jeans sind bei der Jugend out"[31], verhelfen die Werbekampagne „Launderette" (engl., Waschsalon) und der nachfolgende Werbespot „Bath" im Fernsehen und im *Kino* der Hose aus Denim[32] zu neuem Ansehen[33].

Im Waschsalon-Spot betritt ein braungebrannter, junger Mann einen Waschsalon und zieht vor den Augen der anderen Kundinnen und Kunden seine Jeans aus. Dann befüllt er eine Waschmaschine mit Steinen und legt seine Jeans dazu. Während des Waschvorgangs wartet er sitzend, lediglich mit weißen Boxershorts bekleidet, zwischen den entgeisterten Zuschauern. Dieses individuelle „Stonewashing"[34] der eigenen Jeans spielt augenzwinkernd auf ein bekanntes industrielles Waschverfahren für Jeans an.[35]

Die Bad-Werbung zeigt einen durchtrainierten, jungen Mann, der eine Levi's 501 anzieht und sich anschließend in eine mit Wasser gefüllte Badewanne legt. Er scheint die Absicht zu verfolgen, längere Zeit baden zu wollen, da er eine eiskalte Flasche Coca Cola genießt und seine muskulösen Oberarme entspannt auf dem Wannenrand ablegt.[36] Diese Werbung geht auf eine alte Tradition der Holzfäller zurück, denn um Jeans perfekt der eigenen Körperform anzupassen, sollte man sie anziehen und im Wasser zum Einlaufen bringen[37]. Früher in den Wäldern Kanadas und der USA setzte man sich dafür zum Beispiel in einen Bach. Der moderne Mann aus dem Werbespot nutzt für das sogenannte „Shrink-to-Fit"-Verfahren seine Badewanne.

Keine andere Werbekampagne für Blue Jeans ist bis zu diesem Zeitpunkt so erfolgreich gewesen wie die hier beschriebene[38]. Ein Grund für diesen Erfolg mag vielleicht im Aussehen des jungen Mannes aus der Bad-Werbung liegen, der mit seinem makellosen, durchtrainierten Körper dem Fitnessideal der 1980er Jahre entspricht. Finlayson argumentiert, dass in den schnelllebigen 1980ern die Ent-

[29] Vgl. Könenkamp 1985, S. 162.
[30] Vgl. Finlayson 1991, S. 61.
[31] Jacobs 1995, S. 240.
[32] Damit ist der fertige Jeans-Baumwollstoff gemeint. Zur Entstehung des Begriffes „Denim" vgl. Kästner, Entstehungs- und Verbreitungsgeschichte, in diesem Band.
[33] Vgl. Finlayson 1991, S. 62.
[34] Zu den Jeanswaschverfahren vgl. Holdermann/Preissler, Ökologische Bedenklichkeit, in diesem Band.
[35] Vgl. Raszkowski 1994, S. 56.
[36] Vgl. Finlayson 1991, S. 65 und Raszkowski 1994, S. 56.
[37] Vgl. Kästner, Entstehungsgeschichte, in diesem Band.
[38] Vgl. Finlayson 1991, S. 62.

spannung ganz wichtig wird und der Werbespot deshalb beim Publikum so gut ankommt[39]. Raszkowski stellt fest, dass es auch die Eigenschaften eines typischen Levi's Jeansträgers, nämlich Eigenwilligkeit, Unkonventionalität, Selbstbewusstsein und ein Mangel an falschem Schamgefühl, sein können, die den Erfolg der Werbekampagne erklären[40].

In den 1980ern wird das Schlagwort Freiheit, das in den 1970ern als wichtigste Werbebotschaft galt, durch die Veränderung eines einzigen Buchstabens zum alles bestimmenden Motto „Freizeit" umgeändert[41]. Dieses Freizeit-Motto gab es bereits in den 1930er Jahren im Zusammenhang mit den Dude Ranches in den USA[42]. Das Wiederaufgreifen der Idee, Jeans als die perfekten Freizeithosen anzupreisen, liegt in den 1980er Jahren darin begründet, dass nun die älteren Jahrgänge als neue Zielgruppe ins Visier der Werbefachleute geraten, da das jugendliche Marktsegment als gesättigt angesehen wird[43].

Wie ungeheuer werbewirksam die Levi's-Spots sein würden, hätten sich andere Jeanshersteller wahrscheinlich kaum träumen lassen, doch mit der Waschsalon-Werbekampagne werden nicht nur die Absatzzahlen von Auftraggeber Levi's, die allein bei der 501-Jeans um 500 Prozent steigen, sondern auch die der Konkurrenzfirma Lee um 40 Prozent gesteigert, und so möchte der Geschäftsführer von Lee Deutschland Anfang der 1990er noch „jeden Abend eine Kerze [aufstellen], daß Levi's noch lange in dieser Größenordnung Werbung macht, weil dadurch für die ganze Branche etwas getan wird"[44].

Im Gegensatz zu den Spots der 1970er und Anfang der 1980er Jahre wandelt sich die TV- und Kinowerbung gegen Ende der 1980er vom plakativ-bunten „Overkill" (engl., Rundumschlag) zum farbreduzierten, oft nur noch schwarz-weißen *Kurzfilm*, der Jeansträgerinnen und -träger in einer „fast intime[n] Studio- oder Wohnzimmer-Atmosphäre"[45] zeigt. Neu ist auch, dass das Produkt Jeans selbst nicht mehr im Vordergrund steht, sondern vielmehr „eine Philosophie, ein Lebensgefühl"[46] transportiert werden soll.

Nachdem Frauenjeans längst auf dem Markt sind, rücken die Werbefachleute für Jeanswerbung Mitte der 1990er Jahre endlich auch in den TV- und Kinospots vom männlichen Helden ab[47]. Nach und nach entstehen authentische Geschichten für beide Geschlechter, deren Botschaft stets lautet, „daß die Levi's Jeans

[39] Vgl. Finlayson 1991, S. 65.
[40] Vgl. Raszkowski 1994, S. 56.
[41] Vgl. Könenkamp 1985, S. 160.
[42] Vgl. Kästner, Verbreitungsgeschichte, in diesem Band.
[43] Könenkamp 1985, S. 160.
[44] Jacobs 1995, S. 246.
[45] Krah 1993², S. 145.
[46] Krah 1993², S. 147.
[47] Zum Mann als Motiv in der Werbung vgl. Borstnar 2002.

eine bewegende, echte Geschichte zu erzählen hat und daß jeder Jeans-Träger Teil dieser langen Tradition ist“[48].[49]

Eine dieser bewegenden Geschichten rund um die Levi's Jeans wird im Spot „Procession“ (1993) nacherzählt: ein junger Mann in New Orleans muss feststellen, dass seine Levi's Jeans nach langen Jahren des Tragens völlig zerlöchert und kaputt ist. Statt sie einfach in die Mülltonne zu werfen, entschließt er sich, die Hose feierlich zu begraben. Zum Grab wird er dabei, wie es in New Orleans üblich ist, von einer Brass Band sowie vielen Freunden und Bekannten, die in einer langen Prozession dem Trauernden folgen, begeleitet. Am Ende des Spots wird die Jeans der Erde übergeben. Mit dem Slogan „Some things live forever“ (engl., manche Dinge leben ewig) wird auf den Glauben an die Unsterblichkeit im Christentum angespielt.[50]

Unterstützt wird die Jeanswerbung in Fernsehen und Kino durch eine adäquate *Verkaufsraumgestaltung*. Die Händler und Händlerinnen erhalten passend zum aktuellen Spot dessen Hauptdarsteller als lebensgroße Papp-Imitate, Poster und zusätzlich typische Requisiten wie die Billardqueues aus dem Levi's-Spot „Pool Hall“ von 1991, bei dem die Levi's 501 als Einsatz für ein Billardspiel dient.[51] Darüber hinaus sind Jeanswerbespots, -plakate und -anzeigen auch inhaltlich aufeinander abgestimmt, so dass der Wiedererkennungswert beim Betrachter garantiert werden kann[52]. Ein Beispiel hierfür ist der Kino-Spot „Climate“ (1988). Der Spot spielt in einem Motel in der Wüste Arizonas. Bereits am frühen Morgen ist es unerträglich heiß. Ein junger Mann kommt im offenen Hemd und lediglich mit Unterhosen bekleidet in den Frühstücksraum, geht an den Kühlschrank, öffnet ihn und holt eine vor Kälte dampfende Levi's 501 heraus. Er zieht sie an und ist so für den ganzen Tag in der Hitze gerüstet.[53] Die entsprechende Anzeige zum Spot zeigt ein Kühlschrankfach in dem neben einem Sandwich und einer Flasche Milch eine ordentlich gefaltete Levi's 501 liegt. Der Slogan „eiskalt anziehen“, spielt direkt auf den Werbespot an[54].

Am Ende des 20. Jahrhunderts ist das Produkt Jeans aus vielen Levi's-Werbespots in Fernsehen und Kino verschwunden, und so mancher Zuschauer fragt sich, was ein Spot über kleine Jungen, die im Versuchsraum eines Labors mit Bauklötzen spielen („Square-Peg“ von 1998) mit Levi's Jeans zu tun hat[55]. Knoblauch/Raab identifizieren diese Art von Spot als Kunstfilmspot, der als sehr einfallsreich bewertet wird und ein kompetentes Publikum voraussetzt, das in der

48 Jacobs 1995, S. 251.
49 Vgl. Jacobs 1995, S. 250f.
50 Vgl. Raszkowski 1994, S. 58f.
51 Vgl. Krah 1993², S. 164f., Raszkowski 1994, S. 39 und Jacobs 1995, S. 253.
52 Vgl. Krah 1993², S. 148.
53 Vgl. Raszkowski 1994, S. 13.
54 Vgl. Krah 1993², S. 155.
55 Spotbeschreibung vgl. www.levis.com (03.12.03).

Lage ist, die versteckte Werbebotschaft zu entschlüsseln[56]. Dass damit auch ein erhöhtes Risiko der Missinterpretation oder gar des Nicht-Verstehens einhergeht, scheint einkalkuliert zu sein.

Auch die Kultfigur „Flat Eric", ein gelbes, teddybärähnliches Plüschtier, das mit seinem menschlichen Freund namens Angel in mehreren Spots im Jahr 1999 verschiedene Abenteuer erlebt, lenkt vom eigentlichen Produkt, der STA-PREST-Jeans[57] ab.

Erst zur Jahrtausendwende rückt die Denim-Hose wieder verstärkt in den Mittelpunkt von Anzeigen und Kurzfilmen, als die neuen „Levi's-Engineered" sowie die „Levi's-Worn-Jeans" auf den Markt kommen.[58] Diese Entwicklung lässt vermuten, dass besonders spektakuläre und auf den ersten Blick irritierende Ideen dann eingesetzt werden, wenn die Popularität eines Jeansproduktes, das bereits seit längerer Zeit auf dem Markt ist, gesteigert werden soll. Kommt jedoch eine völlig neuartige Jeans in den Handel, so muss diese auch entsprechend beworben werden, um überhaupt Aufmerksamkeit auf sich ziehen und sich zugleich von den übrigen, konkurrierenden Fabrikaten abheben zu können.

So verortet Ayaß Werbespots im Allgemeinen gegenwärtig in einem Spannungsfeld von Repetition und Innovation, denn einerseits muss ein Wiedererkennungseffekt gewährleistet, andererseits jedoch eine deutliche Abgrenzung von anderen, ähnlichen Produkten vollzogen werden[59].

An den beschriebenen Beispielen wurde bereits deutlich, dass Jeanswerbung sehr genau durchdacht und im Hinblick auf eine bestimmte Gruppe von potentiellen Kunden entwickelt wird. Hierbei spielt die Werbepsychologie eine große Rolle.

2. Jeanswerbung und Psychologie

Für erfolgreiche Jeanswerbung greifen Werbestrategen nicht selten auf Theorien der Psychologie[60] zurück, und so gilt die Werbepsychologie heute als „angewandte Disziplin der Psychologie, die sich mit der Beeinflussung von menschlichem Erleben und Verhalten durch werbliche Maßnahmen beschäftigt"[61].

[56] Vgl. Knoblauch/Raab 2002, S. 149f.

[57] Diese Jeans sieht selbst nach dem Waschen und Trocknen wie gebügelt aus (vgl. Raszkowski 1994, S. 37).

[58] Zu den dieser Analyse zu Grunde liegenden Werbespots vgl. www.levis.com (03.12.03).

[59] Vgl. Ayaß 2002, S. 162–164.

[60] Beispielsweise die Massenpsychologie, der Behaviorismus und die Tiefenpsychologie. Über diese drei Theorien kann im Einzelnen nachgelesen werden bei Ardelt 1994[12], S. 803, Bergius 1994[12], S. 463 und Strüber 1994[12], S. 96–98.

[61] Rosenstiel/Kirsch 1996, S. 40.

Die bekannte „AIDA-Formel“ basiert beispielsweise auf dem Behaviorismus[62], der menschliches Verhalten als Reiz-Reaktions-Schema versteht[63]. AIDA steht für „*attention*“ (engl., hier: Aufmerksamkeit erzeugen), „*interest*“ (engl., hier: eine Story erfinden), „*desire*“ (engl., hier: das Verlangen nach etwas wecken) und „*action*“ (engl., hier: zur Handlung auffordern), wobei diese vier Begriffe in Kombination eine möglichst „effektive Auffälligkeit“[64] des Produkts erzeugen sollen[65]. Neben Auffälligkeit gehören Originalität und Informativität zu den Grundprinzipien erfolgreicher Werbung allgemein[66], wobei sich diese Grundprinzipien auf Jeanswerbung übertragen lassen.

Um eine hohe Informationsaufnahme und -verarbeitung und schließlich den Kauf einer Jeans zu erreichen, wird die Aufmerksamkeit des Jeanskäufers gezielt über eine Stimulation möglichst vieler Sinne erregt. Dazu gehören auditive Reize, die in der Jeanswerbung vor allem aus entsprechender Musik bestehen. Einige dieser Songs sind durch die Werbespots zu Hits geworden, und so gibt es inzwischen auch eine CD mit populären 501-Songs wie „*Stand by me*“ von Ben E. King, „*When a man loves a woman*“ von Percy Sledge oder „*Should I stay or should I go*“ von The Clash. Diese Lieder sind zu regelrechten Ohrwürmern avanciert und unterstützen damit die Verankerung der Werbebotschaft im Gedächtnis der Rezipienten[67].

Optische Reize erfolgen meist durch sogenannte „symbolische Schlüsselreize“[68], die auf die Zielgruppe zugeschnitten sein müssen, da die Reaktion des Menschen je nach Alter, sozialer Position, Geschlecht usw. im Regelfall unterschiedlich ausfällt[69]. Diese Schlüsselreize können beispielsweise emotionaler Art[70] sein, wie das Gemeinschaftsgefühl im Levi's-Spot „Campfire“, bei dem Cowboys in Jeans um ein Lagerfeuer herum sitzen, oder das gemeinsame Trauern um eine kaputte Jeans, wie im Levi's-Spot „Procession“[71].

Neben emotionalen können auch kognitive Schlüsselreize[72] durch überraschende oder widersinnige Botschaften die Informationsverarbeitung beim Zuschauer anregen. Im Levi's-Spot „Undressed“ ist ein junges Liebespaar gerade dabei, sich auf äußerst erotische Weise Stück für Stück anzuziehen. Als die beiden fertig angezogen im Raum stehen, öffnet sich plötzlich die Tür und die Familie steht im

---

62 Vgl. Sowinski 1998, S. 14.
63 Vgl. Dorsch 1994[12], S. 97.
64 Sowinski 1998, S. 30.
65 Vgl. Sowinski 1998, S. 30 und Ontrup 2002, S. 792.
66 Vgl. Sowinski 1998, S. 31.
67 Vgl. Schweiger/Schrattenecker 2001[5], S. 210.
68 Curtaz/Ruchti-Göller/Schäfer/Schmid/Senkel 1992, S. 228.
69 Vgl. Curtaz/Ruchti-Göller/Schäfer/Schmid/Senkel 1992, S. 228f.
70 Vgl. Schweiger/Schrattenecker 2001[5], S. 174.
71 Vgl. Curtaz/Ruchti-Göller/Schäfer/Schmid/Senkel 1992, S. 228f. und Raszkowski 1994, S. 58 u. 65.
72 Vgl. Schweiger/Schrattenecker 2001[5], S. 174.

Zimmer. Die nackten Eltern sind sichtlich schockiert über diesen Anblick und die Mutter hält dem kleinen Sohn die Augen zu.[73] Pricken sieht in diesem Spot die Umsetzung der Werbestrategie, Gewohntes ins Gegenteil zu verdrehen[74]. Das „Verbrechen" besteht darin, in Jeans gekleidet zu sein, der „Normalfall" ist hier das Nacktsein!

Nachdem Jeanskäufer und -käuferinnen das umworbene Produkt Jeans wahrgenommen haben, muss die Werbebotschaft im Gedächtnis dauerhaft verankert, gewissermaßen „gelernt", werden[75].

Nun könnte man davon ausgehen, dass sich Jeansreklame nach dem Prinzip „je öfter desto besser" im Gedächtnis festsetzt. Tatsache ist jedoch, dass es nicht nur auf die Anzahl der geschalteten Spots oder Anzeigen ankommt, sondern auch auf deren Qualität. Inzwischen wissen Werbefachleute, dass sich „schlechte Gestaltung (...) durch Wiederholen nicht kompensieren [lässt]"[76].

Im Folgenden sollen die wesentlichen Elemente erfolgreicher Jeanswerbung anhand ausgewählter Levi's-Werbebeispiele aufgezeigt werden.

3. Wichtige Elemente der Jeanswerbung

Zwei elementare Bestandteile machen den Erfolg von Jeanswerbung aus, nämlich Sprache und Bild. Die duale Codierung, also die Kombination von Wort und Bild, sorgt für eine optimale Informationsaufnahme[77].

Die in der Jeanswerbung eingesetzte *Sprache* kann als eine „zweckbestimmte, von der Alltagssprache zumeist abgehobene, vorwiegend schriftsprachlich geprägte Sprachauswahl mit beschreibenden, anpreisenden und überredenden Funktionen"[78] beschrieben werden. Abweichungen von der Sprachnorm werden gezielt eingesetzt, um den Betrachter zum Nachdenken anzuregen, was gemeint sein könnte[79].

Im Levi's-Spot „Great Deal" aus dem Jahr 1990 fährt ein junger Mann auf seiner Harley Davidson aus einem Fahrstuhl in einem typischen Bürogebäude der Wall Street in New York. Auf seinem Motorrad sitzend, durchquert der Mann ein Broker-Büro und hält plötzlich vor dem Schreibtisch seiner Traumfrau an, die dort in einem Business-Kostüm sitzt und arbeitet. Der Motorradfahrer wirft ihr eine Levi's 501 zu, die sie vor den Augen aller Kolleginnen und Kollegen anzieht. Anschließend steigt sie zu dem jungen Mann auf das Motorrad und lässt sich von ihm in die Freiheit entführen[80].

[73] Vgl. Pricken 2001, S. 65.
[74] Vgl. Pricken 2001, S. 64.
[75] Vgl. Schweiger/Schrattenecker 2001^5, S. 190–193.
[76] Schweiger/Schrattenecker 2001^5, S. 195.
[77] Vgl. Schweiger/Schrattenecker 2001^5, S. 205.
[78] Sowinski 1998, S. 42.
[79] Vgl. Sowinski 1998, S. 42–79.
[80] Vgl. Raszkowski 1994, S. 35.

Der „great deal“ (engl., großartiger Tausch) besteht für die Frau darin, ihren Arbeitsalltag, der durch das Business-Kostüm dargestellt wird, gegen ein Abenteuer einzutauschen, das nur in Levi's Jeans erlebt werden kann. Der Begriff „great deal“ kann auf den „New Deal“, das innenpolitische Reformwerk des US-Präsidenten Franklin D. Roosevelt im Kampf gegen die Ausläufer der Weltwirtschaftskrise in den USA zurückgeführt werden[81], es handelt sich hier folglich um ein Wortspiel, um eine Verfremdung eines feststehenden Ausdruckes[82].

Ganz entscheidend für sprachliche Mittel in der Werbung sind auch die Länge der Texte, die Größe der Buchstaben und die Schriftart. Headlines werden groß und auffällig platziert, wichtige Informationen möglichst konkret und bildhaft in kurzen Sätzen kommuniziert.[83] So ist mit dem Slogan „Die Legende lebt“[84] aus einer Levi's-Anzeige von 1983 eigentlich schon alles über den Mythos, der eine Levi's Jeans umgibt, gesagt.

Das *Bild* als zweites Element der Jeanswerbung kann Textelemente teilweise oder ganz ersetzen, da der Behaltenseffekt von Bildern auf Seiten der Betrachterin höher ist als der von verbalen Botschaften[85]. Abschließend soll an vier zentralen Arten der Jeanswerbung die große Bandbreite aufgezeigt werden, wie dieses Produkt beworben werden kann.

4. Vier zentrale Arten der Jeanswerbung

In einer *produktbetonten* bzw. *produktorientierten Jeanswerbung* steht tatsächlich das Produkt Jeans im Vordergrund, Protagonisten werden kaum benötigt. Die Käufer erhalten direkt Informationen über die Qualität und das „Einsatzgebiet“ der offerierten Jeans und gewinnen damit den Eindruck einer scheinbar objektiven Beurteilung.[86]

Diese Art von Werbung ist charakteristisch für die allerersten Jeanswerbemaßnahmen, die bereits im Zusammenhang mit der Entwicklungsgeschichte der Jeanswerbung beschrieben wurden. Ein etwas aktuelleres Beispiel stammt aus dem Jahr 1973[87]: Im Wüstenstaub liegt das Gerippe eines menschlichen Oberkörpers, darunter eine Levi's Jeans, die im Gegensatz zum Jeansträger noch vollständig erhalten ist. Die Aussage dieser Werbung ist eindeutig: Levi's Jeans sind unverwüstlich, sie überdauern sogar das Leben ihres Trägers bzw. ihrer Trägerin. Heute spielt die produktbetonte bzw. produktorientierte Jeanswerbung eine eher untergeordnete Rolle.

---

[81] Vgl. Microsoft ® Encarta ® Professional 2002, o. S.
[82] Vgl. Pricken 2001, S. 38.
[83] Vgl. Schweiger/Schrattenecker 2001⁵, S. 208f.
[84] Abb. vgl. Krah 1993², S. 145.
[85] Für Werbung allgemein vgl. Schweiger/Schrattenecker 2001⁵, S. 206f.
[86] Vgl. Curtaz/Ruchti-Göller/Schäfer/Schmid/Senkel 1992, S. 225, Sowinski 1998, S. 33f. und Knoblauch/Raab 2002, S. 145f.
[87] Abb. vgl. Krah 1993², S. 152f.

Bei der *produktbildbetonten Jeanswerbung* wird meist eine bestimmte Eigenschaft des Produktes hervorgehoben, die bestimmte Bedürfnisse, wie etwa Anerkennung oder Sicherheit, im potentiellen Kundenkreis ansprechen soll[88].

Beispielsweise wird die Levi's 501 im Jahr 1989 im Werbefilm „Pawnbroker" als etwas extrem Wertvolles dargestellt, denn der mittellose Held versetzt die Jeans nur widerwillig beim Pfandleiher, da dieser weder eine goldene Uhr noch eine Sonnenbrille akzeptiert[89].

Weniger die Marke als eine bestimmte, als positiv zu empfindende, Situation wird bei der *situativen Jeanswerbung* in den Vordergrund gestellt. Die Jeansmarke repräsentiert hier das Medium zur Erreichung positiver Emotionen bzw. Situationen. Sehr häufig erscheinen in situativen Spots „sprachlose" Protagonisten an realen Handlungsorten, und der gesamte Spot ist durchgängig mit Musik untermalt.[90]

Im Jahr 1992 wirbt Levi's mit dem Spot „Cindy", in dem eine junge Frau auf der Flucht vor einem aufdringlichen Verehrer ihren Retter in einem Motorradfahrer findet. Dieser verschwindet jedoch, ohne ein Wort mit Cindy gewechselt zu haben, dabei rutscht ihm eine Levi's 501 vom Gepäckträger. Mit dieser Hose macht sich Cindy, wie der Prinz im Märchen Aschenputtel mit dem Schuh, auf die Suche und findet den Retter endlich in einer alten Autogarage – und nur ihm passt die Levi's 501, genau wie Aschenputtels Schuh deren Stiefschwestern zu klein sein musste. Der Spot, durchgehend untermalt mit dem Song „Peace of my heart" von Erma Franklin, endet mit dem vereinenden Kuss des Liebespaares.[91]

Hinter dieser Kampagne steckt die Idee der *Persiflage* einer märchenhaften Liebesgeschichte, wobei in diesem Fall das Märchen „Aschenputtel", das bereits durch die Disney-Variante „Cinderella" aktualisiert wurde, ein zweites Mal gekonnt neu inszeniert wird und dem Levi's-Werbespot Pate steht. Die Zuschauer erkennen, dass die Jeans das Bindeglied zwischen Cindy und ihrem Traummann darstellt und ihre Liebesgeschichte überhaupt erst durch die Levi's 501 ermöglicht wird. Die Werbefachleute von Levi's verknüpfen hier angenehme, romantische Gefühle mit ihrem Produkt, der Levi's 501.

Suggestive Jeanswerbung schließlich ist oft heftiger Kritik ausgesetzt, da der Jeans neben ihrem eigentlichen Nutzen weitere Eigenschaften zugeschrieben werden, die beim Jeanskäufer das Bedürfnis wecken, das Erzeugnis besitzen zu müssen[92].

---

[88] Vgl. Curtaz/Ruchti-Göller/Schäfer/Schmid/Senkel 1992, S. 225.

[89] Vgl. Raszkowski 1994, S. 18f.

[90] Vgl. Curtaz / Ruchti-Göller / Schäfer / Schmid / Senkel 1992, S. 225 und Knoblauch / Raab 2002, S. 147f.

[91] Vgl. Raszkowski 1994, S. 53.

[92] Vgl. Curtaz/Ruchti-Göller/Schäfer/Schmid/Senkel 1992, S. 225.

Nun ist die Jeans generell als ein schmutzunempfindliches, pflegeleichtes, strapazierfähiges, fast zu jedem Anlass tragbares, im Preis-Leistungs-Verhältnis als angemessen eingestuftes Produkt bekannt. Doch bei vielen Werbemaßnahmen wird ihr weit mehr als dies nachgesagt. So verarbeitet Levi's diesen Gedanken in einer Anzeige, in der ein junger Mann angestrengt versucht, einen weißen Flokati-Teppich im Wohnzimmer mit dem Rasenmäher zu bearbeiten. Von seiner Freundin, die scheinbar lässig auf dem Sofa liegt, sind nur die Beine zu sehen, die in einen knielangen Jeansrock gehüllt sind. Der Werbeslogan lautet hier: „Levi's All-Duty. Damit du wenigstens so aussiehst, als ob du's könntest."

Die „All Duties" (all duty – engl., jegliche Pflichten/Aufgaben) sollen dem Jeansträger oder der -trägerin also dazu verhelfen, mit allen erdenklichen Aufgaben fertig zu werden, selbst wenn es sich dabei um das Mähen des Wohnzimmerteppichs handelt![93] Pricken sieht hinter dieser Werbestrategie den Gedanken, durch die Hinzufügung einer völlig absurden Idee zu provozieren[94].

Wie aus den dargestellten Levi's-Werbebeispielen ersichtlich ist, wird bei allen Jeanswerbearten, mit Ausnahme der produktbetonten bzw. produktorientierten, meist eine Geschichte unterschiedlichen Umfangs zugrundegelegt[95].

5. Das Levi's-Image

Mit Werbung wird auch ein entsprechendes Image transportiert. Speziell auf Jeanswerbung bezogen, bedeutet Image das innere Vorstellungsbild, das Jeanskäufer und Jeanskäuferinnen von der objektiven Produktgestalt Jeans haben.

Wer zum Beispiel Levi's trägt, ist angeblich individualistisch, unkonventionell, eigenwillig, selbstbewusst, jung, sportlich und dynamisch. So verspricht es jedenfalls die Levi's Werbung, etwa in den Spots im Waschsalon und im Bad. Des weiteren sind Levi's-Trägerinnen und -Träger erfolgreiche und attraktive Siegertypen, auch wenn es auf den ersten Blick nicht danach aussieht, wie im Spot „Camera"[96].

In diesem Spot soll ein unschuldig Verurteilter nach Absitzen seiner Strafe in einem mexikanischen Wüsten-Gefängnis vom griesgrämigen Wärter entlassen werden. Als der junge Mann seine persönliche Habe erhält, muss er feststellen, dass es sich lediglich um einen Fotoapparat handelt. Oberbekleidung sucht er vergeblich und so erlaubt sich der Wärter einen letzten Scherz und schickt den jungen Mann in T-Shirt und Boxershorts vor die Tür. So steht er spärlich bekleidet in der sengenden Sonne, als seine Freundin in einem Cabrio vorfährt. Das Nötigste für sein neues Leben in Freiheit hat sie ihm auch gleich mitgebracht:

93 Abb. vgl. Pricken 2001, S. 114.
94 Vgl. Pricken 2001, S. 114.
95 Vgl. Pricken 2001, S. 37.
96 Vgl. Raszkowski 1994, S. 25 u. 56.

eine Levi's 501. Nachdem der junge Mann die Hose angezogen hat, fotografiert er seine hübsche Freundin von allen Seiten und wirft den Fotoapparat mit den belichteten Bildern dem Wärter als Abschiedsgeschenk zu. Die Botschaft dieses Spots lautet, dass dem jungen Mann das „Original" bleibt, während der Wärter sich mit dem Abbild in Form der Fotos begnügen muss. Mit „Original" ist zunächst die Levi's 501 gemeint, die Urjeans, um die sich zahlreiche Mythen ranken[97], aber natürlich auch die erotische Freundin, die mit dem jungen Mann in die Freiheit fährt. Mit diesem Werbespot startete der Schauspieler Brad Pitt seine Hollywoodkarriere.

Das Image des Sieger-Typen wird auch von Teenie-Stars aufrechterhalten, so beispielsweise durch den Schauspieler Luke Perry, der in der US-Kultserie der 1990er „Beverly Hills 90210" den rauen, schwierigen Dylan McKay spielt. Perry ähnelt stark dem Idol der 1950er, James Dean, und verkörpert in der Serie den „Lonesome Rider"[98] der End-1990er Jahre, der in Jeans, Sweatshirt und Turnschuhen äußert sexy aussieht und trotz seiner problematischen Jugend eines versprüht: Lebensfreude.[99]

6. Literatur

Albaum, Michael: Das Kundenbuch. Menschen und ihr Einkaufsverhalten bei Bekleidung. Frankfurt am Main 1997.

Ardelt, E.: Tiefenpsychologie. In: Dorsch, Friedrich (Hrsg.): Psychologisches Wörterbuch. Bern/Göttingen/Toronto 1994[12], S. 803.

Ayaß, Ruth: Zwischen Innovation und Repetition: Der Fernsehwerbespot als mediale Gattung. In: Willems, Herbert (Hrsg.): Die Gesellschaft der Werbung. Kontexte und Texte. Produktionen und Rezeptionen. Entwicklungen und Perspektiven. Wiesbaden 2002, S. 155–171.

Bauer Media KG: Bravo Faktor Jugend 7: Marken und Trends. Hamburg 2004.

Bergius, R.: Massenpsychologie. In: Dorsch, Friedrich (Hrsg.): Psychologisches Wörterbuch. Bern/Göttingen/Toronto 1994[12], S. 463.

Borstnar, Nils: Der Mann als Motiv. Das Konstrukt der Männlichkeit in der Werbung. In: Willems, Herbert (Hrsg.): Die Gesellschaft der Werbung. Kontexte und Texte. Produktionen und Rezeptionen. Entwicklungen und Perspektiven. Wiesbaden 2002, S. 691–709.

Brückner, Wolfgang: Jeans-Mythos und Waren-Wirklichkeit. In: Bausinger, Hermann/Jeggle, Utz/Korff, Gottfried/Scharfe, Martin/Warneken, Bernd Jürgen (Hrsg.): Jeans. Beiträge zu Mode und Jugendkultur. Tübingen 1985, S. 35–38.

Buxbaum, Gerda: Die Looks der Folklore. In: Buxbaum, Gerda (Hrsg.): Mode! Das 20. Jahrhundert. München 1999, S. 102–103.

[97] Vgl. Kästner, Entstehungs- sowie Verbreitungsgeschichte, in diesem Band.

[98] Raszkowski 1994, S. 28. Mit dem „Lonesome Rider" (engl., einsamer Reiter/Fahrer) ist hier vermutlich der motorradfahrende junge Wilde gemeint, der am Ende doch allein bleibt.

[99] Vgl. Raszkowski 1994, S. 30 und Videomitschnitte der Serie auf RTL.

Curtaz, Inge/Ruchti-Göller, Sigrun/Schäfer, Erich/Schmid, Maria/Senkel, Jürgen: Wirtschaftslehre des Haushalts. Ein Lehr- und Arbeitsbuch. Paderborn 1992.

Dettmer, Elke: Levi Strauss, San Francisco: Blue Jeans als amerikanisches Symbol. In: Bausinger, Hermann/Jeggle, Utz/Korff, Gottfried/Scharfe, Martin/Warneken, Bernd Jürgen (Hrsg.): Jeans. Beiträge zu Mode und Jugendkultur. Tübingen 1985, S. 47–97.

Dorsch, Friedrich (Hrsg.): Psychologisches Wörterbuch. Bern/Göttingen/Toronto 1994[12].

Dupuy, Pierre: Jeans – die Levi-Story (aus dem Französischen von Alfred P. Zeller). Stuttgart 1990.

Finlayson, Ian: Denim – der Kult und seine Geschichte (aus dem Englischen von Bettina Loidl und Roland Michaelis). Wien 1991.

Glaser, W.: Image. In: Dorsch, Friedrich (Hrsg.): Psychologisches Wörterbuch. Bern/Göttingen/Toronto 1994[12], S. 343f.

Hartung, Susann: Die Geschichte der Jeans - Die Chronik eines Chamäleons. In: Dartmann, Lisa/Hartung, Susann/Krah, Eva-Susanne (Hrsg.): Jeans: Forever Young. Frankfurt/Main 1993[2], S. 10–20. (=1993a)

Hartung, Susann: Jeans & Film. In: Dartmann, Lisa/Hartung, Susann/Krah, Eva-Susanne (Hrsg.): Jeans: Forever Young. Frankfurt am Main 1993[2], S. 26–33. (=1993b)

http://www.levis.com (03.12.03)

http://www.levissignature.com (03.12.03)

Jacobs, Ulla: Jeans. Das Symbol der freien Gesellschaft. In: Horx, Matthias/Wippermann, Peter: Markenkult. Wie Waren zu Ikonen werden. Düsseldorf 1995, S. 240–267.

Jeier, Thomas: Jeans Jeans Jeans. Vom Kult der starken Hosen. Bergisch Gladbach 1987.

Kästner, Sabrina: Hippiemode. In: Schmidt, Doris (Hrsg.): Jugendkulturelle Moden. Von Hippie bis HipHop. In: Studienreihe Mode und Textilwissenschaft (Hrsg. von Doris Schmidt). Band 1. Baltmannsweiler 2003, S. 2–15.

Knoblauch, Hubert/Raab, Jürgen: Der Werbespot als kommunikative Gattung. In: Willems, Herbert (Hrsg.): Die Gesellschaft der Werbung. Kontexte und Texte. Produktionen und Rezeptionen. Entwicklungen und Perspektiven. Wiesbaden 2002, S. 139–154.

Könenkamp, Wolf-Dieter: Jeans – Mode und Mythen. In: Bausinger, Hermann/Jeggle, Utz/Korff, Gottfried/Scharfe, Martin/Warneken, Bernd Jürgen (Hrsg.): Jeans. Beiträge zu Mode und Jugendkultur. Tübingen 1985, S. 99–179.

Krah, Eva-Susanne: Wertewandel = Werbewandel? In: Dartmann, Lisa/Hartung, Susann/Krah, Eva-Susanne (Hrsg.): Jeans: Forever Young. Frankfurt am Main 1993[2], S. 144–157.

Meschnig, Alexander: Markenmacht. Hamburg 2002.

Microsoft® Encarta® Professional 2002. © 1993–2001 Microsoft Corporation. Alle Rechte vorbehalten.

Ontrup, Rüdiger: Reklame, Werbung, dialogische Markenkommunikation. Werbewandel und Werbewirkung aus der Perspektive der Praxis. In: Willems, Herbert (Hrsg.): Die Gesellschaft der Werbung. Kontexte und Texte. Produktionen und Rezeptionen. Entwicklungen und Perspektiven. Wiesbaden 2002, S. 785–805.

Pricken, Mario: Kribbeln im Kopf. Kreativitätstechniken und Brain-Tools für Werbung und Design. Mainz 2001.

Raszkowski, Petra: Jeans. Ein heißer Stoff. Wien 1994.

Rosenstiel, Lutz von/Kirsch, Alexander: Psychologie der Werbung. Rosenheim 1996.

Schindler, Peter U.: The Jeans Encyclopedia of Legend, Past and Present. Milano/Overath 1992.

Schnierer, Thomas: Soziologie der Werbung. Opladen 1999.

Schweiger, Günter/Schrattenecker, Gertraud: Werbung. Eine Einführung. Stuttgart/Jena 2001[5].

Sowinski, Bernhard: Werbung. Tübingen 1998.

Strüber, H.-J.: Behaviorismus. In: Dorsch, Friedrich (Hrsg.): Psychologisches Wörterbuch. Bern/Göttingen/Toronto 1994[12], S. 96–98.

Symolka, Michael G.: Hippie-Lexikon. Psychedelic, Peace & freie Liebe. Das ABC der Flower-Power-Ära. Berlin 1999.

Wehner, Christa: Überzeugungsstrategien in der Werbung. Eine Längsschnittanalyse von Zeitschriftenanzeigen des 20. Jahrhunderts. Opladen 1996.

8.

Jeansschnitte – Jeansformen – Jeanskörper

Karin Mann

Zeichnung: Karin Mann

1. Einleitung

Grundlage jeder Jeanshose ist der Jeansstoff – in der Regel Denim –, der zunächst zerschnitten und anschließend durch Nähte und Nieten zu einem dreidimensionalen Objekt zusammengesetzt und damit dem menschlichen Körper angepasst wird.[1] Der Jeansschnitt hängt demnach von der Form des Körpers ab. Umgekehrt formt aber auch der Zuschnitt der Jeans den Körper, legt als Hülle die Silhouette des Körpers fest und wird zu dessen äußerlich sichtbaren Form. Durch den Schnitt bzw. die Form verweist die Jeans auf das untrennbare Gefüge von Körper und Kleidermode. Neben einer direkten, haptischen Verbindung der Kategorien Körper und Mode repräsentiert die Jeans darüber hinaus die soziale und kulturelle Rolle des Körpers.

Die Betrachtung von Jeansschnitten und Passformen, die sich seit der Erfindung der Jeans im 19. Jahrhundert immer wieder gewandelt haben, kommt daher nicht ohne die Grundlage des menschlichen Körpers aus. Denn Jeansschnitte zeigen nicht nur die Entwicklung der Jeans sondern auch die Geschichte des Körpers auf.[2] Sowohl Mode als auch Körper sind einem historischen Wandel unterworfen. Dieser Wandel stellt für die Mode schon immer eines ihrer wichtigsten Merkmale dar.[3] Aber auch im Hinblick auf den Körper fand im wissenschaftlichen Diskurs spätestens seit der Rezeption von Norbert Elias ein Umdenken statt: Der Körper ist keine natürliche, fixe Größe, sondern in hohem Maße gesellschaftlich überformt und daher ebenfalls einem starken Wandel unterworfen. Dabei stehen der Modewandel und der Wandel des Körpers in einem Verflechtungszusammenhang.[4]

2. Exemplarische Betrachtung verschiedener Jeansschnitte und Jeanskörper

Nachstehend soll nun anhand exemplarisch ausgewählter historischer und aktueller Jeansschnitte und -formen das Beziehungsgefüge von Jeansmode und Jeanskörper beleuchtet werden.

2.1 Der arbeitende Jeanskörper

Die Jeans ist (angeblich)[5] eine Erfindung von Levi Strauss, einem deutschen Einwanderer in den USA, der zur Zeit der Goldgräber sein Glück suchte und

1 Allgemein ist das Ausgangsmaterial für die Kleidermode der menschliche Körper – ein dreidimensionales und bewegliches Gebilde im Raum. (Vgl. Lehnert 1998, S. 8.)

2 Vgl. zum Verhältnis von Schnitt und Körper auch Kraft 2001, S. 18ff.

3 Vgl. z.B. Schnierer 1995, S. 21ff.

4 Vgl. hierzu Janalik/ Schmidt 1998 und Mann 2002.

5 Zur Kritik am gängigen Mythos der Entstehungsgeschichte vgl. Könenkamp 1995, S. 117ff.

fand. Allerdings nicht mit dem Graben nach Gold, sondern mit der Herstellung und dem Verkauf von Jeanshosen als robusten Arbeitshosen für Goldgräber.[6] Die Jeans ist also im Ursprung eine Hose für den arbeitenden Körper, was sich auch in den ersten Schnittformen der Jeans manifestiert.

Welche äußere Form letztlich die sogenannte Urjeans hatte, darüber ist man sich in der Literatur uneinig. Es werden in diesem Zusammenhang sowohl die Jeans in Form der Pantalons[7] als auch in Form der Latzhosen[8] genannt.

Die Pantalons waren wie die Genuiser Matrosenhose[9] geschnitten und werden daher auch in Zusammenhang mit der Namensgebung der Jeans gebracht – die amerikanische Aussprache von 'Genuis'. Diese Hosenform war gerade und relativ weit geschnitten, in der Taille mit einem Gürtel zusammengehalten und reichte bis zu den Knöcheln. Zusätzlich hatte sie aufgesetzte Vordertaschen. Laut der Levi-Strauss-Saga, der ein gutes Stück werbestrategische Phantasie unterstellt werden muss, entstand diese erste Jeansform durch einen Goldgräber, dessen alte, zerschlissene Hose der Stoffhändler Levi Strauss auftrennte. Die so entstandenen Schnittteile übertrug er auf einen festen Stoff, den Serge de Nîmes (kurz, Denim). Der Goldgräber war mit seiner neuen strapazierfähigen Hose zufrieden und Levi Strauss hatte ein Marktlücke entdeckt.

Dieser sehr einfach geschnittenen Hose wurden nun nach und nach Details beigefügt. Auf der Rückseite wurden Taschen aufgesetzt. Um 1885 entstand ein verstellbarer Riegel am Bund. So konnte die Bundweite ohne Gürtel reguliert werden. Gleichzeitig wurde die sogenannte Watch-Pocket, die kleine Uhrentasche in der linken Vordertasche eingeführt.

Eine spektakuläre Neuerung im Hinblick auf das Zusammensetzen der einzelnen Schnittteile zu einer Jeanshose waren die Nieten. Nieten wurden bis dahin ausschließlich für die Zusammensetzung von Leder, beispielsweise bei der Herstellung von Pferdegeschirr verwendet. Der aus Riga stammende Einwanderer Jacob W. Davis kam um 1870 auf die Idee, Hosentaschen mit Nieten zu befestigen, um diese strapazierfähiger zu machen. Im Zuge der Patentierung suchte er einen finanzkräftigen Partner, den er in Levi Strauss fand. Auf dem Patentbrief von 1873 ist eine Hose in Form der Pantalon dargestellt, auf der die Nieten an mehreren Stellen der Hose zu sehen sind. Der junge Mann auf der Patentzeichnung, der das „improvement in fastening pocket-openings" präsentiert, hält in der linken Hand einen Pickel – ein Accessoire, dass das Patent der Nieten eindeutig als Teil einer Arbeitskleidung ausweist.

---

[6] Vgl. hierzu Kästner, Entstehungsgeschichte, in diesem Band.

[7] Vgl. z. B. Friedmann1988, S. 34 und Hartung 1993, S. 11.

[8] Vgl. z. B. Schopp 1995, S. 4 und Könenkamp 1985, S. 117f.

[9] Diese existierte bereits seit dem 16. Jahrhundert (vgl. Schmid/Loschek 1999, S. 40). Im Gegensatz zu dieser Etymologie des Begriffs Jeans wird in der Literatur auch Genua als Herkunftsort des billigen Baumwollstoffes genannt, der vor dem Serge de Nimes bei der Herstellung von Jeans verarbeitet wurde (vgl. Hartung 1993, S. 11 und Wisniewski 1996, S. 134).

Neben der Pantalon kann es aber auch die Latzhose gewesen sein, die erstmals aus Serge de Nimes hergestellt wurde und so den Beginn der Jeansgeschichte markiert. Hier handelt es sich ebenfalls um eine relativ weit geschnittene, knöchellange Hosenform, die jedoch vorne oberhalb des Bundes einen Latz angesetzt hat, der wiederum mit Hosenträgern am hinteren Bundrand befestigt wird. Der Latz trägt häufig eine Brusttasche, in der kleinere Arbeitsgeräte verstaut werden können. Die Latzhose ist bis heute eine gängige Form der Arbeitshose, da sie durch ihren Schnitt bequem ist, über eine zusätzliche Tasche als Stauraum verfügt und im Brustbereich die darunter getragene Kleidung bedeckt und somit vor Verschmutzung schützt.

Unabhängig davon, welche Jeansform als die älteste angesehen wird, sie hat auf jeden Fall den arbeitenden Körper der Goldgräber und später auch der Farmer und Cowboys bekleidet. Entsprechend lässt ihr Schnitt Bewegungsfreiheit zu und sowohl Stoff als auch nähtechnische Verarbeitung (Kappnaht und Nieten) zeugen von einer sehr hohen Strapazierfähigkeit.

Die Jeans bekleidet hier einen Körper, der auf seine Funktion als arbeitender Körper reduziert wird. Die Jeans leistet einen Beitrag zur Erhaltung der Arbeitskraft, indem sie durch relativ festen Stoff vor Stößen und Verletzungen schützt. Lebenserhalt und die Möglichkeit des sozialen Aufstiegs waren von den glückssuchenden Randgruppen, die sich in den Westen der USA vorwagten nur durch massiven Körpereinsatz zu erreichen.

Die Nieten, aus dem Pferdegeschirr übernommen, zeigen in diesem Zusammenhang überdeutlich eine Funktionalisierung des Arbeitskörpers als Hoffnungsträger: Die Rolle des Pferdes als 'Arbeitstier' in der Zeit vor der vollständig durchdringenden Industrialisierung und Technisierung wird symbolisch auf den menschlichen Körper – auf den Jeanskörper des Goldgräbers, des Farmers oder des Cowboys – durch die Niete übertragen.

2.2 Der rebellische Jeanskörper

Jeans und Protest (mit Körpereinsatz) sind eng miteinander verbunden. Hauptvertreter dieses rebellischen Jeanskörpers sind zum einen die Jugendkultur der Halbstarken und deren mediale Repräsentanten James Dean und Marlon Brando sowie die Studentenbewegung.

Auch wenn die Verbindung von jugendlicher Rebellion und Jeans zu einem beachtlichen Anteil Mythos ist[10], hat sich dieser Mythos doch hartnäckig im kollektiven Bewusstsein von dem was eine Jeans ausmacht verankert. Die Jeans wurde durch diesen Mythos zu einem Kleidungsstück gemacht, dass einen spezifischen Körpergebrauch impliziert. Exemplarisch soll im folgenden auf die Mode der

---

[10] Vgl. Könenkamp 1995.

Halbstarken und deren Visualisierung im amerikanischen Spielfilm eingegangen werden.[11]

Marlon Brando erscheint im Film „The wild one“ (1955) mit seiner Motorradgang in Lederjacke, Lederstiefeln, Ledermütze, mit Sonnenbrille und nicht zuletzt in Jeans. Diese ist relativ eng und gerade geschnitten, sitzt im Bund auf Hüfthöhe und wird mit einem Ledergürtel gehalten. Die röhrenförmigen Hosenbeine[12] sind am unteren Ende etwas nach oben gekrempelt und geben so den Blick auf die festen Stiefel frei.

Materialien wie Jeans und Leder verweisen hier auf Härte und die Bereitschaft zur körperlichen Gewalt. Auch das Verhalten der Protagonisten im Film demonstriert unablässig einen riskanten Umgang mit dem eigenen Körper und mit dem Körper anderer: Schnelles Motorradfahren (ohne Helm), das provozieren eines Motorradunfalls, das ‘Herumwerfen’ eines alten Mannes, die permanente Provokation von Ordnungshütern, Schlägereien, das langsame überqueren einer Motorradrennbahn etc.[13]

Durch die körpernah geschnittene Jeans wirkt die Hüfte relativ schmal. Diese Wirkung der Silhouette wird durch den Schnitt der Lederjacke noch verstärkt: sie endet an der Stelle, an der die Jeans beginnt und ist hier ebenfalls körpernah geschnitten. Im Brust- und Schulterbereich dagegen wird sie weiter. Breite Schultern und schmale Hüften stellen eine Betonung der männlichen Körperform dar. Doch das gesamte Outfit und nicht zuletzt die Jeanshose als in der Erwachsenenmode nicht etabliertes Kleidungsstück vermitteln keine ‘gesellschaftsfähige’ Form von Männlichkeit, wie sie wenige Jahre zuvor durch den Soldat repräsentiert wurde. Im Gegenteil handelt es sich um einen männlichen Körper der auf Konfrontation zum ‘Normalbürger’ angelegt ist – der in seiner (Körper-)Haltung zutiefst rebellisch ist.

2.3 Der weibliche Jeanskörper

Die Jeanshose spielt als Symbol im sozialen Wandel von Geschlechterrollen eine bedeutende Rolle und ihr Schnitt kann auch heute noch als Indikator für geschlechtsspezifische Rollenbilder herangezogen werden.

In den 50er Jahren begannen Frauen Jeans zu tragen. Als Massenphänomen trat die Frauenjeans jedoch erst in den 60er Jahren in Erscheinung. Die Frauen „eigneten sich damit die erste Hose an, die sie nicht mehr nur in Ausnahmesituationen, sondern auch im Alltag tragen konnten.“[14]

---

[11] Zum Thema Jeans und Jugendkulturen vgl. Mann, in diesem Band.

[12] Die röhrenförmigen Hosenbeine haben dazu geführt, dass die Jeans auch als Röhrenhose bezeichnet wurde. Heute ist die Röhrenjeans eine mögliche Jeansform, die (je nach Hersteller) mit der Bezeichnung „slim fit“ oder „standard fit“ umschrieben wird.

[13] Vgl. „The wild one“ 1955.

[14] Friedmann 1988, S. 88.

Wichtige Vorraussetzung für das Tragen von Hosen bei Frauen war bis zu dieser Zeit noch, dass der Verschluss seitlich oder hinten angebracht war. „Frontal, nach Männerart, war das letzte Tabu, mit dem zu brechen war, um die Hose aus ihrer geschlechtlichen Zuordnung gänzlich zu befreien.“ [15] Dieses Tabu brach die Jeans, die sich als Unisex-Hose zunächst unter den Jugendlichen etablierte.

Der Jeanskörper der Frau weist in zwei Richtungen einen Wandel des sozial (re-)produzierten Frauenkörpers auf: Auf der körperlich-haptischen Ebene wird das Körperbewusstsein der Frau beeinflusst und verändert. Durch das Tragen von Jeanshosen verändert sich das Repertoire weiblicher Körpersprache.[16] Die Körpersprache wird offener, offensiver und beweglicher. Breitbeinige Stellung und selbstbewusste Haltung sind im Zusammenhang mit Jeans und deren Etablierung als Frauenhose auch in der Modefotografie zu beobachten.[17] Darüber hinaus erinnern die engen Jeans den weiblichen Körper ständig daran, dass es ihn gibt.[18]

Auf der sozialen Ebene vermittelt der Frauenkörper in Jeans nach außen einen Wandel von Geschlechterrollen in der Gesellschaft. „Die Inbesitznahme der Hose durch Frauen ist als entscheidender Schritt in Richtung Auflösung artifizieller, hierarchischer, geschlechtlicher Differenzierung zu werten, durch den die strenge Grenzziehung zwischen männlichem und weiblichem Kleidercode aufgehoben wurde.“ [19] Die Beweglichkeit des weiblichen Jeanskörpers korrespondiert demnach mit einer neuen Beweglichkeit der Frau in der Gesellschaft.

Auch wenn die Jeans für die Frau einen emanzipatorischen Schritt heraus aus tradierten Geschlechterrollen symbolisiert, weist sie in ihrer ersten (Pass-)Form doch Relikte der weiblichen Körperverformung und Schnürung auf: Die erotischen, Po betonenden und in der Taille eng und einschnürend sitzenden Jeans „greifen auf eine verführerische Variante der weiblichen Kleidung zurück“ [20]. Sie bieten den männlichen Blicken eine „verhüllte Verführung“ [21] dar, die die weiblichen Körperformen nicht nur nachzeichnet, sondern sozial konstruierte ‘Frauenformen’ produziert, ähnlich wie noch kurz zuvor das Korsett.

Vor allem in den 50er (und frühen 60er) Jahren ist diese ‘aufreizende’ Frauenjeans an Brigitte Bardot[22], Marilyn Monroe[23] und deren Nacheiferinnen zu sehen. Sie weicht gemeinsam mit dem üppigen Frauenkörper in den 60er Jahren nach und nach der Androgynität.

---

[15] Wolter 1994, S. 284.
[16] Vgl. Wolter 1994, S. 294.
[17] Vgl. Mann 2002, S. 138.
[18] Vgl. Preuss-Lausitz 1983, S. 96.
[19] Wolter 1994, S. 294.
[20] Friedmann 1988, S. 92.
[21] Friedmann 1988, S. 92.
[22] Z. B. in dem Film „Und immer lockt das Weib“ (1956).
[23] Z. B. in dem Film „Fluß ohne Wiederkehr“ (1954).

Im Verlauf der Geschichte der Frauenjeans wird als Entwicklungstendenz zunächst eine Geschlechteregalisierung deutlich. Die Hüfthose der späten 60er und frühen 70er Jahre, die unten mit Schlag versehen war, wurde in sehr ähnlicher Form von Männern und Frauen getragen. Der weite Schnitt an den Hosenbeinen brachte dieser Form den Namen 'bellbottom' (engl., 'Glockenboden') ein. In den 80er Jahren wandelte sich die Form in die entgegengesetzt Richtung: Die Jeans wurde unten schmal und an der Hüfte weit, der Bund rutschte wieder nach oben in die Taille (s. u.). Diese Form wurde ebenfalls von beiden Geschlechtern getragen.

Eine Gegenbewegung zum Unisex-Jeanskörper ist seit den 90er Jahren zu verzeichnen. Auf der einen Seite werden die Männerjeans weiter (bis sackartig), mit geradem Schnitt. Auf der anderen Seite etabliert sich bei Frauen und Mädchen wieder die Jeansform der frühen 70er Jahre. „1995 holte Tom Ford für Gucci die Hüfthose der 70er Jahre aus der Versenkung. Young Fashion bemächtiget sich sofort des Themas."[24] Die 'Hipster' (abgeleitet von engl. hip; Hüfte) verbreiten sich in einem rasanten Tempo in der Jugendmode.[25] Von dort aus sind sie in gemäßigter Form auch bei der Mode erwachsener Frauen angekommen.

Mit dieser Veränderung der weiblichen Jeansform hin zu einer massiven Körperbetonung durch sehr tief sitzenden Bund (über dem nicht selten der obligatorische Stringtanga zu sehen ist), bis unters Knie sehr eng geschnittenem Bein, hautengem Sitz am Po und unten leicht ausgestelltem Schlag ist auch eine Reform im Bereich des Stoffes eingetreten. Mussten in den 60er Jahren junge Frauen noch mit der Jeans in die Badewanne steigen um mit der Jeans die Körperformen nachzuzeichnen, helfen heute Stretchstoffe bei dieser Passungsarbeit. Die als Grundfaser der Jeans obligatorische Baumwolle wird mit Elasthan gemischt.

So wichtig die Rolle der Jeans als Unisex-Hose und damit als vestimentares Zeichen emanzipatorischer Bewegungen ist, so sehr ist sie doch in der augenblicklichen (Jugend-) Mode ein Symbol neuer Geschlechterdifferenzierung. Ein Rückfall in tradierte Geschlechterrollen und damit verbunden in klischeehafte Körperpräsentationen scheint eine Sehnsucht nach Sicherheit zu visualisieren, die eine 'Gender-Vielfalt' nicht zu bieten hat. Geschlecht wird durch die aktuellen Jeansformen in einer Weise konstruiert, die für die Vorreiterinnen der Frauenbewegung wenig erfreulich erscheinen muss.

2.4 Der Jeanskörper als Karotte

Die Mode der 80er Jahre hat eine Jeansform zu bieten, die dank ihrem Schnitt und der damit verbundenen Silhouette des Körpers mit einem Gemüse verglichen wird. Es handelt sich um eine Jeansform, deren Bund in der Taille sitzt, die

[24] Mueller-Stindl 1997, S. 198.
[25] Vgl. Mueller-Stindl 1997, S. 198.

oben relativ weit geschnitten ist und deren Hosenbeine nach unten immer enger werden – ähnlich der Form einer Karotte.

Diese Hosenform steht im Zusammenhang mit dem, die 80er Jahre prägenden Oversize-Look (oversize engl., Übergröße) der für beide Geschlechter relevant war.

Die etwas ausladende Form der Hüfte durch den weiten Schnitt in diesem Bereich wird auch durch eine weitere modische Erscheinung der 80er Jahre, den Ballonrock demonstriert.[26] Hier wird der Stoff mehr drapiert als zugeschnitten. Auch bei der Karottenhose kann in gewisser Weise von einer Drapierung die Rede sein: Zum einen wird die Karottenhose unten häufig aufgekrempelt, eine Trageweise bei der der Träger bzw. die Trägerin selbst Hand anlegt. Zum anderen bedingt die weite Form, dass die Passung in der Taille oft nicht durch den Schnitt sondern durch das zusammenziehen des Denim mit einem Gürtel erreicht wird. Denn in der Taille sollte die Karottenjeans eng sitzen.

Der 'Jeanskörper als Karotte' verweist in zweifacher Hinsicht auf die Verbindung von Jeansschnitt und Körper. Auf der einen Seite ist diese Umkehrung der in den 70er und 90er Jahren üblichen Silhouette, mit engem, tiefem Sitz auf der Hüfte und nach unten weiter werdenden Hosenbeinen ein Beweis, wie sehr sich die Silhouette durch die Jeans wandeln kann. Auf der anderen Seite war die Karottenjeans eine Hosenform für beide Geschlechter. Die relativ breit wirkende Hüfte verhilft dem männlichen Körper zu einer Annäherung an den weiblichen Körper.[27]

2.5 Der raumgreifende Jeanskörper

Jeanshosen[28] im Bereich der aktuellen Jugendkultur des HipHop haben durch ihre Form starke Irritationen bei den Erwachsenen ausgelöst. Verantwortlich dafür ist primär der Schnitt: Dieser zeichnet sich neben einer enormen Weite und Länge, dem sogenannten Oversize-Look, durch einen tief auf der Hüfte sitzenden Bund und einen stark nach unten verschobenen Schritt aus.[29] Aufgrund dieses 'Schlabberlooks' tragen diese Hosen den Namen Baggypants (engl., ausgebeult, sackartig). „Entsprechend der äußeren Form der Hose sind als schnitttechnisches Detail die hinteren Hosentaschen auf der Höhe der Oberschenkel

---

[26] Der Ballonrock war bereits in den 50er Jahren an Coktailkleidern von Dior und Givenchy zu sehen. Sein Revival erlebte er kurzzeitig Mitte der 80er Jahre. Die enorme Stofffülle wird bei diesem Rock unten am Saum durch ein angenähtes Futter mit weniger Saumweite zusammengerafft, so dass eine Ballonform entsteht. (Vgl. Mann 2002, S. 176.)

[27] Dieses Phänomen der Annäherung wird auch durch den in den 80er Jahren aufkommenden Schmuck für Männer unterstützt: Jungen und Männer tragen Ringe, Ketten und Ohrringe.

[28] Die hier beschriebene Hosenform ist nicht ausschließlich in Form von Jeans anzutreffen. Die Jeans ist jedoch in der HipHop-Mode am meisten verbreitet und ist neben der Bluejeans auch in anderen Farbtönen zu sehen.

[29] Vgl. Mann 2003, S. 147.

angebracht und in ihrer Größe der Weite der Hose angepasst."[30] Dieser Schnitt zieht die Notwendigkeit von 'Drapierungsarbeit' nach sich: Die Hosenbeine werden unten häufig umgeschlagen (sind aber immer noch lang genug, um über die Ferse auf den Boden zu reichen), der Bund wird auf die Hüfte gezogen und die Unterhose (in Form von Boxershorts) wird so nach oben gezogen, dass sie über dem Jeansbund sichtbar wird. Nicht nur die Hosenform sondern auch die Trageweise leistet einen Beitrag zur vestimentären Integration in die Jugendkultur HipHop.

Die Revolution im Bereich des Jeansschnittes durch Baggypants wurde zunächst von den führenden Jeansherstellern als kurzfristige Erscheinung einer kleinen jugendkulturellen Gruppierung ignoriert. Da HipHop und damit verbunden auch die Hosenform der Baggypants mittlerweile auf eine fast 30jährige Geschichte blickt und der größte Teil der (männlichen) Jugendlichen sich diesen Kleidungsstil angeeignet hat, haben nun auch die Hersteller reagiert. Selbst Levis hat die sogenannte klassischen 501-Jeans (deren Schnitt sich im Lauf der Geschichte im selben Maße ändert, wie sich die Jeansmode ändert) im November 2003 an die Jeansform der Jugendkultur HipHop angepasst. Unter der Überschrift „Originale tragen das Original. Die neue Levi's 501. Comeback einer Legende."[31] wird im Lifestylemagazin dummy die alte Hose im neuen Schnitt von namhaften Vertretern der deutschen HipHop-Szene präsentiert, darunter Michi Beck (DJ und Rapper der „Fantastischen Vier" und der „Turntablerockers") und Thomas D. (Solorapper und ebenfalls Mitglied der „Fantastischen Vier"). Die 501 ist auf diesen Fotos weit geschnitten, der Bund sitzt auf der Hüfte und der Schritt ist ebenfalls weiter unten angesetzt. Die Hosenbeine sind überdimensional lang, so dass sich die Jeans unten in Falten über die (Turn-)Schuhe legt. Durch den tief sitzenden Bund ist bei Michi Beck als Modell der Bund der Unterhose zu sehen. Es handelt sich hier um eine relativ gemäßigte Schnittform einer Baggypant, nichts desto trotz sind alle Merkmale einer HipHop-Hose vertreten.

Die Baggy-Jeans ist ein weiteres Merkmal der erneuten Geschlechterdifferenzierung unter Jugendlichen. Die weite, raumgreifende Hosenform wird primär von jungen Männern getragen. Kontrastiert wird die 'schlabrige', körperverhüllende Silhouette durch die hautenge, körperbetonende Jeansmode junger Mädchen (s. o.).

Darüber hinaus kann diese Form der Jeanshose zusammen mit den Aktionsformen der Jugendkultur HipHop[32] in das Phänomen der Raumaneignung eingeordnet werden. Eine körperferne und voluminöse Silhouette führt zu einem raumgreifenden Körperbewusstsein, dass auch in einem entsprechend ausladen-

[30] Mann 2003, S. 147.
[31] dummy Heft 01, Winter 2003/04, S. 66.
[32] Die Aktionsformen des HipHop sind Graffiti, Breakdance, DJing und MCing (Rap). (Vgl. hierzu Mann 2003.)

den Gang und einer extrovertierten (wenn auch stark normierten) Gestik zum Ausdruck kommt.

Die weite Jeanshose bekommt in diesem Zusammenhang für die Jugendlichen einen entscheidenden symbolischen Wert: Es wird der Wunsch nicht übersehen zu werden visualisiert. Durch den raumgreifenden Jeanskörper wird Raum in Anspruch genommen, auch Raum innerhalb der Gesellschaft.

2.6 Der Kaufhausjeanskörper

Im Verlauf der Geschichte hat der Körper durch die Mode eine zunehmende Normierung erfahren. Die Einteilung der Menschen in normierte Kleidergrößen als Vorraussetzung und Folge der Konfektionierung und damit der industriellen Massenproduktion verweist auf eine Vermessung und Standardisierung des menschlichen Körpers.[33] Seit dem 18. Jahrhundert ist, ausgelöst durch die Uniformierung der Soldaten, die steigende Tendenz einer Reduzierung des Menschen auf seine Körpermaße zu beobachten.[34] „Durch die Konfektionierung werden nicht nur Kleidergrößen von Soldaten und Zivilisten standardisiert. Der Körper, der ganze Mensch wird in 'Grundgrößen' gebracht, er wird standardisiert, uni-formiert und in gewissem Sinne konfektioniert."[35]

Auch wenn Jeans mittlerweile laufstegfähig geworden sind und Einzug in die Kollektionen der Haute Couture gefunden haben, kommt der Jeans als Konfektionsware die (zumindest quantitativ) größte Bedeutung zu: Jeans werden den potentiellen Kundinnen und Kunden massenweise in Kaufhäusern präsentiert. Jeanshosen werden dabei in verschiedenen Passformen und innerhalb dieser Passformen in unterschiedlichen Konfektionsgrößen angeboten.

Konfektionsgröße und Passformklasse sind dabei nicht nur Einteilungsgrößen des Körpers durch die Hersteller, sondern darüber hinaus auch Ordnungskategorien bei der Präsentation von Jeanshosen in Kaufhäusern und Boutiquen.

Die Bezeichnungen der Passformen sind von Hersteller zu Hersteller unterschiedlich. Exemplarisch werden im folgenden aktuelle Passformen der Jeans bei H&M und von Levi's (bei P&C) aufgeführt:

---

33 Vgl. Lehnert 1998, S. 8.
34 Vgl. Janalik/Schmidt 1998, S. 92ff.
35 Janalik/Schmidt 1998, S. 93.

	Bezeichnung der Passform	**Schnitt**	**Längen (in Inch)**	**Weiten (in Inch)**
H&M für Frauen	flared leg	Kleiner Beschlag an den Beinenden	30, 32, 34	26–32
	extreme flared	Großer Beschlag an den Beinenden	-"-	-"-
	girls boot cut[36]	Kleiner Schlag der schon ab dem Knie beginnt	-"-	-"-
	slim fit	Schmale, gerade Schnittform, ähnlich einer Röhrenhose	-"-	-"-
	boot cut stretch	Unten ausgestellt und aus Stretchmaterial hergestellt (es wird so eine engere Passform erreicht)	-"-	-"-
H&M für Männer	boot cut bronze	Schlag beginnt schon am Knie	30, 32, 34	29–36
Levi's (bei P&C)	standard fit	Gerader, 'normaler' Schnitt (körpernah aber nicht eng sitzend)	29–36	29–36
	boot cut	Unten leicht ausgestellt	-"-	-"-
	501	Hohe Taille, oben relativ weit, unten enger werdend		
	Neue 501	Taille niedriger und vorn abfallend, Gesäßtaschen nach unten versetzt, Hosenöffnung 2,5 cm kürzer, Gesäß weit geschnitten, Beinform weit und gerade		

(Stand: Dez.2003)

Es fällt auf, dass Levi's keine Geschlechterdifferenzierung vornimmt, während H&M mit einer sehr jugendlichen Käuferschicht deren Bedürfnis nach geschlechtsspezifischen Formen entgegen kommt.

Die Angabe der Längen und Weiten in Inches[37] stellen im Vergleich zu den Kleidergrößen der Damenoberbekleidung eine körperferne Maßeinheit dar. Dennoch handelt es sich bei der Vermessung des Körpers durch die Jeans um eine relative Auflösung des standardisierten Körpers: Kennmaße sind Schrittlänge (L) und Bundumfang bzw. Weite (W), die in verschiedensten Konstellationen kom-

[36] Die Bezeichnung boot cut (engl. 'Stiefel-Schnitt') leitet sich von den ursprünglichen Jeans der Cowboys ab, die unten am Bein weiter geschnitten waren, um über die Stiefel gezogen werden zu können. Da die Stiefel bis unters Knie reichen beginnt auch der Schlag auf dieser Höhe.

[37] 1 Inch entspricht 2,54 cm.

biniert werden. Damit lässt die Jeans dem Körper mehr Optionen für seine Erscheinungsform als die üblichen Kleidergrößen. Bei letzteren ist eine bestimmte Weite an eine bestimmte Länge gebunden. Weder der kleine dicke noch der große dünne Körper sind hier 'zulässig'.[38]

Die Verbindung von Jeans und Körper wird auch in den, für Jeans typischen Präsentationsformen deutlich. Marketing in Form von Werbung spielt eine große Rolle,[39] die Präsentation im Laden aber scheint eher sekundär zu sein. Kaum eine Textilie ist so sehr aufgestapelte Ware wie die Jeans. In Reih und Glied sind die Jeans auf Tischen gestapelt oder in Regale einsortiert. Erst am Körper des Kunden entfalten sie ihre Wirkung, nach Außen wie nach Innen. Es ist daher sinnlos, Schaufensterpuppen mit Jeans zu bekleiden. Einfache Holzregale, die nach Passformgruppen und Weiten sortiert die Jeans wie Suppendosen in Supermarktregalen erscheinen lassen, reichen offensichtlich völlig aus. Denn die Tatsache dass eine Jeans gekauft wird und welche Marke es sein soll[40] wird schon vor dem Betreten des Kaufhauses entschieden. „Zu den Basics geht der Kunde, weil er sie braucht"[41] formuliert diesen Sachverhalt der ehemalige Geschäftsführer von Lee-Jeans Deutschland. Und Basic in so gut wie jedem deutschen Kleiderschrank ist die Jeans schon lange. Die Jeans ist im Laufe ihrer Geschichte eine universale Erscheinung geworden und der Jeanskörper wird in den Umkleidekabinen der Kaufhäuser geformt.

3. Schluss

Die gegenwärtigen Jeansschnitte sind durch eine Gleichzeitigkeit an Stilen gekennzeichnet. Diese beinhalten in Schnitten und Formen sowohl historisches Zitat (z. B. bellbottom, Röhrenjeans, Latzhose) als auch Neukonstruktionen (z. B. Stretchjeans, Baggypants), welche die aktuelle Körperlichkeit widerspiegeln.

Neben der hier beschriebenen Formenvielfalt und dem Formenwandel der Jeanshose wird Denim und die damit verbundene Jeansoptik auch für zahlreiche andere Kleidungsstücke verwendet: Jeanshemden, Jeansjacken, Jeansblazer,

---

[38] Auch wenn bei der Damenoberbekleidung neben der sogenannten Normalgröße auch kurze und lange Größen angeboten werden, die noch durch die Attribute normalhüftig, schmalhüftig und starkhüftig ergänzt werden (vgl. Eberle u. a. 2000, S. 214) spielen diese Differenzierungen im realen Angebot von Mode kaum eine Rolle. Auch bei den Männern und 'Knaben' sind untersetzte Größen, schlanke Größen, Bauchgrößen etc. in Tabellen zu finden (vgl. ebd. S. 215). In den Regalen tauchen diese jedoch nur bei sehr konservativen Modeformen auf.

[39] Vgl. hierzu Kästner / Preissler, Jeanswerbung, in diesem Band.

[40] Wichtig ist (den Herstellern) die Trennung nach Marken im Jeanshop oder im Kaufhaus. Regale und Plakate mit Labels und Passformbildern werden von den Herstellern bereitgestellt. Kunde und Kundin können bei einem solchen Shop-in-Shop-System zielstrebig auf das Regal von Levi's, Mustang oder Wrangler zusteuern. Je nachdem welche Marketingstrategie (außerhalb des Ladens) erfolgreicher war.

[41] Daniel Doumen zit. nach Krah 1993, S. 97.

Jeansröcke (in allen Längen und Weiten), Hotpants, Stiefel aus Jeansstoff, Jeanstaschen, Jeansmützen und Jeansmäntel. Diese Beispiele decken sicher nicht das ganze Spektrum der Jeansartikel in der Mode ab. Es gibt kaum ein Kleidungsstück oder Accessoire, das nicht auch aus Denim und mit Nieten und Kappnähten versehen hergestellt wird. Diese Jeansformen weisen darauf hin, dass die 'Aura' der Jeanshose übertragbar ist. Sie machen Jeans als Symbol für Freiheit und Ungezwungenheit zu einem universellen Lebensstil. Romantisierter 'wilder Westen' und romantisierter Protest werden angezogen und machen den Körper einmal mehr zum Träger vestimentärer Zeichen.

Wie die, in diesem Artikel beschriebenen Beispiele von Jeansformen und -schnitten zeigen, geht die Bedeutung der Jeans über die Arbeits-, Freizeit- und Protesthose jedoch weit hinaus. Sie verweist gerade im Wandel ihrer Formen auf den sozialen Wandel des Körpers auf der einen und eine veränderbare Körperlichkeit auf der anderen Seite. So werden die Jeans und ihre Formen beispielsweise zum vestimentären Zeichen von Geschlechterannäherung und Geschlechterdifferenzierung. Eine wellenförmige Entwicklung, bei der eine Richtungsänderung immer eine entgegengesetzte Richtungsänderung nach sich zieht lässt hoffen, dass die neue (und je nach Altersgruppe mehr oder weniger extreme) Geschlechterdifferenzierung in diesem Sinne eine Gegenbewegung erfährt.

Über die Verbindung zum Körper hinaus, kann der Jeansschnitt aber auch gesamtgesellschaftliche Entwicklungen visualisieren. Mit dem Stichwort des 'desillusionierten Jeanskörpers' kann das Phänomen des Zerschneidens und des bewussten Zerschleißens der Jeans durch den Träger bzw. die Trägerin gefasst werden. Ausgelöst durch die jugendkulturelle Mode der Punker wurde in den 80er Jahren der Jeansschnitt verfeinert, indem quer auf der Höhe der Knie, der Oberschenkel oder am Po die Jeans durchschnitten wurden. Die zerschnittene Jeans, die in Fetzten am Körper hängt visualisiert hier Weltunterganséngste, sei es durch Umweltzerstörung oder durch atomaren Krieg. In ähnlicher Weise lässt sich das Phänomen der 'Used-Jeans' (used, engl.; gebraucht, getragen) interpretieren. Hier werden Jeans in den Läden verkauft, die zuvor von Sträflingen amerikanischer Gefängnisse getragen wurden. Die Abnutzungserscheinungen, ausgefranste Hosenbeine und aufgescheuerter Denim an Knien, Oberschenkeln und Po verweisen mit dieser kaputten äußeren Form auf den Körper des Trägers. Der Häftling hält als Symbol für die Zerstörung der Gesellschaft her. Die Verlierer und Außenseiter zeigen durch die Jeans, dass es sie gibt. Ihre zweite Haut in Form der Jeans wird 'resozialisiert', indem sie von anderen in der Freiheit getragen wird.

4. Literatur

Bausinger, Hermann u. a. (Hrsg.): Jeans. Beiträge zu Mode und Jugendkultur. Tübingen 1985.

Bette, Karl-Heinrich: Körperspuren. Zur Semantik und Paradoxie moderner Körperlichkeit. Berlin/New York 1989.

Dartmann, Lisa/Hartung, Susann/Krah, Eva-Susanne: Jeans: forever young. Frankfurt am Main 1993.

Dummy magazin, Heft 01, Winter 2003/04. S. 66–71.

Eberle, Hannelore u. a.: Fachwissen Bekleidung. Haan-Gruiten 2001.

Elias, Norbert: Über den Prozess der Zivilisation. Band 1 und 2. Amsterdam 1997.

Friedmann, Daniel: Das Jeans Buch. Berlin 1988.

Hartung, Susann: Die Geschichte der Jeans. In: Dartmann, Lisa/ Hartung, Susann/Krah, Eva-Susanne: Jeans: forever young. Frankfurt am Main 1993. S. 10–20.

Janalik, Heinz/Schmidt, Doris: Kleidung, Körper, Körperlichkeit. Band 1: Lehren. Baltmannsweiler 1998.

Könenkamp, Wolf-Dieter: Jeans – Mode und Mythen. In: Bausinger, Hermann u. a. (Hrsg.): Jeans. Beiträge zu Mode und Jugendkultur. Tübingen 1985. S. 99–182.

Kraft, Kerstin: kleider.schnitte. In: Mentges, Gabriele/ Nixdorff, Heide (Hrsg.): zeit.schnitte. Kulturelle Konstruktionen von Kleidung und Mode. Ebersbach 2001. S. 17–138.

Krah, Eva-Susanne: Jeanspräsentation heute. In: Dartmann, Lisa/ Hartung, Susann/ Krah, Eva- Susanne: Jeans: forever young. Frankfurt am Main 1993. S. 94–103.

Lehnert, Gertrud (Hrsg.): Mode, Weiblichkeit und Modernität. Dortmund 1998.

Mann, Karin: Jugendmode und Jugendkörper. Die Modeseite der Zeitschrift Bravo im Spiegel vestimentärer Ikonografie und Ikonologie (Dissertation). Baltmannsweiler 2002.

Mann, Karin: HipHop-Mode. In: Schmidt, Doris (Hrsg.): Jugendkulturelle Moden. Von Hippie bis HipHop. In: Studienreihe Mode und Textilwissenschaft (Hrsg. von Doris Schmidt). Band 1. Baltmannsweiler 2003, S. 141–157.

Mentges, Gabriele/Nixdorff, Heide (Hrsg.): zeit.schnitte. Kulturelle Konstruktionen von Kleidung und Mode. Ebersbach 2001.

Mueller-Stindl, Eleonore: Mode, Macher, Märkte. Frankfurt am Main 1997.

Preuss-Lausitz, Ulf: Vom gepanzerten zum sinnstiftenden Körper. In: Ders. (Mitverf.): Kriegskinder, Konsumkinder, Krisenkinder. Zur Sozialisationsgeschichte seit dem 2. Weltkrieg. Weinheim, Basel 1983. S. 83–106.

Schopp, Marion: Das Phänomen Jeans – Stationenlernen in der Hauptschule. Masch. geschr. Hausarbeit. Pädagogische Hochschule Heidelberg 1995.

Schmid, Beate/Loschek, Ingrid: Klassiker der Mode. Augsburg 1999.

Schmidt, Doris (Hrsg.): Jugendkulturelle Moden. Von Hippie bis HipHop. Studienreihe Mode und Textilwissenschaft (Hrsg. von Doris Schmidt). Band 1. Baltmannsweiler 2003.

Schnierer, Thomas: Modewandel und Gesellschaft. Opladen 1995.

Wisniewski, Claudia: Kleines Wörterbuch des Kostüms und der Mode. Stuttgart 1996.

Wolter, Gundula: Hosen weiblich. Kulturgeschichte der Frauenhose. Marburg 1994.

9.
Jeans und Jugendkulturen

Karin Mann

Foto: Karin Mann

1. Einleitung

Die Entstehung der Lebensphase Jugend zu Beginn des 20. Jahrhunderts ist verbunden mit einer Ablösung dieser Alters- (und Gesellschafts-) Gruppe von den Erwachsenen in massenkulturellen und ideologischen Bereichen. Vorreiter waren und sind die sogenannten Jugendkulturen,[1] also Gruppen von Jugendlichen, die sich durch besonders innovative Stilschöpfung sowohl von den Erwachsenen als auch von den übrigen Jugendlichen deutlich absetzen und damit eine interne Gruppenzugehörigkeit schaffen. Ein Bereich dieser Stilschöpfung ist eine jeweils spezifische jugendkulturelle Mode. Nicht zuletzt aufgrund ihrer Körperbezogenheit sind jugendkulturelle Moden Ausdruck jugendkultureller Identitäten.[2]

Innerhalb der Genese und Ausdifferenzierung von Jugendmode und jugendkulturellen Moden kommt der Jeans eine herausragende Bedeutung zu. „Jeans waren das Signifikanteste, was die frisch geschlüpfte Gesellschaftsgruppe Teenager trug."[3] Die Jeans ist damit eines der ersten jugendspezifischen Kleidungsstücke und markiert den Beginn der Entwicklung einer eigenständigen Jugendmode.

Wie so vieles, was im Zusammenhang mit Jugend und Jugendkultur in Deutschland eine Rolle spielt, ist auch die Jeans eine Importware aus Amerika. Durch die GI's nach dem 2. Weltkrieg nach Deutschland gebracht, wurde sie durch jugendliche, amerikanische Filmhelden populär. So war die Jeans zunächst eine „blaue Projektionsfläche für amerikanische Sehnsüchte deutscher Jugendlicher".[4] Durch die Aufnahme in die Mode der Halbstarken wird die Jeans zum vestimentären Zeichen einer spezifischen Jugendkultur und damit mit einer spezifischen Bedeutung belegt. Mit Hilfe der Mode einer Jugendkultur wird der Wunsch nach Abgrenzung zur übrigen Gesellschaft visualisiert und zugleich Gruppenzugehörigkeit zur jeweiligen Jugendkultur demonstriert. Innerhalb

[1] Das Ringen um Begriffe im Forschungsbereich Jugend ist verbunden mit dessen forschungsgeschichtlicher Entwicklung. Nachdem die Chicago School den jugendlichen Delinquenten und seine Formierung in Subkulturen als Opfer und Produkt seiner deprivierten städtischen Umwelt erkannte, erfolgte ein Neuorientierung im Blick auf jugendliche Gangs durch das Centre for Contemporary Cultural Studies in Birmingham (vgl. Moser 2000, S. 21ff). Jugendsubkultur wird hier als generationsspezifisches Subsystem einer klassenspezifischen Stammkultur gesehen (vgl. ebd. S. 26). Die Jugendsubkultur zeigt Defizite der Stammkultur auf und trägt damit indirekt zum „Klassenkampf" bei. Diese (auch begriffliche und damit als abwertend empfundene) „Unterordnung" der Jugendsubkulturen wird in der deutschsprachigen Jugendforschung insofern aufgehoben, als den Jugendkulturen in hohem Maße Selbstgestaltungskräfte (nicht zuletzt im Zuge massiver Individualisierungsprozesse) zugestanden werden und zudem eine milieu- und schichtübergreifende Zusammensetzung von Jugendkulturen konstatiert wird. „An die Stelle milieubezogener jugendlicher Subkulturen sind heute sogenannte Freizeitszenen als wähl- und abwählbare Formationen getreten." (Vollbrecht 1997, zit. nach Moser 2000, S. 35).

[2] Vgl. Schmidt 2003, S. VIII.

[3] Hartung 1993, S. 23.

[4] Hartung 1993, S. 22f.

dieses Mechanismus von Distinktion und Integration kommt der Jeans in den Jugendkulturen, die sich im Laufe des 20. Jahrhunderts herausbilden, eine jeweils andere Bedeutung zu, da sie jedes Mal in einen anderen Kontext vestimentärer Zeichensysteme gesetzt wird.

2. Die Bedeutung der Jeans in Jugendkulturen

Im folgenden soll die Bedeutung der Jeans in verschiedenen Jugendkulturen im Kontext der jeweiligen jugendkulturellen Mode dargestellt werden. Exemplarisch werden diejenigen Jugendkulturen ausgewählt, in denen der Jeans eine wichtige Rolle zukommt[5] und deren innovative Jeansmoden auch Einfluss auf die allgemeine Entwicklung von Mode und Jugendmode haben und hatten.

2.1 Jeans in der Mode der Halbstarken

Die Halbstarken stellen die erste Jugendkultur im eigentlichen Sinne dar.[6] Vorläufer dieser Gruppe waren bereits in der Weimarer Republik die sogenannten „wilden Cliquen“[7] und während des Zweiten Weltkrieges Jugendbanden, die sich aus dem Arbeitermilieu rekrutierten.[8] Beide Gruppierungen hatten mit den späteren Halbstarken bereits das soziale Herkunftsmilieu und den riskanten Körpereinsatz gemeinsam. So war das Auftreten der Halbstarken nach dem Krieg ebenfalls geprägt durch ein körperbezogenes Aggressionspotential. Der Höhepunkt der sogenannten Halbstarkenkrawalle und damit auch der Jugendkultur der Halbstarken liegt zwischen 1956 und 1958.[9]

„Mode“ und „Jeans“ sind Begriffe, die bei allen Ausführungen zur Jugendkultur der Halbstarken in der Literatur fallen. Die zentrale Bedeutung, die der jugendkulturellen Mode hier zukommt, wird unter anderem damit begründet, dass sich die Halbstarken lediglich durch vestimentäre und körpersprachliche Zeichen ausgedrückt haben. Jugendkultur als Gegenkultur wird hier noch nicht (wie in den 60er Jahren oder bei der aktuellen Jugendkultur HipHop) verbal artikuliert. Die spezifische Kleidermode der Halbstarken setzt sich typischerweise aus einer

[5] Dies ist nicht bei allen jugendkulturellen Moden der Fall. So wird beispielsweise in der Jugendkultur der Grufties durchaus die Jeans (in der Regel in der bevorzugten Farbe Schwarz) getragen, sie spielt jedoch eine eher untergeordnete Rolle in der Gruftiemode. (Zur Mode der Grufties vgl. Schmidt/Janalik 2000 und Preissler 2003.)

[6] Auch wenn die Wandervogelbewegung bereits eine wichtige Entwicklungsstufe bei der Herausbildung der Lebensphase Jugend darstellt, fehlen ihr noch entscheidende Abgrenzungsmerkmale zur Welt der Erwachsenen (vgl. Schmidt/Janalik 2000, S. 12f.).

[7] Vgl. Farin 2001, S. 48.

[8] Zum unpolitischen „jugendlichen Aufbegehren im Krieg“ vgl. Böge 2000, S. 83ff.

[9] Vgl. Böge 2000, S. 93.

Lederjacke[10], einer Blue Jeans, einem T-Shirt und schweren Motorradstiefeln oder festen Lederhalbschuhen zusammen. Als Accessoires werden Sonnenbrillen (in Form der Fliegerbrille), Ledergürtel und Halstücher (in Form des bei den Cowboys üblichen Bandanas) getragen. Das Outfit wird abgerundet durch die typische Entenschwanzfrisur: die vorne relativ langen Haare werden nach hinten zu einer Tolle toupiert und laufen am Hinterkopf zusammen.

Die Jeans der Halbstarken hat häufig eine spezifische Trageweise: Sie wird unten aufgekrempelt, so dass die Stiefel besser sichtbar werden. Ein typischer Schnitt zeigt sich bei der Halbstarkenjeans in der relativ engen und geraden Passform. Der Bund sitzt auf der Hüfte, so dass die kurze Lederjacke an der Stelle abschließt, an der die Jeans beginnt. Diese Mode findet sich im Motorradgangfilm „The wild one“ (1955) mit Marlon Brando in der Hauptrolle wieder, dem für die Jugendkultur der Halbstarken eine eindeutige Vorbildfunktion zugesprochen werden kann[11].

Die bevorzugte Musikrichtung der Halbstarken ist der neu aus Amerika importierte Rock'n'Roll. Aufgrund dieser musikalischen Vorliebe wird die Abgrenzung der Halbstarken zu den Rock'n'Roll Fans und damit den „normalen“ Teenagern vernachlässigt. Das prägnanteste Unterscheidungsmerkmal ist hier nicht nur die oben beschriebene Mode[12], sondern auch der riskante Körpergebrauch, der sich unter anderem in aggressivem Verhalten zeigt. Die Krawalle nach Kinobesuchen auf der Straße oder während Rock'n'Roll-Konzerten werden fast ausschließlich durch Halbstarke ausgeübt.[13] Ziel der Halbstarken ist es, durch Verhalten und Mode eine Abgrenzung zu erreichen und gleichzeitig Gruppenstärke zu demonstrieren. „Diese sich aus Jugendlichen des Arbeitermilieus rekrutierenden Cliquen wählten ein Outfit, mit dem sie sich demonstrativ von der etablierten Gesellschaft, ihren Regeln und Normen lossagten.“[14]

---

[10] Bei der Lederjacke handelte es sich, sofern der Träger sich das leisten konnte, um eine „Perfecto“, eine ehemalige Fliegerjacke amerikanischer Piloten nach deren Vorbild 1927 die Perfecto-Motorradjacke entworfen wurde (vgl. Schmid/Loschek 1999, S. 58). Ansonsten wurden alle kurz geschnittenen, schwarzen Lederjacken getragen, aber auch Blousonjacken aus Stoff waren zu sehen. Eine extravagante Variante wird von einem ehemaligen Halbstarken des Hamburger Stadtteils Eimsbüttel beschrieben: eine „kernige rote Lederjacke mit Tigerfell drinne“ (Böge 2000, S. 91).

[11] Vgl. Könenkamp 1985, S. 130.

[12] Könenkamp, der die herausragende Rolle der Jeans im Zusammenhang mit jugendlicher Rebellion grundsätzlich in Frage stellt, äußert sich zu diesem Sachverhalt wie folgt: „Die Minderheit aggressionsbereiter Jugendlicher stellte nun tatsächlich die Synthese von Jugendunruhen, Rock'n'Roll und Blue Jeans dar.“ (Könenkamp 1985, S. 129). Diese Minderheit bildet die Jugendkultur der Halbstarken. Ihr spezifisches Outfit wird auch in Zeitungsberichten dieser Zeit beschrieben: „(...) die Jugendlichen – fast alle im genormten Dreß von genieteten Texashosen, Lederjacken oder bunt gestreiften Rollkragenpullovern (...)“ (Zeitungsbericht vom Dez. 1956 zit. nach Farin 2000, S. 48).

[13] Vgl. Könenkamp 1985, S. 129.

[14] Wolter 1994, S. 271.

Was den Symbolgehalt der Jeans für die Halbstarken in den 50er Jahren angeht, wiedersprechen sich die Aussagen in der Literatur. Auf der einen Seite wird der Jeans bereits in der amerikanischen Kultur ein „Rebellenstatus" zugesprochen: „Vermutlich beruht der Erfolg der Jeans gerade in ihrer mysteriösen Eigenschaft, die Verweigerung der traditionellen Werte des American way of life zu symbolisieren."[15] Auf der anderen Seite steht der von Könenkamp herausgearbeitete Sachverhalt, dass die vermeintlichen Rebellen des Rock'n'Roll[16] und der Filmindustrie kaum oder gar keine Jeans tragen. Die Jeans sind in dieser Zeit bereits als amerikanische Freizeithose etabliert und damit zur Zeit der Halbstarken zumindest in Amerika nicht negativ besetzt. Das Rebellische im Deutschland der 50er Jahre besteht demnach eher in einer demonstrativen Anerkennung der amerikanischen Siegerkultur.[17] Die in den USA wenig rebellische Arbeits- und Freizeithose Jeans steht exemplarisch für die kulturelle Weiterentwicklung der Siegermächte während der deutschen Stagnation im Nationalsozialismus.[18] Diese kulturelle Stagnation wird von einem großen Teil der (erwachsenen) Bevölkerung im Nachkriegsdeutschland durch eine „rechtschaffene", konservative (Wiederaufbau-)Arbeitshaltung weitergeführt, die von einem großen Teil der Jugendlichen – nicht zuletzt aufgrund der damit verbundenen moralischen Repressionen – nicht nachvollzogen wird. Mode, insbesondere in Form der Blue Jeans, wird erstmals zum „zentralen Kampffeld"[19] der Jugendlichen in ihrer Auseinandersetzung mit der älteren Generation. Dieses modische Aufbegehren wird nicht zuletzt durch die Kulturindustrie gefördert und durch die Massenproduktion ermöglicht.

Die Jeans war eine der ersten Massenkonsumwaren, die sich die Jugendlichen in Abgrenzung zu den Erwachsenen aneignen.[20] „In ihrer Revolte beanspruchen sie Konsumgüter (Jeans, aber auch Lederjacken, Motorräder, Autos), die sie dann in der Konfrontation mit der Gesellschaft, die sie ablehnten, symbolisch einsetzten."[21]

Mit dem Ende der Jugendkultur der Halbstarken geht auch deren immer konsequentere Vermarktung einher. Der Teenager als Marketingkonzept greift auf Stilelemente der jugendkulturellen Mode der Halbstarken zurück: insbesondere

---

[15] Friedmann 1988, S. 60

[16] Die Masse der „frühen Rock'n'Roll- Interpreten erscheint auf Plattencovers oder bei Auftritten wie gehabt: konventionell im Anzug, mal ein bunteres Hemd, jedoch stets im Jackett." (Könenkamp 1985, S. 128)

[17] Vgl. Farin 2001, S. 51.

[18] Vgl. Farin 2001, S. 44.

[19] Farin 2001, S. 46.

[20] Vgl. Farin 2001, S. 46

[21] Friedmann 1988, S. 94.

die „Röhrenhose“ mit aufgekrempelten Hosenbeinen verbreitet sich immer stärker.[22]

Abschließend lässt sich die Rolle der Jeans in der Jugendkultur der Halbstarken wie folgt zusammenfassen: Wegen ihrer sehr geringen Verbreitung unter den übrigen Jugendlichen[23] ist die Blue Jeans ein Symbol dieser Jugendkultur, das in gewisser Weise schon allein als Kleidungsstück Distinktion (und Integration in die Gruppe) garantiert. Entscheidend ist aber auch der Kontext: Die Arbeitshose Jeans (der Goldgräber, Farmer und Cowboys) bzw. die legere, amerikanische Freizeithose wird erst durch Motorrad, Lederjacke und Stiefel zur Halbstarkenhose. Nicht zuletzt der gewaltbereite Körper der Halbstarken macht die Jeans zum Zeichen einer „ungerichteten Rebellion“[24].

2.2 Jeans und Hippies

Die Jugendkultur der Hippies erlebt in den Jahren 1965–68 ihren Höhepunkt[25]. San Francisco und daneben die kalifornischen Universitätsstädte sind die Geburtsstätten dieser, auf Protest gegen das Establishment und die Suche nach alternativen Lebenskonzepten angelegten Jugendkultur. Mit den Schlagworten „Love, Peace and Happiness“ werden die Sehnsucht nach einer „ursprünglicheren“ Lebensweise in Abkehr zur überzivilisierten Moderne und gleichzeitig der Widerstand gegen den Vietnamkrieg zum Ausdruck gebracht.[26]

Als vestimentäre Zeichen dieser grundlegenden Gesellschaftskritik entwickeln die Hippies eine innovative jugendkulturelle Mode[27]. Modewandel wird zwar von den Hippies als aufgezwungen empfunden und daher grundsätzlich abgelehnt. Die Ablehnung von Mode als „des Kapitalismus liebstes Kind“[28] führt jedoch paradoxerweise zur Entwicklung einer neuen (als Anti-Mode gedachten) jugendkulturellen Mode. Darüber hinaus sind vestimentäre Zeichen der Hippiemode bis heute Inspirationsquellen auch für die Mode der Erwachsenen.

Innerhalb der jugendkulturellen Mode der Hippies kommt der Jeans in mehrfacher Hinsicht eine wichtige Bedeutung zu. „Die Jeans als ein mit den Projek-

[22] Zum Einfluss der Kulturindustrie auf die Genese und Entwicklung von Jugendkulturen vgl. Hermansen 1990.

[23] Betrachtet man Bilder aus Jugendzeitschriften oder anderen Medien dieser Zeit, zeigt sich der durchschnittliche männliche Jugendliche in Stoffhose, Hemd, Krawatte und Blazer oder „leger“ mit Pullover (vgl. u. a. Mann 2002).

[24] Böge 2000, S. 95.

[25] Die Vorläufer dieser Kultur sind bereits Mitte der 50er Jahre bei den Beatniks zu finden (vgl. Kästner 2003, S. 2).

[26] In Deutschland richtet sich der jugendliche Protest primär gegen die Gefahren einer großen Koalition. Die Mode der Hippies der USA wird imitiert, sie ist jedoch trotz Überschneidungen relativ unabhängig von der Studentenbewegung zu sehen.

[27] Zur jugendkulturellen Mode der Hippies vgl. z. B. Kästner 2003, S. 2–15.

[28] Schnierer 1995, S. 81. Zu ökonomisch orientierten Modetheorien vgl. z. B. Haug 1971.

tionen symbolischer Abweichungen besetztes Objekt[29] eigneten sich hervorragend, die herrschenden vestimentären Repräsentationsformen von Geschlechtertrennung und gesellschaftlicher Hierarchie durcheinander zu bringen."[30] Insbesondere die Geschlechtertrennung wird durch die Jeans zum ersten Mal in der Geschichte der Mode ernsthaft ins Wanken gebracht. Die Betonung des Pos ist eigentlich ein typisch weibliches Attribut. Dennoch (oder gerade deshalb) wird bei der Männerjeans der Hippies (und Studenten) der Po durch die sehr enge Passform betont.[31] Es handelt sich um eine „androgyne Jeans für Männer, die sich nicht die berühmten Macho-Allüren zulegen"[32]. Für die Frauen wird die Jeans in den 60er Jahren zu einer der ersten Alltagshosen und stellt damit ein entscheidendes Symbol der Emanzipation dar.

Darüber hinaus ist ein unverkennbares Merkmal der Hippiemode, „dass viele Kleidungsstücke in Eigenarbeit individuell gestaltet"[33] werden. Eines dieser Kleidungsstücke ist auch die Jeans: Die verschiedenen Möglichkeiten der Umgestaltung von Jeans spiegeln dabei die bevorzugten Inspirationsquellen der Jugendlichen bei der Kreation ihrer (Anti-)Mode wider. So wird ein nostalgischer, romantischer Look durch das Anbringen von Spitzen und Rüschen als Applikation auf der Jeanshose, als Abschluss der Hosenbeine oder als Saum von Jeansröcken erreicht. Die nostalgische Rückwendung zu vermeintlich besseren Zeiten spiegelt hier Fortschrittsverdrossenheit wider. Auch „veraltete" textile Techniken und die Verwendung von Naturmaterialien zur Umgestaltung der Jeans weisen in diese Richtung. Bunt bestickte Hosenbeine, gehäkelte Blüten als Applikationen und aus Sisal oder Wolle geflochtene Gürtel als Accessoires zur Jeans sind Beispiele für die Forderung „zurück zur Natur".

Eine der bedeutendsten Inspirationsquellen, die die Hippies für ihre Mode entdecken, sind die sogenannten Naturvölker. Bei der Aufnahme von Elementen der Kleidung der Indianer Mittel- und Nordamerikas oder afrikanischer Stammesgesellschaften handelt es sich zum einen um die Verklärung von deren Naturverbundenheit, Individualität und Authentizität. Zum anderen kommt durch vestimentäre Zeichen das Sympathisieren mit diesen Gruppen als politische Aussage der Hippies zum Ausdruck.[34] So werden unter anderem Federn als Abschluss von Gürteln zur Jeans getragen oder direkt am Hosenbund angenäht. Auch ge-

[29] Die Jeans als Kleidungsstück der westlichen Kultur hat seit den 50er Jahren ihren Status als „Protesthose" beibehalten. Sie ist in der damaligen Mode des „Normalbürgers" nicht etabliert und daher eine optimale Hose zur visuellen Demonstration von Gegenkultur.

[30] Friedmann 1988, S. 96.

[31] Vgl. Friedmann 1988, S. 91.

[32] Friedmann 1988, S. 90.

[33] Kästner 2003, S. 8.

[34] In der Verfilmung des „Hippie-Musicals" Hair wird die politische Aussage bei einer Demonstration mit den Worten zusammengefasst: „They send black people in a war against yellow people to protect a land they stole from the red people." (aus: Hair, 1979).

webte Bänder mit mexikanischen oder afrikanischen Mustern werden als Saumabschluss an die Hosenbeine der Jeans genäht oder als Gürtel verwendet.

Neben nostalgischer Rückwendung und Interkulturalität werden auch verschiedene Zeichen mit hohem Symbolgehalt auf die Jeans gemalt, gedruckt oder gestickt. Dazu zählen unter anderem der Smiley, das Peacezeichen, der Yin-Yang-Kreis und die Blume (oft eine Margerite oder ein Gänseblümchen).[35] Die häufige Verwendung der Blume (als Motiv auf der Kleidung oder als echte Blume ins Haar gesteckt) hat den Hippies auch die Bezeichnung „Blumenkinder" eingebracht. Neben der Naturverbundenheit ist die Blume auch Zeichen des friedlichen Protestes.[36] Das Motiv der Blume ist häufig auf Jeans als zweite Haut zu sehen und wurde darüber hinaus auch auf den Körper selbst gemalt[37].

„Für die Hippies und Studenten waren die Jeans nur eines der vielfältigen Zeichen der Verweigerung, die insgesamt in einem mehr oder weniger anspruchsvollen Diskurs dazu gehörten."[38] Die Jeans weist dabei jedoch (wie oben beschrieben) in ihren Ausformungen auf fast alle Themen dieses Diskurses hin.

2.3 Jeans und Punker

Die Jugendkultur Punk entsteht zu Beginn der 70er Jahre in London. Der englische Begriff „Punk" bedeutet soviel wie „Abfall" oder „Dreck" und spiegelt damit das gesamte politisch-ästhetische Konzept dieser Jugendkultur wider: Die Ablehnung und Umkehrung aller bürgerlichen Werte und Normen und eine zerrissene, zerschlissene Kleidermode, mit der eine „Ästhetik des Hässlichen"[39] zelebriert wird.[40] Punk erlebt in den 80er Jahren seinen Höhepunkt (zumindest was die Ausbreitung der jugendkulturellen Mode anbelangt)[41] und hält sich bis heute als typisch urbane Jugendkultur.

Die Bedeutung der Jeans im vestimentären Code dieser Jugendkultur soll im folgenden dargestellt werden. Jeanshosen werden hier einmal mehr zum Symbol einer spezifischen, jugendkulturellen Weltsicht.

---

35 Vgl. Kästner 2003, S. 8f.

36 „Auch der Begriff 'Flower Power' (...) hängt mit dem Begriff Frieden zusammen. Studenten und Studentinnen der Universität von Berkley stecken sich bei Protestaktionen als Symbol von Friedfertigkeit und Gewaltlosigkeit Gänseblümchen ins Haar und den Soldaten der Nationalgarde Rosen in die Gewehrläufe." (Kästner 2003, S. 4)

37 Vgl. Hartung 1993, S. 23.

38 Friedmann 1988, S. 96.

39 Baacke 1999, S. 77.

40 Vgl. Mann 2003, S. 34ff.

41 Was den ästhetischen Innovationsgrad angeht, kann sowohl der Beginn als auch der Höhepunkt der Kultur bereits in den 70er Jahren festgelegt werden. Die Sex Pistols als erste Punkband hatten 1975 ihren ersten Auftritt. Ausstaffiert wurden sie von der damals noch unbekannten Vivienne Westwood, die später den Punk in die Haute Couture brachte.

Weder ein bestimmter Hersteller, noch ein spezifischer Schnitt[42] ist bei den Jeans der Punker von Bedeutung. Vielmehr ist die Art des Erwerbs entscheidend: Die Jeans werden, wie alle Kleidungsstücke der Punkmode, möglichst billig und möglichst secondhand gekauft.[43] Damit wird eine totale Konsumverweigerung ausgedrückt, die auf politischer Ebene eine Ablehnung des Kapitalismus (und jeder anderen wirtschaftlichen oder gesellschaftlichen Form) beinhaltet.

Die Konsumverweigerung drückt sich aber auch darin aus, dass die einmal erworbene Jeans möglichst lange getragen wird. Durch die lange Tragedauer und die Beanspruchung der Jeans beim punktypischen Körpergebrauch (beispielsweise beim Pogo[44] oder beim vagabundierenden Leben der Straßenpunks[45]) zeigt die Jeans Abnutzungserscheinungen. Da diese Abnutzungserscheinungen eine gewollte Form der Distinktion darstellen, werden sie von den Punkern auch künstlich erzeugt: Die Jeans werden zerschnitten, ausgefranst und, beispielsweise mit Reinigungsmitteln, gebleicht. Der Verfall der Jeans wird somit künstlich beschleunigt. „Sie werden so lange bearbeitet, bis auch der letzte Rest an Wert verloren ist und nur noch Fetzen für das Auge zu erkennen sind.“[46]

Diese „Schlitzmode“ wird in den 80er Jahren in die allgemeine Jugendmode aufgenommen. Die Jugendlichen (beiderlei Geschlechts) zerschneiden ihre Jeans am Knie, am Oberschenkel oder am Po. Die Modeindustrie reagiert schnell auf diesen Trend: Es kommen vom Hersteller „geschlitzte“, abgewetzte und ausgebleichte Jeans im sogenannten „Used-Look“ auf den Markt. „Die in Fetzen am Hintern hängenden Jeans erregten nach Jahrzehnten endlich wieder (allerdings gemäßigtes) öffentliches Ärgernis bei Eltern und Lehrern.“[47] Die punkspezifische Bearbeitungsform macht die Jeans, die in dieser Zeit als Kleidungsstück aller Altersgruppen etabliert ist, erneut zum jugendspezifischen Distinktionsmittel.

Die punkspezifische Bearbeitung der Jeans zieht weitere Gestaltungsmöglichkeiten nach sich. So werden die „Jeansfetzen“ mit Schnüren oder Sicherheitsnadeln, einem beliebten Schmuckaccessoire der Punker, zusammengehalten. Sicherheitsnadeln als provisorische Form der Instandsetzung kaputter Kleidungsstücke verweisen darauf, dass die Jeans nicht mehr repariert werden können – genauso wenig wie die der Umweltzerstörung und der atomaren Katastrophe

[42] Zu beobachten sind am häufigsten die relativ eng geschnittene Röhrenjeans und die Karottenjeans der 80er Jahre. Die enge Form der Jeans lässt zusammen mit der Lederjacke Rückschlüsse auf eine eingeschnürte, eingeengte Körperlichkeit zu.

[43] Vgl. Farin 1998, S. 82.

[44] Pogo ist der szenetypische Tanz der Punker (aber auch der Skinheads). Dabei handelt es sich um Hüpf- und Springbewegungen, bei denen die Mittänzer angerempelt und „angesprungen“ werden. (Vgl. hierzu z. B. Rohmann 1999, S. 51 f. und Gebauer 2003, S. 22).

[45] Zur Differenzierung innerhalb der Jugendkultur Punk vgl. z. B. Mann 2003, S. 37.

[46] Mann 2003, S. 39.

[47] Schmid/Loschek 1999, S. 41.

preisgegebene Welt. Die negative Weltsicht der Punker, die sich in einer radikalen Abkehr von allen bürgerlichen Werten zeigt, wird durch den gesamten Stil dieser Jugendkultur und damit nicht zuletzt durch die Jeans kommuniziert.

2.4 Jeans und Skinheads

Skinheads sind ebenso wie die Punker eine politisch ausgerichtet Jugendkultur. Im Mittelpunkt steht ein rechtsradikales Weltbild, das sich an die Normen, Werte und Ideologien des Naziregimes anlehnt. Auch wenn sich Jugendliche als Skins bezeichnen, die sich bewusst und ausdrücklich vom rechten Gedankengut distanzieren, ist der Großteil der Protagonisten dieser Szene in einem äußerst bedenklichen Rechtsradikalismus verhaftet.

Die Jeanshose ist die beliebteste Hosenform der Skinheads.[48] Daneben sind auch militärische Tarnhosen, insbesondere bei rechten Skins zu sehen.[49] Durch Schnitt und Trageweise wird die Jeans neben der Bomberjacke, den Springerstiefeln und dem kahlrasierten Kopf zum vestimentären Erkennungszeichen der Skinheads.[50]

Bevorzugte Farben der Skinhead-Jeans sind neben dem Indigoblau auch Weiß und Schwarz. Als skinheadtypische Marke gilt unter anderem Levi's.[51] Hier handelt es sich um einen Rückgriff auf eine traditionelle Jeansmarke, die bereits in den Anfängen der Jugendkultur der Skins getragen wird. Da Levi's-Jeans aber auch außerhalb der Jugendkultur der Skinheads sehr beliebt sind, hat die Marke für diese Gruppe keinen Distinktionswert. Intern gibt es die Diskussion, ob es sich bei Levi's um eine „politisch korrekte" Marke (im umgekehrten Sinn) handelt, da der Firmengründer Levi Strauss Jude war. An dieser Diskussion kommt die antisemitische Haltung der Skinheads zum Ausdruck.

Die Jeans ist bei den Skinheads relativ eng und gerade geschnitten. Der Bund sitzt in der Taille. Durch diese körpernahe Form und den bequemen Sitz lassen diese Jeans Bewegungsfreiheit zu und bieten gleichzeitig keine Angriffsfläche. „In der Kombination mit der Bomberjacke erscheint der Unterkörper 'staksig' in der Relation zum aufgebauschten Oberkörper."[52] Ähnlich wie auch schon bei der Jugendkultur der Halbstarken werden so als männlich angesehene Attribute wie breite Schultern und schmale Hüften unterstrichen[53] und damit körperliche Stärke demonstriert. Durch das sehr einheitliche Bild, das die Skins nach außen

---

[48] Zur jugendkulturellen Mode der Skins vgl. Gebauer 2003.

[49] Vgl. Rohmann 1999, S. 32.

[50] Vgl. Gebauer 2003, S. 23ff.

[51] Vgl. Rohmann 1999, S. 32. Weiter Jeansmarken der Skinheadmode sind Lee und Wrangler (vgl. Gebauer 2003, S. 24f.).

[52] Rohmann 1999, S. 32.

[53] Vgl. Gebauer 2003, S. 25.

bieten, wird die „individuelle Stärke" vor allem durch die vestimentäre Kommunikation von Gruppenstärke unterstützt.

Die spezifische Trageweise der Jeans bei den Skinheads steht ebenfalls im Dienst von Stärke und Kampfbereitschaft: Die Jeans werden unten etwas aufgekrempelt, „um das Schuhwerk besser zur Schau zu stellen"[54]. Die Springerstiefel demonstrieren nicht nur „Standfestigkeit", sondern auch die Bereitschaft zuzutreten.

Wichtiges Accessoire der Skinheadjeans sind Hosenträger. Es handelt sich dabei um einfache, modisch kaum ausgestaltete Formen, die in Anlehnung an die englischen Arbeiter (dem Entstehungsmilieu dieser Jugendkultur in den späten 60er Jahren[55]) getragen werden. Die Hosenträger sind aus Gummi und mit Metallschnappverschlüssen versehen. Sie werden auf dem nackten Oberkörper oder auf den Hemden bzw. T-Shirts der Skins getragen. In zweckentfremdeter Form hängen sie auch an der Jeanshose herunter, anstatt ihr Halt zu geben. Heruntergelassene Hosenträger werden innerhalb der Jugendkultur als vestimentäres Zeichen von Kampfbereitschaft interpretiert.[56]

Die rechtsradikale Ideologie kommt bei den Skinheads weniger durch eine ausgeklügelte sprachliche Argumentation als durch einfache Parolen und einen relativ sprachlosen, gewalttätigen Körpereinsatz zum Ausdruck. So steht auch die Jeans in ihrer spezifischen Ausformung innerhalb der Jugendkultur der Skinheads im Dienste eines aggressiven, kampfbereiten Körpergebrauchs.

2.5 Jeans und Popper

„Konsum ist ein zentrales Anliegen aller modernen Jugendkulturen."[57] Am konsequentesten und unverhülltesten wird dieses Anliegen von der Jugendkultur der Popper propagiert. Der Begriff Popper ist als Gegenbegriff zum Begriff des Rockers zu sehen. Abgeleitet von der „populären Musik" (kurz Popmusik) als bevorzugte Musikrichtung der Popper spielt der Begriff auch auf ein gemäßigtes Äußeres dieser Jugendlichen an. In den 80er Jahren entstanden, sind die Popper eine elitäre Gruppierung Jugendlicher, die sich primär aus Gymnasiasten zusammensetzt und die durch ihre Mode einen hohen Grad an Distinktion erreichen will.

Jeans spielen in dieser Jugendkultur ausschließlich als Markenträger eine Rolle: Jeans müssen mit einem „luxusträchtigen Markennamen geadelt"[58] sein. Markenfetischismus und teure Materialien wie Kaschmir sind vestimentäre Erkennungszeichen. Das Haar wird vorne lang und hinten kurz, bei Mädchen in der

[54] Rohmann 1999, S. 32.
[55] Vgl. Gebauer 2003, S. 18.
[56] Vgl. Rohmann 1999, S. 34f.
[57] Farin 2001, S. 129.
[58] Hartung 1993, S. 23.

Regel als Pagenschnitt getragen. Bevorzugte Jeansmarken sind insbesondere Diesel und Edwin. Vor allem Dieseljeans sind in den 80er Jahren überdurchschnittlich teuer und garantieren so einen Distinktionswert über den Preis. Die Jeans sind insgesamt sehr weit oder als Karottenhose geschnitten. Hier zeigt sich der typische Oversize-Look der 80er Jahre, der durch einen „Schlabber-Look" noch übersteigert wird. Der Bund ist ebenfalls weit, sitzt in der Hüfte und wird mit einem Gürtel zusammengehalten. Dieser ist in der Regel aus Leder und seine Schnalle ebenfalls mit einem Markenlabel geschmückt.

Auch wenn den Poppern von den Gleichaltrigen ein Höchstmaß an Anpassung unterstellt wird, handelt es sich bei genauerem Hinsehen doch um eine „klassisch rebellische" Jugendkultur: Konsum und Markenfetischismus werden gegen aufkommende Konsumkritik und als Gegenreaktion auf die Ökowelle gesetzt und bewirken dadurch sowohl bei den Gleichaltrigen als auch bei den Erwachsenen große Antipathien gegenüber dem Erscheinungsbild der Popper. Darüber hinaus entspricht der Schlabber-Look in dieser relativ extremen Form durchaus nicht den Vorstellungen der Erwachsenen von schicker Kleidermode.

Die Hinwendung Jugendlicher zum Konsum steht auch als Symbol für die Hinwendung zu einem erfolgreichen, aufstiegsorientierten Lebensstil, der sich in den postadoleszenten Yuppies (young urban professionals) fortsetzt. Als Gegenreaktion zum gesellschaftspolitischen „Gleichheitsdenken" der frühen 70er ist die Hinwendung zur Marke als neues Distinktionsmittel nicht verwunderlich. Doch die Popper sind nicht Opfer dieser Entwicklung, sondern demonstrieren in ihrem vestimentären Code den Zeitgeist. Es handelt sich beim neuen Markenkult um einen kreativen Umgang mit Konsumgütern. Die Populärkultur[59] wird als offenes Terrain verstanden, auf dem kulturell-ideologische Kämpfe ausgetragen werden.[60] Der „Kampf" der Popper mit Hilfe des Konsumguts Jeans besteht in der Provokation anderer Jugendkulturen: Punks, Rocker, Hippies und Ökos tragen die Jeans in zerschlissener oder zumindest in individuell bearbeiteter Form als Zeichen der Konsumverweigerung. Die Markenjeans der Popper provoziert dagegen durch ihren demonstrativen Konsumwert.

3. Schluss

Auch wenn die Jeans in der Zwischenzeit zu einem Kleidungsstück für alle Altersgruppen geworden ist, hat sich ihr „dominanter Jugendmythos"[61] gehalten. Dies liegt zum einen am Zusammenhang zwischen der Entstehung einer ausge-

[59] Populär wird hier im Sinne einer Zugänglichkeit breiter Massen zu dieser Kultur (unter anderem mit Hilfe der Medien) verstanden. Die Populärkultur steht in der Regel im Gegensatz zur sogenannten Hochkultur, die von einer elitären Bildungsschicht getragen wird.

[60] Moser 2000, S. 32.

[61] Hartung 1993, S. 23.

prägten Lebensphase „Jugend" und der Verbreitung der Jeans in Europa. Zum anderen spielt die Jeans, wie oben ausgeführt, bei der Herausbildung und Differenzierung von Jugendkulturen eine bedeutende Rolle.

Die symbolische Bedeutung der Jeans im Kontext der jeweiligen jugendkulturellen Mode ist dabei so unterschiedlich wie die Jugendkulturen selbst. Völlige Konsumverweigerung der Punks mit Hilfe von gebrauchten, zerschlissenen Jeans wird beispielsweise durch die teuren Markenjeans der Popper kontrastiert. „Gewaltbereite", männliche Jeans der Halbstarken und der Skinheads finden ihren Gegenpol in den „friedfertigen", androgynen Jeans der Hippies.

Wirft man einen Blick auf aktuelle Jugendkulturen, so fallen die derzeit bei den Jugendlichen dominierenden Jeans als Baggypants der jugendkulturellen Mode der HipHopper ins Auge. Mit den dazu getragenen Turnschuhen wirken die sackartigen, im Schritt hängenden Jeans dieser Jugendkultur geradezu uniform. Überdimensional groß und nach unten versetzt, sind die Hosentaschen am Po.[62] Mit dem „korrekten" Schnitt aber auch mit der entsprechenden Jeans- (und Turnschuh-)Marke wird hier eine Integration in die Gruppe erleichtert.[63] Auf die Erwachsenen hat die Jeansform der HipHopper eine schockierende Wirkung. Jeans als solche mögen also etabliert sein – in ihren spezifischen Ausformungen innerhalb jugendkultureller Moden haben sie jedoch nichts an ihrem Distinktionswert verloren.

Es ist zu erwarten, dass auch zukünftig die Jeans als wesentlicher Bestandteil jugendkultureller Stilschöpfung ihren Stellenwert behalten wird. Auf welche Weise dieses universelle Kleidungsstück verformt und bearbeitet wird, bleibt abzuwarten.

4. Literatur

Baacke, Dieter: Jugend und Jugendkulturen. Weinheim/München, 3.Aufl., 1999.

Baacke, Dieter/Volkmer, Ingrid/Dollase, Rainer/Dresing, Uschi: Jugend und Mode. Kleidung als Selbstinszenierung. Opladen 1988.

Bausinger, Hermann u. a. (Hrsg.): Jeans. Beiträge zu Mode und Jugendkultur. Tübingen 1985.

Bette, Karl-Heinrich: Körperspuren. Zur Semantik und Paradoxie moderner Körperlichkeit. Berlin/New York 1989.

Böge, Volker: Wie das Unpolitische politisch wird. Jugendbanden in Hamburg-Eimsbüttel in den 40er und 50er Jahren. In: Roth, Roland/Rucht, Dieter (Hrsg.): Jugendkulturen, Politik und Protest. Opladen 2000. S. 81–96.

[62] Zum Schnitt der HipHop-Jeans vgl. Mann, Jeansschnitte, in diesem Band.

[63] Letztlich erfolgt die Integration in eine Jugendkultur nie ausschließlich über die Mode, sondern auch über die Musik, die spezifische Sprache und den spezifischen Körpergebrauch (vgl. Schmidt/Janalik 2000, S. 32).

Cartledge, Frank: Distress to impress? Local punk fashion and commodity exchange. In: Roger, Sabine (Hrsg.): punk rock, so what? London 1999. S. 143–153.

Dartmann, Lisa/Hartung, Susann/Krah, Eva-Susanne: Jeans: forever young. Frankfurt am Main 1993.

Farin, Klaus: Jugendkulturen zwischen Kommerz und Politik. Berlin 1998.

Farin, Klaus: generation kick.de. Jugendsubkulturen heute. München 2001.

Ferchhoff, Wilfried: Jugendkulturen im 20. Jahrhundert. Frankfurt am Main 1990.

Fischer-Kowalski, Marina: Halbstarke 1958, Studenten 1968: Eine Generation und zwei Rebellionen. In: Preuss-Lausitz, Ulf (Mitverf.): Kriegskinder, Konsumkinder, Krisenkinder. Zur Sozialisationsgeschichte seit dem 2. Weltkrieg. Weinheim/Basel 1983. S. 53–70.

Friedmann, Daniel: Das Jeans Buch. Berlin 1988.

Gebauer, Susan: Skinheadmode. In: Schmidt, Doris (Hrsg.): Jugendkulturelle Moden. Von Hippie bis HipHop. In: Studienreihe Mode und Textilwissenschaft (Hrsg. von Doris Schmidt). Band 1. Baltmannsweiler 2003, S. 17–32.

Hafeneger, Bruno (Hrsg.): Punks in der Großstadt. Punks in der Provinz. Opladen 1993.

Hartung, Susann: Die soziokulturelle Bedeutung der Jeans. In: Dartmann, Lisa/Hartung, Susann/Krah, Eva-Susanne: Jeans: forever young. Frankfurt am Main 1993. S. 22/23.

Haug, Wolfgang Fritz: Kritik der Warenästhetik. Frankfurt am Main 1971.

Hermansen, Klaus: Zum Einfluß der Kulturindustrie auf das Bewußtsein Jugendlicher. Münster 1990.

Hitzler, Ronald/Bucher, Thomas/Niederbacher, Arne: Leben in Szenen. Formen jugendlicher Vergesellschaftung heute. Opladen 2001.

Janalik, Heinz/Schmidt, Doris: Kleidung, Körper, Körperlichkeit. Band 1: Lehren. Baltmannsweiler 1998.

Kästner, Sabrina: Hippiemode. In: Schmidt, Doris (Hrsg.): Jugendkulturelle Moden. Von Hippie bis HipHop. In: Studienreihe Mode und Textilwissenschaft (Hrsg. von Doris Schmidt). Band 1. Baltmannsweiler 2003, S. 2–15.

Könenkamp, Wolf-Dieter: Jeans – Mode und Mythen. In: Bausinger, Hermann u.a. (Hrsg.): Jeans. Beiträge zu Mode und Jugendkultur. Tübingen 1985. S. 99–182.

Lindner, Werner: Jugendprotest seit den fünfziger Jahren. Opladen 1996.

Mann, Karin: Jugendmode und Jugendkörper. Die Modeseite der Zeitschrift Bravo im Spiegel vestimentärer Ikonografie und Ikonologie (Dissertation). Baltmannsweiler 2002.

Mann, Karin: Punkmode. In: Schmidt, Doris (Hrsg.): Jugendkulturelle Moden. Von Hippie bis HipHop. In: Studienreihe Mode und Textilwissenschaft (Hrsg. von Doris Schmidt). Band 1. Baltmannsweiler 2003, S. 33–48.

Mann, Karin: HipHop-Mode. In: Schmidt, Doris (Hrsg.): Jugendkulturelle Moden. Von Hippie bis HipHop. In: Studienreihe Mode und Textilwissenschaft (Hrsg. von Doris Schmidt). Band 1. Baltmannsweiler 2003, S. 141–157.

Moser, Johannes: Kulturanthropologische Jugendforschung. In: Ders. (Hrsg.): Jugendkulturen. Frankfurt am Main 2000. S. 11–58.

Preissler, Patrizia: Gruftiemode. In: Schmidt, Doris (Hrsg.): Jugendkulturelle Moden. Von Hippie bis HipHop. In: Studienreihe Mode und Textilwissenschaft (Hrsg. von Doris Schmidt). Band 1. Baltmannsweiler 2003, S. 77–90.

Preuss-Lausitz, Ulf: Vom gepanzerten zum sinnstiftenden Körper. In: Ders. (Mitverf.): Kriegskinder, Konsumkinder, Krisenkinder. Zur Sozialisationsgeschichte seit dem 2. Weltkrieg. Weinheim, Basel 1983. S. 83–106.

Rohmann, Gabriele: Spaßkultur im Widerspruch. Skinheads in Berlin. Berlin 1999.

Roth, Roland/Rucht, Dieter (Hrsg.): Jugendkulturen, Politik und Protest. Vom Widerstand zum Kommerz? Opladen 2000.

Schmid, Beate/Loschek, Ingrid: Klassiker der Mode. Augsburg 1999.

Schmidt, Doris/Janalik, Heinz: Grufties – Jugendkultur in Schwarz. Baltmannsweiler 2000.

Schmidt, Doris (Hrsg.): Jugendkulturelle Moden. Von Hippie bis HipHop. Studienreihe Mode und Textilwissenschaft (Hrsg. von Doris Schmidt). Band 1. Baltmannsweiler 2003.

Schnierer, Thomas: Modewandel und Gesellschaft. Opladen 1995.

Thiele, Gisela/Taylor, Carl S.: Jugendkulturen und Gangs. Berlin 1998.

Wisniewski, Claudia: Kleines Wörterbuch des Kostüms und der Mode. Stuttgart 1996.

Wolter, Gundula: Hosen, weiblich. Kulturgeschichte der Frauenhose. Marburg 1994.

Literaturverzeichnis

Literaturverzeichnis

Albaum, Michael: Das Kundenbuch. Menschen und ihr Einkaufsverhalten bei Bekleidung. Frankfurt am Main 1997.

Amann, Wolfgang/Eisner, Werner/Gietz, Paul/Maier, Josef/Schierle, Werner/Stein, Rainer: elemente. Chemie II. Stuttgart/München/Düsseldorf/Leipzig 2000.

Apel, Friedmar: Angezogen-Ausgezogen. Bilder und Texte zu inszenierten Leben. Berlin 1984, S. 155–159

Ardelt, E.: Tiefenpsychologie. In: Dorsch, Friedrich (Hrsg.): Psychologisches Wörterbuch. Bern/Göttingen/Toronto 1994[12], S. 803.

Ayaß, Ruth: Zwischen Innovation und Repetition: Der Fernsehwerbespot als mediale Gattung. In: Willems, Herbert (Hrsg.): Die Gesellschaft der Werbung. Kontexte und Texte. Produktionen und Rezeptionen. Entwicklungen und Perspektiven. Wiesbaden 2002, S. 155–171.

Baacke, Dieter/Volkmer, Ingrid/Dollase, Rainer/Dresing, Uschi: Jugend und Mode. Kleidung als Selbstinszenierung. Opladen 1988.

Baacke, Dieter: Jugend und Jugendkulturen. Weinheim/München, 3.Aufl., 1999.

Baier, Alexandra: Von Katzen und Tauben: Zulassung von Bt-Cotton in Indien. In: Pestizid-Brief 15 (2002), Heft Juli/August, S. 6–7.

Bauer Media KG: Bravo Faktor Jugend 7: Marken und Trends. Hamburg 2004.

Bausinger, Hermann u. a. (Hrsg.): Jeans. Beiträge zu Mode und Jugendkultur. Tübingen 1985.

Behr, Detlev: Taschenbuch der Textilchemie. Leipzig 1988.

Bergius, R.: Massenpsychologie. In: Dorsch, Friedrich (Hrsg.): Psychologisches Wörterbuch. Bern/Göttingen/Toronto 1994[12], S. 463.

Bette, Karl-Heinrich: Körperspuren. Zur Semantik und Paradoxie moderner Körperlichkeit. Berlin/New York 1989.

Binger, Doris: Das Echo vom Kleiderberg. Mode + Ökologie. Wege einer sinnvollen Verbindung. Frankfurt am Main 1994 und 1995.

Böge, Volker: Wie das Unpolitische politisch wird. Jugendbanden in Hamburg-Eimsbüttel in den 40er und 50er Jahren. In: Roth, Roland/Rucht, Dieter (Hrsg.): Jugendkulturen, Politik und Protest. Opladen 2000. S. 81–96.

Borstnar, Nils: Der Mann als Motiv. Das Konstrukt der Männlichkeit in der Werbung. In: Willems, Herbert (Hrsg.): Die Gesellschaft der Werbung. Kontexte und Texte. Produktionen und Rezeptionen. Entwicklungen und Perspektiven. Wiesbaden 2002, S. 691–709.

Bravo Girl, Nr.22, 9.10.2002, S. 20–25.

Bravo Girl, Nr.24, 5.11.2003, S. 18–21.

Bröckers, Mathias (Hrsg.): Die Wiederentdeckung der Nutzpflanze Hanf. Frankfurt am Main 1995[34].

Brockhaus: Der Brockhaus in einem Band. Leipzig 1998.

Brockhaus: Die Enzyklopädie: in 24 Bänden. Leipzig/Mannheim 1997[20].

Brockhaus: dtv-Lexikon in 20 Bänden. Band 8. Mannheim 1990.

Brückner, Wolfgang: Jeans-Mythos und Waren-Wirklichkeit. In: Bausinger, Hermann/Jeggle, Utz/Korff, Gottfried/Scharfe, Martin/Warneken, Bernd Jürgen (Hrsg.): Jeans. Beiträge zu Mode und Jugendkultur. Tübingen 1985, S. 35–38.

Brückner, Wolfgang: Levi's in Franken. In: Bausinger, Hermann/Jeggle, Utz/Korff, Gottfried/Scharfe, Martin/Warneken, Bernd Jürgen (Hrsg.): Jeans – Beiträge zu Mode und Jugendkultur. Tübingen 1985. S. 44–46.

Buxbaum, Gerda: Die Looks der Folklore. In: Buxbaum, Gerda (Hrsg.): Mode! Das 20. Jahrhundert. München 1999, S. 102–103.

Caldas, Tadeu: Die Notwendigkeit einer ökologischen Baumwollproduktion. Das Maikaal-Projekt in Zentralindien – ein biodynamisches Baumwollsystem. In: Arbeitskreis Naturtextil (Hrsg.): Ökologie und Bekleidung 2. Frankfurt am Main 1993, S. 64–75.

Cartledge, Frank: Distress to impress? Local punk fashion and commodity exchange. In: Roger, Sabine (Hrsg.): punk rock, so what? London 1999. S. 143–153.

Chi, Immanuel: Eingetragen-Abgetragen. In: Die Oberflächlichen Hüllen des Selbst. Mode als ästhetisch-medialer Komplex. Kunstforum 1998, Bd. 141, 154–161

Curtaz, Inge/Ruchti-Göller, Sigrun/Schäfer, Erich/Schmid, Maria/Senkel, Jürgen: Wirtschaftslehre des Haushalts. Ein Lehr- und Arbeitsbuch. Paderborn 1992.

Dartmann, Lisa/Hartung, Susann/Krah, Eva-Susanne: Jeans: Forever Young. Frankfurt am Main 1993.

Dartmann, Lisa: Warenkunde rund um das blaue Beinkleid. In: Dartmann, Lisa/Hartung, Susanne/Krah, Eva-Susanne: Jeans: Forever Young. Frankfurt am Main 1993[2], S. 180–189.

Der Duden. Herkunftswörterbuch. Etymologie der deutschen Sprache. Hrsg. vom Wissenschaftlichen Rat der Dudenredaktion [Red.: Matthias Wermke, Annette Klosa, Kathrin Kunkel-Razum, Werner Scholze-Stubenrecht]. Mannheim/Leipzig/Wien/Zürich 2001[3].

Der große Duden. Fremdwörterbuch. Mannheim/Wien/Zürich 1971.

Dettmer, Elke: Levi Strauss, San Francisco: Blue Jeans als amerikanisches Symbol. In: Bausinger, Hermann/Jeggle, Utz/Korff, Gottfried/Scharfe, Martin/Warneken, Bernd Jürgen (Hrsg.): Jeans – Beiträge zu Mode und Jugendkultur. Tübingen 1985, S. 47–97.

Dollase, Rainer: „Von ganz natürlich bis schön verrückt" – Zur Psychologie der Jugendmode. In: Baacke, Dieter/Volkmer, Ingrid/Dollase, Rainer/Dresing, Uschi (Hrsg.): Jugend und Mode. Kleidung als Selbstinszenierung. Opladen 1988, S. 93–140.

Dorsch, Friedrich (Hrsg.): Psychologisches Wörterbuch. Bern/Göttingen/Toronto 1994[12].

Duden. Fremdwörterbuch. Mannheim/Leipzig/Wien/Zürich 2001.

Duden: Die neue Rechtschreibung. Mannheim/Leipzig/Wien/Zürich 1996.

Dummy magazin, Heft 01, Winter 2003/04. S. 66–71.

Dupuy, Pierre: Jeans – Levi Strauss, eine kalifornische Saga. Stuttgart 1990.

Eberle, Hannelore u. a.: Fachwissen Bekleidung. Haan-Gruiten 2001.

Elias, Norbert: Über den Prozess der Zivilisation. Band 1 und 2. Amsterdam 1997.

Ernst Klett Verlag für Wissen und Bildung: Abiturwissen Landeskunde GB/USA. Stuttgart 1994.

Faltheiner, Otmar/Figala, Karin: Vom Königsmantel zur Blue Jeans oder: Der Siegeszug des Indigo. In: Kultur & Technik 1985, Heft 1, S. 1–14.

Farin, Klaus: generation kick.de. Jugendsubkulturen heute. München 2001.

Farin, Klaus: Jugendkulturen zwischen Kommerz und Politik. Berlin 1998.

Ferchhoff, Wilfried: Jugendkulturen im 20. Jahrhundert. Frankfurt am Main 1990.

Finlayson, Ian: Denim – Der Jeans-Kult und seine Geschichte. Wien 1991.

Fischer-Kowalski, Marina: Halbstarke 1958, Studenten 1968: Eine Generation und zwei Rebellionen. In: Preuss-Lausitz, Ulf (Mitverf.): Kriegskinder, Konsumkinder, Krisenkinder. Zur Sozialisationsgeschichte seit dem 2. Weltkrieg. Weinheim/Basel 1983. S. 53–70.

Friedmann, Daniel: Das Jeans Buch. Berlin 1988.

Gablers Wirtschaftslexikon in 4 Bänden. Begr. und bis zur 10. Aufl. hrsg. von Reinhold Sellien und Helmut Sellien [Red.: Thorsten Hadeler, Ute Arentzen]. Wiesbaden 2000[15].

Gabler-Wirtschaftslexikon, CD-Rom-Fassung. Wiesbaden 1998[14].

Gebauer, Susan: Skinheadmode. In: Schmidt, Doris (Hrsg.): Jugendkulturelle Moden. Von Hippie bis HipHop. In: Studienreihe Mode und Textilwissenschaft (Hrsg. von Doris Schmidt). Band 1. Baltmannsweiler 2003, S. 17–32.

Geisler-Kroll, Christoph: Belastung der Rohstoffe für Naturtextilien durch Pestizideinsatz. In: Arbeitskreis Naturtextil (Hrsg.): Ökologie und Bekleidung. Frankfurt am Main 1993, S. 27–42.

Geschwind, Susanne: Mythos in der Krise. In: Ökotest. 11/1999. [Stand 06.02.2003], S. 1–2.

Gillow, John/Sentance, Bryan: Atlas der Textilien – Ein illustrierter Führer durch die Welt der traditionellen Textilien. Bern/Stuttgart/Wien 1999.

Glaser, W.: Image. In: Dorsch, Friedrich (Hrsg.): Psychologisches Wörterbuch. Bern/Göttingen/Toronto 1994[12], S. 343f.

Gleich, Michael F.: Baumwolle. Biodynamisch zum weißen Gold. In. Natur, 1995, Heft 3, S. 32–38.

Grundmeier, Annemarie: Das weiße Gold – eine kurze Einführung in die Modegeschichte der Baumwolle. In: ...textil... 1/2002, S. 26–35.

Grundmeier, Annemarie: Naturtextilien, Ökokollektionen, schadstoffgeprüfte Bekleidung – eine ökologische Alternative zur konventionellen Bekleidung? In: Textilarbeit + Unterricht 3/1994, S. 173–181.

Hafeneger, Bruno (Hrsg.): Punks in der Großstadt. Punks in der Provinz. Opladen 1993.

Hagen, Christiane von: Kultkluft mit Sex-Appeal. Ein Jahrhundert nach Levi Strauss' Tod bleiben Jeans Dauerbrenner. In: Mannheimer Morgen vom 21.9. 2002, Nr. 220, S. 2.

HanfHaus GmbH (Hrsg.): HanfHaus. Der Katalog Nr. 12, 2003, S. 3–12.

HanfHaus GmbH (Hrsg.): HanfHaus. Der Katalog Nr. 7, 1996, S. 2–13.

Hartung, Susann: Abarten & Kuriositäten – Vom Jeanskäfer bis Joschka Fischer. In: Dartmann, Lisa/Hartung, Susann/Krah, Eva-Susanne (Hrsg.): Jeans: Forever Young. Frankfurt am Main 1993[2], S. 40–45.

Hartung, Susann: Das blaue Wunder. In: Dartmann, Lisa/Hartung, Susann/Krah, Eva-Susanne: Jeans. Forever Young. Frankfurt am Main 1993, S. 172–180.

Hartung, Susann: Die Geschichte der Jeans – Die Chronik eines Chamäleons. In: Dartmann, Lisa/Hartung, Susann/Krah, Eva-Susanne (Hrsg.): Jeans: Forever Young. Frankfurt/Main 1993[2], S. 10–20. (=1993a)

Hartung, Susann: Die soziokulturelle Bedeutung der Jeans. In: Dartmann, Lisa/Hartung, Susann/Krah, Eva-Susanne: Jeans: Forever Young. Frankfurt am Main 1993. S. 22/23.

Hartung, Susann: Jeans & Film. In: Dartmann, Lisa/Hartung, Susann/Krah, Eva-Susanne: Jeans: Forever Young. Frankfurt am Main 1993[2], S. 26–33. (=1993b)

Hätty, Holger: Der Markentransfer. Heidelberg 1989.

Hauenschild, Lydia: Wie kommt die Farbe in die Jeans? Zufälle in der Wissenschaft. Reutlingen 1993.

Haug, Wolfgang Fritz: Kritik der Warenästhetik. Frankfurt am Main 1971.

Haug, Wolfgang, Fritz: Das Tauziehen zwischen jugendlichen Protestkulturen, Warenästhetik und Ideologie. In: Deutscher Werkbund e. V. und Württembergischer Kunstverein Stuttgart (Hrsg.): Schock und Schöpfung. Jugendästhetik im 20. Jahrhundert. Darmstadt und Neuwied 1986, S. 173–180

Haug, Wolfgang, Fritz: Weltanschauung mit Nieten und doppelten Nähten. In: Deutscher Werkbund e.V. und Württembergischer Kunstverein Stuttgart (Hrsg.): Schock und Schöpfung. Jugendästhetik im 20. Jahrhundert. Darmstadt und Neuwied 1986, S. 181–183

Hermanns, Arnold/Brosche, Oliver: Brand Identity-Konzeption als strategische Basis für erfolgreiche Modemarken. In: Markenartikel 55 (1993), Heft 8, S. 430–435.

Hermanns, Arnold/Brosche, Oliver: Die Mode-Marke: Zur Anwendbarkeit des Markenartikelkonzeptes in der Bekleidungsmode. In: GfK-Nürnberg, Gesellschaft für Konsum-, Markt- und Absatzforschung e. V. (Hrsg.): Jahrbuch der Absatz- und Verbraucherforschung. Berlin 1992, S. 369–383.

Hermansen, Klaus: Zum Einfluß der Kulturindustrie auf das Bewußtsein Jugendlicher. Münster 1990.

Hillmann, Karl-Heinz: Das Obsoleszenzproblem in einer Zeit der Wachstums- und Umweltkrise. In: Jahrbuch der Absatz- und Verbrauchsforschung. Nürnberg 1975, S. 21–45.

Hitzler, Ronald/Bucher, Thomas/Niederbacher, Arne: Leben in Szenen. Formen jugendlicher Vergesellschaftung heute. Opladen 2001.

Hofer, Alfons: Stoffe 2 Bindung, Gewebemusterung, Veredlung. Frankfurt am Main 1983 und 1994[7].

Hofer, Alfons: Textil- und Modelexikon. Bd. I: A – K. Frankfurt am Main 1997[7].

Hofer; Alfons: Textil- und Modelexikon. Bd. II: L – Z. Frankfurt am Main 1997[7].

Holdermann, Karin: Jeans unter ökologischem Aspekt – didaktische Bausteine für den Unterricht in der Realschule. Mschr. Wiss. Hausarbeit. Heidelberg 1998.

Holzhausen, Brigitte: Der Stoff, aus dem die Umwelt-Alpträume sind. Ökologische Auswirkungen unseres Textilkonsums. In: Chimica didacta 2/1999, S. 123–138.

Honegger, Ruth: Jeans ist nicht gleich Jeans. In: Textilarbeit und Werken 7/8 1996, S. 10–12.

Hornig, Frank/Reuter, Wolfgang: Oben ohne. In: Der Spiegel 2000, Heft 38, S. 114–115.

http://www.basf.de/corporate/overview/geschichte/1901.htm?id=13T=jC**bsf500 (25.11.2003).

http://www.basf.de/de/corporate/innovationen/erklaert/jeans/glossar.htm?id=V00--C3SV (23.11.2003).

http://www.baumwollboerse.de (26.04.2004).

http://www.chemieplanet.de/geschichte/antike.htm (15.07.2004).

http://www.dutly.ch/indigohtml/indigo1.html (16.07.2004).

http://www.edwin-jeans.de (26.02.2003).

http://www.frankfurt.de/sis/sis/detail.php?id=6249 (16.07.2004).

http://www.hemdenhaus.de/geschichten.html (18.07.2004).

http://www.levis.com (03.12.03)

http://www.levissignature.com (03.12.03)

http://www.mittgard.de/archiv/farb/gesfarb.html (18.07.2004).

http://mustang.de (26.02.2003).

http://seilnacht.com/Lexikon/Indigo.htm (15.07.2004).

http://textilgestaltung-schule.de/denim.htm (23.11.2003).

http://thueringen.de/de/LZT/thueringen/blaetter/waid/content/html (14.12.2003).

http://www.tschoff.info/jeans/jeans_groessen.php (17.07.2004).

http://www.usa.de/index-b82-2046.html (19.07.2004).

Illustrated Oxford Dictionary. Oxford/London/New York/Sydney/Moscow 1998.

Jacobi, Georg F.: Markenkonzepte in der Bekleidungswirtschaft der Bundesrepublik Deutschland: eine ökonomische Analyse von vertikalen Integrations- und Kooperationsformen. Göttingen 1990.

Jacobs, Ulla: Jeans. Das Symbol der freien Gesellschaft. In: Horx, Matthias/Wippermann, Peter: Markenkult. Wie Waren zu Ikonen werden. Düsseldorf 1995, S. 240–267.

Janalik, Heinz/Schmidt, Doris: Kleidung, Körper, Körperlichkeit. Band 1: Lehren. Baltmannsweiler 1998.

Janke, Klaus/Niehues, Stefan: Echt abgedreht – Die Jugend der 90er Jahre. München 1995.

Jeier, Thomas: Jeans, Jeans, Jeans – Vom Kult der starken Hosen. Bergisch Gladbach 1987.

Kästner, Sabrina: Hippiemode. In: Schmidt, Doris (Hrsg.): Jugendkulturelle Moden. Von Hippie bis HipHop. In: Studienreihe Mode und Textilwissenschaft (Hrsg. von Doris Schmidt). Band 1. Baltmannsweiler 2003, S. 2–15.

Kinder, Hermann/Hilgemann, Werner: dtv-Atlas zur Weltgeschichte. Band I. Von den Anfängen bis zur Französischen Revolution. Offenbach/Main 1991.

Klar'sche Textilarchiv (Hrsg.): Mustang: Marke oder Brand. In: Klar-Text. Juni 1992, S. 108–109.

Knoblauch, Hubert/Raab, Jürgen: Der Werbespot als kommunikative Gattung. In: Willems, Herbert (Hrsg.): Die Gesellschaft der Werbung. Kontexte und Texte. Produktionen und Rezeptionen. Entwicklungen und Perspektiven. Wiesbaden 2002, S. 139–154.

Könenkamp, Wolf-Dieter: Jeans – Mode und Mythen. In: Bausinger, Hermann/Jeggle, Utz/Korff, Gottfried/Scharfe, Martin/Warneken, Bernd Jürgen (Hrsg.): Jeans – Beiträge zu Mode und Jugendkultur. Tübingen 1985, S. 99–179.

Kraft, Kerstin: kleider.schnitte. In: Mentges, Gabriele/ Nixdorff, Heide (Hrsg.): zeit.schnitte. Kulturelle Konstruktionen von Kleidung und Mode. Ebersbach 2001. S. 17–138.

Krah, Eva-Susanne: Corporate Identity – Labels. In: Dartmann, Lisa/Hartung, Susan/ Krah, Eva-Susanne: Jeans. Forever Young. Frankfurt am Main 1993², S. 166–172.

Krah, Eva-Susanne: Jeanspräsentation heute. In: Dartmann, Lisa/ Hartung, Susann/ Krah, Eva-Susanne: Jeans: Forever Young. Frankfurt am Main 1993. S. 94–103.

Krah, Eva-Susanne: Wertewandel = Werbewandel? In: Dartmann, Lisa/Hartung, Susann/ Krah, Eva-Susanne: Jeans: Forever Young. Frankfurt am Main 1993², S. 144–157.

Krähe-Versand (Hrsg.): Krähe-Versandkatalog für Berufskleidung Herbst/Winter 2003/04. Schlierbach 2003.

Kranz, Heinrich: Sie sind: Die „heißesten Hemden" der Welt. Es geht: Hemden aus Brennnesseln. In: In: Textil. Wissenschaft, Forschung, Unterricht 74 (2003), Heft 1, S. 35.

Krüger-Lorenzen, Kurt: Das geht auf keine Kuhhaut. Deutsche Redensarten – und was dahinter steckt. Düsseldorf 1960.

Lehnert, Gertrud (Hrsg.): Mode, Weiblichkeit und Modernität. Dortmund 1998.

Lehnert, Gertrud: Mode. Köln 1998.

Levi's Jeans Werbeanzeige. In: Der Spiegel 1998, Nr. 34, S. 101–102.

Levi Strauss Germany GmbH (Hrsg.): Die Geschichte von Levi's. Heusenstamm o.J.

Lindner, Werner: Jugendprotest seit den fünfziger Jahren. Opladen 1996.

Loschek, Ingrid: Casual Looks – Outfit als Lifestyle. In: Polster, Bernd (Hrsg.): Westwind: Die Amerikanisierung Europas. Köln 1995, S. 80–90.

Loschek, Ingrid: Reclams Mode- und Kostümlexikon. Stuttgart 1999.

Mädchen, 10.04.2002, S. 72–73.

Mann, Karin: HipHop-Mode. In: Schmidt, Doris (Hrsg.): Jugendkulturelle Moden. Von Hippie bis HipHop. In: Studienreihe Mode und Textilwissenschaft (Hrsg. von Doris Schmidt). Band 1. Baltmannsweiler 2003, S. 141–157.

Mann, Karin: Jugendmode und Jugendkörper. Die Modeseite der Zeitschrift Bravo im Spiegel vestimentärer Ikonografie und Ikonologie (Dissertation). Baltmannsweiler 2002.

Mann, Karin: Punkmode. In: Schmidt, Doris (Hrsg.): Jugendkulturelle Moden. Von Hippie bis HipHop. In: Studienreihe Mode und Textilwissenschaft (Hrsg. von Doris Schmidt). Band 1. Baltmannsweiler 2003, S. 33–48.

Marzinkowski, Joachim M.: Maßnahmen und Strategien für eine umweltverträgliche Veredelung. In: Textilarbeit und Unterricht 3/1994, S. 154–165.

Masson, Irmalotte/Wiese, Ursula von: Die Levi-Strauss-Saga – Die märchenhafte Geschichte des Mannes, der die Jeans erfand. München 1991.

Mauch, Daniela: Skatermode. In: Schmidt, Doris (Hrsg.): Jugendkulturelle Moden – Von Hippies bis HipHop. In: Studienreihe Mode und Textilwissenschaft (Hrsg. von Doris Schmidt). Band 1. Baltmannsweiler 2003, S. 125–140.

Maute-Daul, Gabriele: Mode und Chemie. Fasern, Farben, Stoffe. Berlin/Heidelberg/New York 1995.

Maxi, März 2002, S. 80–86.

Mentges, Gabriele/Nixdorff, Heide (Hrsg.): zeit.schnitte. Kulturelle Konstruktionen von Kleidung und Mode. Ebersbach 2001.

Meschnig, Alexander: Markenmacht. Hamburg 2002.

Meyer zur Capellen, Thomas: Lexikon der Gewebe. Frankfurt am Main 2001[2].

Meyers großes Taschenlexikon in 24 Bänden. Hrsg. und bearb. von Meyers Lexikonredaktion [red. Leitung der 6. Aufl.: Marianne Strzysch, Joachim Weiß]. Mannheim/Leipzig/Wien/Zürich 1998[6].

Meyers Großes Universallexikon in 15 Bänden. Hrsg. und bearb. von den Lexikonredaktionen des Bibliographischen Instituts [Red. Bearb.: Alheim, Karl-Heinz ...]. Mannheim/Wien/Zürich 1981, Band 3 und 4.

Meyers Großes Universallexikon in 15 Bänden. Hrsg. und bearb. von den Lexikonredaktionen des Bibliographischen Instituts [Red. Bearb.: Alheim, Karl-Heinz ...]. Mannheim/Wien/Zürich 1984 a, Band 10.

Meyers Großes Universallexikon in 15 Bänden. Hrsg. und bearb. von den Lexikonredaktionen des Bibliographischen Instituts [Red. Bearb.: Alheim, Karl-Heinz ...]. Mannheim/Wien/Zürich 1984 b, Band 12.

Microsoft® Encarta® Professional 2002. © 1993–2001 Microsoft Corporation. Alle Rechte vorbehalten.

Moser, Johannes: Kulturanthropologische Jugendforschung. In: Ders. (Hrsg.): Jugendkulturen. Frankfurt am Main 2000. S. 11–58.

Mueller-Stindl, Eleonore: Mode, Macher, Märkte. Von der Haute Couture auf die Straße – 50 Jahre Mode von 1946 bis 1996. Frankfurt am Main 1997.

Müller, Heidi: Die Einzelfarben und ihre Anwendung im Bereich der Kleidung. Blau. In Nixdorff, Heide/Müller, Heidi: Weiße Westen – Rote Roben. Von den Farbanordnungen des Mittelalters zum individuellen Farbgeschmack. Berlin 1983, S. 141–152.

Müller, Heidi: Farbanordnungen als Grundlage für die Bekleidung. Die Ständegesellschaft und ihre Farben. In: Nixdorff, Heide/Müller, Heidi: Weiße Westen – Rote Roben. Von den Farbanordnungen des Mittelalters zum individuellen Farbgeschmack. Berlin 1983, S. 23–45.

Mustang – Bekleidungswerke GmbH + Co (Hrsg.): Workshop manual. Mustang Jeans. Künzelsau o. J., o. S.

Mustang-Bekleidungswerke GmbH + Co. (Hrsg.): Workshop manual. Mustang Jeans. Künzelsau 2001.

Ökotest: In die Hose gegangen. In: Ökotest Sonderheft 12/1993: Kosmetik. In: www.oeko-test.de (26.02.2003).

Ökotest: Jede Menge Nieten. In: Ökotest Magazin September 2003. In: www.oekotest.de (06.10.2003).

Ökotest: Kein blaues Wunder. In: Ökotest Ratgeber Kosmetik und Mode 1: September 2000. In: www.oekotest.de (26.02.2003).

Ontrup, Rüdiger: Reklame, Werbung, dialogische Markenkommunikation. Werbewandel und Werbewirkung aus der Perspektive der Praxis. In: Willems, Herbert (Hrsg.): Die Gesellschaft der Werbung. Kontexte und Texte. Produktionen und Rezeptionen. Entwicklungen und Perspektiven. Wiesbaden 2002, S. 785–805.

Packard, Vance: Die große Verschwendung: Frankfurt a. M. und Hamburg 1964.

Pater, Siegfried: Baumwolle – mehr als eine Faser (Reihe: DGB-Bildungswerk e. V. Nord-Süd-Netz, Band 33). Düsseldorf 1998.

Pestizid Aktions-Netzwerk e. V. (PAN Germany) (Hrsg.): Bio-Baumwoll-Wegweiser. Hamburg 2003.

Petra März 2003, Beiheft Mode-Extra Sommer 2003.

Pfaeffle, Walter: Levi's ist bald keine richtige US-Jeans mehr. In: Mannheimer Morgen vom 29.9.2003, Nr. 225, S. 3.

Ploetz, Karl: Hauptdaten der Weltgeschichte. Würzburg 1996.

Ploss, Emil Ernst: Ein Buch von alten Farben. Technologie der Textilfarben im Mittelalter mit einem Ausblick auf die festen Farben. München 1967.

Preissler, Patrizia: Gruftiemode. In: Schmidt, Doris (Hrsg.): Jugendkulturelle Moden. Von Hippie bis HipHop. In: Studienreihe Mode und Textilwissenschaft (Hrsg. von Doris Schmidt). Band 1. Baltmannsweiler 2003, S. 77–90.

Preuss-Lausitz, Ulf: Vom gepanzerten zum sinnstiftenden Körper. In: Ders. (Mitverf.): Kriegskinder, Konsumkinder, Krisenkinder. Zur Sozialisationsgeschichte seit dem 2. Weltkrieg. Weinheim, Basel 1983. S. 83–106.

Pricken, Mario: Kribbeln im Kopf. Kreativitätstechniken und Brain-Tools für Werbung und Design. Mainz 2001.

Raszkowski, Petra: Jeans – Ein heißer Stoff. Wien 1994.

Reukauf, Ingrid/Stamm, Daniela: Jeans: Kritische Würdigung eines Modedauerbrenners unter ökologischen Gesichtspunkten. In: Textilarbeit + Unterricht 3/1994, S. 182–187.

Reumann, Ralf-D.: Natur- und Chemiefaserstoffe – ökologisch betrachtet. In: Textilarbeit und Unterricht 3/1994, S. 146–153.

Ried, Meike: Chemie im Kleiderschrank. Das Öko-Textil-Buch. Reinbek bei Hamburg 1989.

Robinson, Rowan: Hanf- Droge, Heilmittel, Mode, Faser. Köln 1996.

Rohmann, Gabriele: Spaßkultur im Widerspruch. Skinheads in Berlin. Berlin 1999.

Rosenkranz, Bernhard/Castelló, Edda: Leitfaden für gesunde Textilien. Kritische Warenkunde und Rechtsratgeber. Reinbek bei Hamburg 1989.

Rosenkranz, Bernhard/Schmidt, Eva: In Hülle & Fülle. Kleidung: Ökologie, Ökonomie und Gesundheit. Berlin 1999.

Rosenstiel, Lutz von/Kirsch, Alexander: Psychologie der Werbung. Rosenheim 1996.

Roth, Roland/Rucht, Dieter (Hrsg.): Jugendkulturen, Politik und Protest. Vom Widerstand zum Kommerz? Opladen 2000.

Rusch, Waltraud: „Sammelt Brennesseln! – Bester Ersatz für Baumwolle". In: Textil. Wissenschaft, Forschung, Unterricht 74 (2003), Heft 1, S. 33–34.

Sabersky, Annette: Naturfasern. Brennesseln und Baumrinde. In: ÖkoTest Magazin, 1995, Heft 9, S. 74–79.

Sagunski, Horst/Lichtner, Eva-Susanne/Hembd, Corinna: Hanf- das Praxisbuch. München 1996.

Salz, Jürgen/Baumann, Michael: Der Name der Hose. In: Wirtschaftswoche vom 14.11.1996, Heft 47, S. 76–78.

Schenek, Anton: Naturfaserlexikon. Frankfurt am Main 2000.

Schindler, Peter U.: The Jeans Encyclopedia of Legend, Past and Present. Milano/Overath 1992.

Schmid, Beate Dorothea: Karl Lagerfeld. In: Buxbaum, Gerda (Hrsg.): Mode! Das 20. Jahrhundert. München/London/New York 1999, S. 128–129.

Schmid, Beate/Loschek, Ingrid: Klassiker der Mode. Augsburg 1999.

Schmidt, Doris (Hrsg.): Jugendkulturelle Moden. Von Hippie bis HipHop. Studienreihe Mode und Textilwissenschaft (Hrsg. von Doris Schmidt). Band 1. Baltmannsweiler 2003.

Schmidt, Doris/Janalik, Heinz: Grufties – Jugendkultur in Schwarz. Baltmannsweiler 2000.

Schmidt, Eva: Baumwolle – einst und heute (I). In: Lernhilfen für den Textilunterricht 1/1994, Ausgabe 2.92.

Schmidt, Eva: Textilien als Material, Ware und Ausdrucksmittel. Baltmannsweiler 1984.

Schmidt, Eva: Textilien in ihrer Verflechtung mit Umwelt und Gesundheit. In: Textilarbeit + Unterricht 1/1994, S. 4–15.

Schnierer, Thomas: Modewandel und Gesellschaft. Opladen 1995.

Schnierer, Thomas: Soziologie der Werbung. Opladen 1999.

Schopp, Marion: Das Phänomen Jeans – Stationenlernen in der Hauptschule. Mschr. Wiss. Hausarbeit. Heidelberg 1995.

Schweiger, Günter/Schrattenecker, Gertraud: Werbung. Eine Einführung. Stuttgart/Jena 2001[5].

Seefelder, Matthias: Indigo. Kultur, Wissenschaft und Technik. Landsberg 1994.

Seeling, Charlotte: Mode – Das Jahrhundert der Designer 1900–1999. Köln 1999.

Sexauer, Karin: Jeans – von der Arbeitskleidung zur Freizeitmode. In: Textilarbeit + Unterricht 1/1992, S. 3–16

Sommer, Carlo Michael: Mode. Die Hüllen des Ich. Weinheim/Basel 1988, S. 48–54.

Sowinski, Bernhard: Werbung. Tübingen 1998.

Specht, Frank: Mehr als eine Hose. In: Academix o. J., S. 30.

Spiegel-Verlag (Hrsg.): Outfit 4. Hamburg 1998.

Spiegel-Verlag (Hrsg.): Outfit 5. Hamburg 2001.

Stiftung Verbraucherinstitut (Hrsg.): In Hülle & Fülle. Kleidung: Ökologie, Ökonomie und Gesundheit. Berlin 1999.

Stiftung Verbraucherinstitut (Hrsg.): Kleidung: Ökologie & Gesundheit. Eine Betrachtung der textilen Kette von der Produktion bis zur Entsorgung. Berlin 1995.

Stoffkontor Kranz Aktiengesellschaft: Der Stoff aus dem die Zukunft ist: Stoffe aus Brennnesseln. Lüchow o. J.

Strüber, H.-J.: Behaviorismus. In: Dorsch, Friedrich (Hrsg.): Psychologisches Wörterbuch. Bern/Göttingen/Toronto 1994[12], S. 96–98.

Symolka, Michael G.: Hippie-Lexikon. Psychedelic, Peace & freie Liebe. Das ABC der Flower-Power-Ära. Berlin 1999.

Terell, Peter/Schnorr, Veronika/ Morris, Wendy V.A./ Breitsprecher, Roland: PONS-Großwörterbuch für Experten und Universität: Deutsch/Englisch – Englisch/Deutsch. Stuttgart/Düsseldorf/Leipzig 1999[4].

Thalmann, Philipp: Erwartungen in gentechnisch veränderte Baumwolle nicht erfüllt. In. Pestizid- Brief (13) 2000, Heft November/Dezember, S. 4–5.

The New Encyclopædia Britannica. Hrsg. und bearb. von den Fakultäten der University of Chicago [Red. Bearb.: Philip W. Goetz ...]. Chicago/Auckland/Geneva/London/Madrid/Manila/Paris/Rome/Seoul/Sydney/Tokyo/Toronto 1989, Band 1.

Thiel, Erika: Geschichte des Kostüms – Die europäische Mode von den Anfängen bis zur Gegenwart. Berlin 2000[7].

Thiele, Gisela/Taylor, Carl S.: Jugendkulturen und Gangs. Berlin 1998.

Tolkien, Tracy: Schick & Schrill – Klassiker der Designermode. München 2001.

Ulbrich, Peter: Jeans nach Plan – Die Erfindung der Doppelkappnahthose. In: Polster, Bernd (Hrsg.): Westwind: Die Amerikanisierung Europas. Köln 1995, S. 91–100.

VF Germany (Hrsg.): Lee info folder. Dreieich o. J.

VF Germany Textil-Handels GmbH (Hrsg.): The first century. Pocket-Edition. Dreieich o. J.

Waskow, Frank: Hanf & Co: die Renaissance der heimischen Faserpflanzen. Göttingen 1995.

Wehdemeier-Pusch, Bettina/Pusch, Andreas: Das Phänomen Jeans - Eine Betrachtung unter historischen, ökonomischen, modischen, gestalterischen und gesellschaftlichen Aspekten. Lüneburg 1981.

Wehner, Christa: Überzeugungsstrategien in der Werbung. Eine Längsschnittanalyse von Zeitschriftenanzeigen des 20. Jahrhunderts. Opladen 1996.

Wisniewski, Claudia: Kleines Wörterbuch des Kostüms und der Mode. Stuttgart 1996 und 1999.

Wissmeier, Urban Kilian/Brosche, Oliver: Marken im Modemarkt. In: Hermanns, Arnold/ Schmitt, Wolfgang/Wissmeier, Urban Kilian: Handbuch Modemarketing, Band 2. Frankfurt am Main 1999[2], S. 1257–1285.

Wolter, Gundula: Hosen weiblich. Kulturgeschichte der Frauenhose. Marburg 1994.

woman, 2004, Nr. 14, S. 42–50.

Zepernick, Bernhard/Karlsson-Strese, Else-Marie: Natürliche Farbstofflieferanten und Stoffärbeprozesse. Färbetechnik. In: Nixdorff, Heide/Müller, Heidi: Weiße Westen-Rote Roben. Von den Farbanordnungen des Mittelalters zum individuellen Farbgeschmack. Berlin 1983, S. 19–23.

Ziegler, Juwitha: Chemie in der Kleidung. Worauf die Verbraucher achten müssen. Frankfurt am Main 1995.

Sach- und Personenregister

Sach- und Personenregister

Raum für Notizen

Raum für Notizen

Raum für Notizen